erdgas
Cooper

Patrick Bernecker
Matthias Scholze
Marc Hindelang

INHALT

10 Jahre Deutsche Eishockey-Liga

Titel, Tore, Tränen: Die Geschichte einer Liga

Über dieses Buch: Die Deutsche Eishockey-Liga wächst. Nach zehn Jahren ist sie nicht an ihrem Ende angekommen, sondern der Aufbruch in ein neues Eishockey-Zeitalter hat erst begonnen. Neue Arenen entstehen allerorten, die Attraktivität und Popularität der Liga und des Eishockeysports nimmt zu. Dabei wurde die DEL 1994 im Streit geboren und hatte nur geringe Aussichten auf eine erfolgreiche Zukunft. Dieses Buch ist ein Rückblick auf zehn Jahre DEL, ein Nachschlagewerk über die wichtigsten Ereignisse, aber auch ein Buch, das die DEL beleuchtet, wie sie ist: Eine tolle Liga voller Spannung und Emotion, sportlicher Highlights und fesselnder Spiele. Die Autoren haben dabei bewusst nur wenig aus der Zeit der Querelen im Hintergrund angetastet. Die alten Grabenkriege, das Kompetenzgerangel, die Machtkämpfe sind Vergangenheit und gehören längst nicht mehr zum Liga-Alltag. Der Sport steht im Vordergrund. Dieses Buch soll auch dazu beitragen, dass es so bleibt.

Vom Beinahe-Exitus zum Erfolgsprodukt

Zehn Jahre Deutsche Eishockey-Liga, das ist ein kleines Jubiläum, dem dieses Buch gewidmet ist. Zehn Jahre, das ist nach den vielen Bedenken, den skeptischen Äußerungen, den schweren Kritiken, die Mitte der 90er Jahre an der Idee DEL geäußert und den pessimistischen Zukunftsaussichten, die der DEL gestellt wurden, eine lange Zeit. Auch wenn zehn Jahre im Vergleich zur NHL (seit 1927) oder zur deutschen Fußball-Bundesliga (seit 40 Jahren) unauffällig wenig sind.

Selbst die 1. Eishockey-Bundesliga existierte in Deutschland zwischen 1958 und 1994 36 Jahre lang. Diese Bundesliga jedoch stand Ende 1993 aufgrund der finanziellen Probleme ihrer Klubs vor einer Katastrophe. Auf geschätzte 25 Millionen Mark beliefen sich Schulden, ausstehende Gehälter, die Verbindlichkeiten eben. Einige Klubs standen bereits damals kurz vor dem Aus. Es musste gehandelt werden. Gehandelt hat damals allen voran DEB-Präsident Ulf Jäkel. Er war es, der die Gründung der DEL federführend vorantrieb, der daran glaubte, dass neue Ideen die höchste Eishockey-Spielklasse Deutschlands tatsächlich aus der Sackgasse herausmanövrieren würden können. Nach dem Vorbild der NHL sollte eine neue Liga aufgebaut werden: Kapitalgesellschaften statt Vereine, verbessertes Marketing und ein Hauptsponsor für die neue Liga sollte gefunden werden, die Eckpfeiler einer neuen, erfolgreichen Liga. Bereits im Dezember 1993 wurde ein erstes Vertragswerk ausgearbeitet, dem ein Franchise-System nach Vorbild der NHL zu Grunde lag: Unter dem Dach des DEB sollte die DEL GmbH Franchisegeber sein, Franchisenehmer die Vereine (dabei 51-prozentige Anteile Deutscher Eishockey-Bund und 49 Prozent die Vereine). Die Idee und das Vertragswerk wurden angenommen: Im Januar 1994 beschloss die Bundesliga-Vollversammlung die Einführung der Deutschen Eishockey-Liga. Das System sollte ab dem Jahr 1995 in Kraft treten. Als wichtige Rahmenbedingung wurde zudem festgelegt, dass die teilnehmenden Klubs einen Etat von mindestens vier Millionen Mark vorweisen müssen, zehn Prozent davon sollten immer als Notreserve vorhanden sein. Dann aber stellte sich bei einer Wirtschaftlich-

»80 Prozent ausländische Spieler in einer Liga, das ist doch der blanke Wahnsinn. Die meisten sind Durchschnittsspieler, Dutzendware und austauschbar.« *Uli Hoeneß, Manager des FC Bayern München, nachdem er in der Saison 1998-99 ein Spiel der Berlin Capitals besucht hatte.*

»Wieviele Münchner hat er in seiner Mannschaft? Oder ist der Elber jetzt auf einmal ein Ur-Münchener?« *Max Fedra, damals Manager des EV Landshut, auf die Äußerungen von Hoeneß.*

keitsprüfung der 24 Klubs der 1. und 2. Bundesliga heraus, dass neun von ihnen keine Zulassung für den Spielbetrieb erhalten dürften. Mit 15 Klubs war aber keine 1. und 2. Liga zu gestalten, somit wurde beschlossen, die DEL bereits ein Jahr früher als geplant ins Leben zu rufen. Im Juni 1994 erhielten dann alle 18 DEL-Bewerber die Lizenz, im Juli wurden Franz Reindl und Franz Hofherr zu Geschäftsführern ernannt und die Klubs angehalten, sich nach NHL-Vorbild andere Beinamen zuzulegen. So wurden aus dem EC Ratingen die Ratinger Löwen, aus dem Schwenninger ERC die Schwenninger Wild Wings oder aus dem Meister Hedos München die Maddogs München. Im September 1994 fand anschließend die DEL-Premierensaison ihre Eröffnung. Aus Nordamerika war NHL-Legende Bobby Hull eingeladen worden und führte mit dem ehemaligen Nationalspieler Paul Ambros das symbolische Eröffnungsbully im Augsburger Curt-Frenzel-Stadion aus. Damit begann der sportliche Wettkampf in der DEL, hinter den Kulissen aber tobte bald ein Machtstreit , der das deutsche Eishockey an den Rand der Bedeutungslosigkeit drängen sollte. Zunächst aber liefen aufgrund des NHL-Streiks einige NHL-Spieler in der DEL auf und verhalfen der Liga zu unverhoffter Popularität. Doch so schnell die Stars aus Übersee gekommen waren, so schnell verschwanden sie wieder, weil im Januar 1995 der Spielbetrieb in der NHL wieder aufgenommen worden war. Bereits im Dezember 1994 hatte die DEL dann ihren ersten Skandal zu verzeichnen, nur drei Monate nach dem Eröffnungsbully war der amtierende Meister Maddogs München pleite und musste sich aus dem Spielbetrieb zurückziehen. Die Folge: Im Februar 1995 erklärte DEB-Präsident und DEL-Gesellschaftervertreter Ulf Jäkel seinen Rücktritt, ihm wurde vorgeworfen, dem Klub ohne eingehende Prüfung die Lizenz erteilt zu haben. Sein Nachfolger: der Düsseldorfer Unternehmer Rainer Gossmann. Doch dem vom DEB eingesetzten Gossmann wehte ein starker Wind vom Aufsichtsratsvorsitzenden der DEL, dem Kölner Anwalt und Geschäftsführer der Kölner Haie Bernd Schäfer III, entgegen. Schäfer vertrat die Gesellschafter der DEL-Klubs und schon vor der zweiten Saison sollten Änderungen herbeigeführt werden. Die DEL, so offerierte Schäfer III, sollte sich in NEL umbenennen - Nationale Eishockey-Liga - und vor allem: Sie sollte absolut selbstständig und nicht mehr unter der Mitgliedschaft des DEB quasi zweigeteilt regiert werden. NEL statt DEL - ein Neuanfang sollte dokumen-

Paul Stanton mit nicht ganz astreinem Einsatz gegen Hannovers Markus Akerblom in der Saison 2003-04.

tiert werden und das gleich nach dem Gründungsjahr der Liga. Letztlich ging es beim Streit zwischen DEB und DEL, der noch einige Zeit währte, in erster Linie ums Geld. Die DEL wollte die Abgaben an den DEB auf ein Minimum reduzieren (Schäfer III 1995: „Wir wollen für die Leistungen zahlen, die wir auch in Anspruch nehmen. Nicht mehr und nicht weniger.") und zudem mehr Einnahmen aus den bestehenden Sponsoringverträgen (PREMIERE und Krombacher) kassieren. Entscheidend war dann vor allem eines: Die IIHF, der internationale Eishockeyverband, hatte sich eingeschaltet und gedroht: Die DEL werde zur „wilden Liga" (denn der DEB hätte die Freigabe der Transferkarten verweigert) und somit könne sie international isoliert werden. Damit war das Thema NEL vom Tisch - der Streit zwischen Verband und Liga noch nicht.

Für die neue Saison 1995-96 benannten sich weitere Klubs um: Aus dem EHC 80 Nürnberg wurden die Nürnberg Ice Tigers und aus dem BSC Preussen Berlin die Preussen Devils. Im November 1995 folgte ein weiterer Skandal: Der EC Hannover meldete Konkurs an aufgrund von 2,5 Millionen Mark Schulden. Immerhin wurde die Saison mit einer Rumpftruppe noch zu Ende gebracht. Im März 1996 folgte der nächste Finanzskandal: Thomas Fahlenbach, als Gönner und Sponsor des vor der Saison neu in die DEL aufgenommenen Teams SC Riessersee aufgetreten, zog plötzlich zurück und musste einige Wochen später sogar ins Gefängnis: Betrugsverdacht. Nach der Saison, im April, mussten dann die Füchse Sachsen ebenso Konkurs anmelden. Vor der Spielzeit 1996-97 landete Bernd Schäfer III einen dicken Coup: Er schloss mit der Kirch-Gruppe einen TV- und Vermarktungsvertrag, der der DEL und ihren Klubs ab 1997 jährlich 27 Millionen Mark einbringen sollte - womit Schäfer III die Gesellschafter der DEL-Klubs auf seiner Seite hatte. Im Juli 1996 kam es dann zu einem Eklat bei der DEB-Mitgliederversammlung, weil der DEL ein Stimmrecht von 50 Prozent verweigert wurde. Schäfer III kündigte die Abspaltung der Liga vom Verband an und klagte kurz darauf gegen den DEB auf Unwirksamkeit des 1994 geschlossenen Vertrages. Tatsächlich gab das DEB-Schiedsgericht Schäfer III kurz vor Saisonbeginn 1996 (exakt zwei Tage zuvor) Recht. Zudem hatte das Gericht im Oktober 1996 darauf verwiesen, dass sich die streitenden Parteien auf einen Kooperationsvertrag einigen sollten. Doch einfach wurde das nicht: So gab die DEL im November ihre Spieler nicht frei und der DEB musste zwei Länderspiele absagen, der Streit schwelte neben der Eisfläche. Im Februar 1997 wendete sich das Blatt dann zu Ungunsten des DEB: Erneut schaltete sich die IIHF ein und forderte den Verband auf, die Selbstständigkeit der DEL

Jochen Hecht spielte von 1994 bis 1998 für die Adler Mannheim in der DEL, ehe er in die NHL wechselte.

zu akzeptieren. Im März wurde in Berlin ein entscheidender Schritt unternommen: Die Deutsche Eishockey-Liga Betriebsgesellschaft mbH wurde gegründet. Die wirtschaftliche wie organisatorische Unabhängigkeit vom DEB war somit sicher gestellt. Im Mai 1997 wurde am Rande der WM in Finnland ein Vertrag zwischen DEB und DEL ratifiziert, Aufsicht führte die IIHF. Dieser regelte unter anderem die Verbandsabgaben seitens der DEL, die bis zum Jahr 2000 9,1 Millionen Mark betragen sollten. Im Juli wurde der Vertrag bei der DEB-Mitgliederversammlung trotz massiver Turbulenzen bei einer geheimen Abstimmung angenommen.

Im August 1997 trat erstmalig der heutige DEL-Geschäftsführer Gernot Tripcke auf, der damals zum DEL-Ligenleiter ernannt worden war. Schäfer III wurde DEL-Commissioner und mit dem Start der Saison präsentierte die Liga ein neues Logo. Bereits im November darauf krachte es aber erneut: Den Kaufbeurer Adlern wurde die Lizenz nach nur 15 Spielen entzogen. Entscheidender jedoch wirkte sich der Beschluss der Liga aus, die Grenzen für Spieler aller Nationalitäten komplett zu öffnen. Eine Schwemme von ausländischen Spielern verdrängte viele deutsche Cracks in die Zweitklassigkeit, was besonders die Nationalmannschaft zu spüren bekommen sollte. Und es kam noch schlimmer: Skandalhungrige Medien wie die Bild-Zeitung berichteten ausgiebig über die Fehltritte in der DEL. Schließlich sorgte ein in der „Bild am Sonntag" erscheinendes Interview für einen Eklat: DEL-Controller Jürgen Graichen bezichtigte darin Schäfer III der Veruntreuung von DEL-Geldern im Millionenbereich. Kurz darauf wurde Schäfer jedoch entlastet. Im März 1998 kündigte der DEB aber zudem wegen fehlender Zahlungen seitens der DEL den Kooperationsvertrag. Noch einmal kam es im Sommer 1998 zu einem Streit zwischen DEB und DEL. Schäfer III verweigerte weitere Abgaben an den Verband und plante die Einführung einer DEL 2 mit den Klubs der Bundesliga. Gerade noch konnte eine Eskalation verhindert werden und die DEL erkannte dann den DEB offiziell als ihren Dachverband an. Zudem fand ein Gerangel um die Namensgebung statt. Die DEL wollte als 1. Bundesliga auftreten, doch diesen Beinamen hatte der DEB bereits der zweithöchsten Liga Deutschlands verpasst. Im Zuge der Einigungen wurde schließlich auch

Die wichtigsten Köpfe der DEL-Geschichte

Ulf Jäkel, Bernd Schäfer III und Gernot Tripcke (v.l.n.r.) sind direkt mit der Geschichte und Entwicklung der DEL verbunden. Jäkel war Antreiber zur Gründung der Liga, Schäfer III hat die DEL auf eigene Füße gestellt und seit Tripckes Amtsübernahme gleitet die DEL in ruhigem Fahrwasser.

der Name übertragen: Seit Beginn der Spielzeit 1998-99 tritt die DEL als 1. Bundesliga auf, die DEB-Liga als 2. Bundesliga. Die Saison 1998-99 verlief dann besonders für die deutsche Nationalmannschaft katastrophal: Beim Qualifikationsturnier wurde mit einem 1:1 gegen Slowenien und zwei Niederlagen gegen die Ukraine und Frankreich der Verbleib in der B-Gruppe besiegelt. Dennoch wurde es ruhiger abseits der Eisfläche. Schließlich legten Verband und DEL ihren Streit ad acta, auch Bernd Schäfer III wurde nach der Saison 1999-2000 abgelöst: Der neue Frontmann ist seitdem Gernot Tripcke.

Die DEL hat die ersten zehn Jahre also überlebt. Das muss so drastisch formuliert werden. Denn die Querelen und Streitereien hatten nicht nur einmal dazu geführt, dass die erst 1994 gegründete Liga beinahe wieder vom Erdboden verschwunden wäre. Aber: Die Liga, die im Streit geboren wurde, in der es anfangs soviel Hickhack um Finanzielles gab, in der sich ein heftiger Grabenkrieg zwischen ihr und dem DEB lange breit machte, diese Liga ist heute eine Institution geworden. Die DEL hat sich in den vergangenen drei, vier Jahren stabilisiert, auch aufgrund von Reformen, die den Sport anstatt die Funktionäre stärker in den Vordergrund gestellt haben. Aber die DEL steht auch beispielhaft für andere Sportarten: Denn die DEL war immer Vorreiter, hat nie davor zurückgeschreckt, andere, neue Wege zu gehen, Regularien und Bestimmungen über Bord zu werfen, auszuprobieren, um ihren Weg zu finden. So hat sich in der DEL in nur zehn Jahren mehr bewegt als in der Fußball-Bundesliga in 40 Jahren. Gerade, was die Importspielerbestimmungen anbetrifft, ist die DEL anderen Sportarten in Deutschland (Basketball, Handball) ein gutes Beispiel gewesen. Und an ihr könnte sich auch der Deutsche Fußball-Bund orientieren, um das Problem der sportlichen Erfolglosigkeit ihres Aushängeschildes Nationalmannschaft in den Griff zu bekommen. Denn die heutige DEL, sie ist ein Erfolgsprodukt nach nur zehn Jahren Spielbetrieb. Sportlich so attraktiv wie nie zuvor, erfährt sie seit vier Spielzeiten einen Jahr für Jahr steigenden Zuschauerzuspruch und ist quasi skandalfrei. Auch wenn die ersten Jahre der DEL teilweise zermürbend waren, das Kompetenzgerangel und die Machtkämpfe die Liga beinahe an den Rand der Bedeutungslosigkeit gedrängt hatten: Ulf Jäkel, Rainer Gossmann, Bernd Schäfer, die Streitereien, die Querelen, sie sind ein Teil der DEL-Geschichte. Aber ohne sie wäre die DEL heute nicht da, wo sie ist.

Patrick Bernecker

Der DEL-Spielmodus im Wandel der Zeit

Saison 1994-95

Teilnehmer: 18 Mannschaften - Play-Off-Plätze: 16 - Vorrundenmodus: 44 Spiele insgesamt: Hin- und Rückspiel, danach Aufteilung in regionale Gruppen (Süd, Mitte und West) mit Hin- und Rückspiel - Punkte: zwei Punkte für einen Sieg, nach Unentschieden fünfminütige Verlängerung mit einem Zusatzpunkt für Sieger - Play-Offs: Die Achtelfinalspiele wurden nach dem Schlüssel h-h-a-a-h-a-h ausgetragen, ab dem Halbfinale wurde Best-of-Five (h-a-h-a-h) gespielt - Play-Downs/Abstiegsrunde: kein Abstieg.

Saison 1995-96
Teilnehmer:18 Mannschaften - Play-Off-Plätze: 16 - Vorrundenmodus: 50 Spiele insgesamt: Hin- und Rückspiel, danach Aufteilung in zwei Gruppen (Teams auf ungeraden sowie die Teams auf geraden Tabellenplätzen spielen Hin- und Rückspiele) - Punkte: unverändert - Play-Offs: Best-of-Five-Achtelfinalserie mit dem Schlüssel h-a-a-h-h, Viertel-, Halbfinale und Finale unverändert - Play-Downs/Abstiegsrunde: kein Abstieg.

Saison 1996-97
Teilnehmer: 16 Mannschaften - Play-Off-Plätze: 8 - Vorrundenmodus: Hauptrunde mit Hin-und Rückspiel (30 Spieltage), danach Aufteilung in Meisterrunde (sechs Teams) und Qualifikationsrunde (zehn Teams), Meisterrundenteams spielten Doppelrunde (20 Spieltage) untereinander, Quali-Runde spielte in einer Einfachrunde (18 Spieltage) um die zwei verbleibenden Play-Off-Startplätze - Punkte: unverändert - Play-Offs: alle Runden (kein Achtelfinale mehr) Best-of-Five, Schlüssel: h-a-h-a-h - Play-Downs/Abstiegsrunde: alle acht nicht für die Play-Offs qualifizierten Teams spielten Play-Downs mit Viertelfinale (Best-of-Seven-Modus) und Halbfinale (Best-of-Five) aus; die beiden übrig gebliebenen Teams mussten Relegationsspiele gegen die beiden besten Zweitligisten bestreiten.

Saison 1997-98:
Teilnehmer: 16 Mannschaften - Play-Off-Plätze: 8 - Vorrundenmodus: unverändert - Punkte: unverändert - Play-Offs: unverändert - Besonderheit: Der Rückzug der Kaufbeurer Adler führte zur Einführung von Qualifikations-Play-Offs für die Mannschaften in der Qualifikationsrunde. Erste Runde: Best-of-Five, zweite Runde Best-of-Three, die beiden Sieger qualifizierten sich für die Play-Offs - Play-Downs/Abstiegsrunde: durch den Ausstieg der Kaufbeurer Adler kein Absteiger ermittelt.

Saison 1998-99
Teilnehmer: 14 Mannschaften - Play-Off-Plätze: 8 - Vorrundenmodus: Doppelrunde (je zwei Heim- sowie Auswärtsspiele) - Punkte: drei Punkte für einen Sieg, nach Unentschieden fünfminütige Verlängerung sowie nach weiterem Remis Penaltyschießen mit einem Zusatzpunkt für Sieger - Play-Offs: unverändert - Play-Downs/Abstiegsrunde: kein Abstieg.

Saison 1999-2000
Teilnehmer: 15 Mannschaften - Play-Off-Plätze: 8 - Vorrundenmodus: unverändert - Punkte: drei Punkte für einen Sieg, nach Unentschieden Penaltyschießen mit einem Zusatzpunkt für Sieger - Play-Offs: unverändert - Play-Downs/Abstiegsrunde: Einfachrunde (Heim- und Auswärtsspiel) unter den sieben nicht für die Play-Offs qualifizierten Teams mit Übernahme der Punkte aus der Vorrunde, Tabellenletzter steigt ab.

Saison 2000-2001
Teilnehmer: 16 Mannschaften - Play-Off-Plätze: 8 - Vorrundenmodus: unverändert - Punkte: unverändert - Play-Offs: unverändert - Play-Downs/Abstiegsrunde: kein Abstieg.

Saison 2001-2002
Teilnehmer: 16 Mannschaften - Play-Off-Plätze: 8 - Vorrundenmodus: unverändert - Punkte: unverändert - Play-Offs: unverändert - Play-Downs/Abstiegsrunde: Zwischen dem Tabellenvor- und letzten wurde in den Play-Downs (Best-of-Seven) der sportlicher Absteiger aus der DEL ermittelt.

Saison 2002-03 und Saison 2003-04
Teilnehmer: 14 Mannschaften - Play-Off-Plätze: 8 - Vorrundenmodus: unverändert - Punkte: unverändert - Play-Offs: Viertelfinale Best-of-Seven (h-a-h-a-h-a-h), ab dem Halbfinale Best-of-Five - Play-Downs/Abstiegsrunde: unverändert.

10 Saisons im Schnelldurchlauf: Von 1994 bis 2004

Wenn eine Liga ihr zehntes Jubiläum feiert, dann ist das auch Beweis dafür, dass sie sportlich funktioniert, attraktiv ist, Spannung und Unterhaltung bietet. Zehn Saisons im Schnelldurchlauf, ein Überblick über die Spielzeiten von 1994 bis 2004 mit den sportlichen Highlights.

Die Saison 1994-95: Der Meister scheidet aus

Am 15. September 1994 war es soweit: NHL-Legende Bobby Hull und Nationalmannschafts-Ehrenspielführer Paul Ambros führten gemeinsam das Eröffnungsbully im ersten Spiel der Deutschen Eishockey-Liga zwischen den Augsburger Panthern und Maddogs München aus und sorgten für einen feierlichen Rahmen zur Aufnahme des Spielbetriebs. 18 Teams gingen in der neu gegründeten Liga an den Start. Als Vorbild und Orientierungshilfe diente die National Hockey League (NHL). Daher verzichtete die DEL auf den aus Bundesliga-Zeiten gewohnten Auf- und Abstieg und wurde zu einer geschlossenen Gesellschaft. Als Favorit auf den Titelgewinn in der Premierensaison galt die Düsseldorfer EG, Serienmeister der frühen neunziger Jahre. Auch dem EV Landshut, den Kölner Haien und den Preussen Berlin wurde zugetraut, eine entscheidende Rolle spielen zu können. Meister Hedos München, aus denen während des Sommers die Maddogs München wurden, ging nur mit geringen Chancen auf die Titelverteidigung ins Rennen. Schon im Vorfeld der Saison hatten einige hochkarätige Spieler wie Torjäger Dieter Hegen den Meister aufgrund dessen angespannter finanziellen Situation verlassen. Kurz vor Weihnachten 1994 mussten die Münchner den Spieltrieb endgültig einstellen - negatives Highlight der Saison. Dafür aber kamen einige NHL-Cracks nach Deutschland und gaben ein zumeist kurzes Gastspiel. „Russian Rocket" Pavel Bure sorgte in Landshut für eine ausverkaufte Halle, Jozef Stümpel und Jeremy Roenick verzückten die Fans in Köln, auch Uwe Krupp kam mal wieder nach „good old Germany". Als sich die NHL-Klubbosse mit der Spielergewerkschaft Anfang 1995 geeinigt hatten, war der Hauch von NHL in der DEL schnell verschwunden. Einen bleibenden Eindruck hatte Robert Reichel hinterlassen: Der Stürmer der Frankfurt Lions spielte herausragend, aber er

»Wieso soll ich versuchen, die Gemüter meiner Spieler zu beruhigen? Ich will nur gewinnen. Keine Strafen, keine Toten, dann sind es keine Play-Offs.«

Landshuts Trainer Bernie Johnston nach dem dritten Viertelfinalspiel 1995 zwischen dem EV Landshut und den Kassel Huskies, in dem es hart zur Sache gegangen war.

kostete die Lions auch vier Punkte am grünen Tisch und Geschäftsführer Walter Langela seinen Job: Er hatte versäumt, die DEL-Lizenz für den NHL-Stürmer verlängern zu lassen. Nach der Vorrunde waren es dann die Eisbären Berlin, die als einziger Klub die Play-Offs verpassten. Zwei Punkte fehlten den Eisbären in der Endabrechnung. Favorisiert gingen die Preussen Berlin als Tabellenerster und der knapp dahinter platzierte EV Landshut mit erfahrenen Spielern wie Udo Kießling, Helmut Steiger und Mike Bullard in die Play-Offs. Der Best-of-Seven-Modus im Achtelfinale offenbarte keine Überraschung. Die Teams der Plätze eins bis sieben sicherten sich relativ ungefährdet das Weiterkommen, lediglich die Serie zwischen dem Tabellenachten Star Bulls Rosenheim und dem Neunten SERC Wild Wings ging über sieben Partien und endete mit einem Sieg der Schwenninger. Auch die zweite Runde verlief ohne Überraschungen, der Sieg des Sechsten Kölner Haie über den Dritten Adler Mannheim, der mit einer jungen Truppe um Riesentalent Jochen Hecht in die Saison ging, war aufgrund des Unterschiedes von lediglich vier Punkten nach den 44 Spielen der Vorrunde nicht außergewöhnlich. Bemerkenswert: Das Aus der DEG gegen den rheinischen Rivalen aus Krefeld beendete die erfolgreiche Ära Hans Zach in Düsseldorf. Die Kölner Haie, die sich in den Play-Offs in einen Rausch spielten, ließen sich in der Runde der letzten Vier auch nicht vom Hauptrundenersten aus Berlin aufhalten und trafen im Finale auf den EV Landshut. In fünf spannenden Spielen siegten die Kölner Haie und holten den Titel. Dass aber gleich im ersten DEL-Jahr der Sechste Meister werden würde, sollte für die folgende DEL-Geschichte durchaus interessant sein.

Autsch: Rob Cimetta (Adler Mannheim) mit überhartem Einsatz gegen Kölns Peter Draisaitl in der Saison 94-95.

Die Saison 1995-96: Die Bewährungsprobe

Erneut gingen 18 Mannschaften an den Start, die Spielzeit gliederte sich in Haupt- und Zwischenrunde, in der die Teams mit geraden und ungeraden Platzierungen gegeneinander spielten. Wie schon im Vorjahr gingen nach Beendigung der beiden Runden 16 Teams in die Play-Offs. Als Meisterschaftsanwärter galten die Preussen Devils Berlin, Düsseldorfer EG und Kölner Haie. Die beiden rheinischen Klubs hatten viel Geld in ihre Teams gesteckt und sie mit NHL-erfahrenen Spielern wie Luciano Borsato (Köln) oder Mikko Mäkelä (Düsseldorf) verstärkt. Die Frankfurt Lions hatten mit Robert Reichel einen NHL-Star für eine komplette Saison in die DEL gelockt und hofften, zu den Top-Teams aufschließen zu können. Es gelang nicht und der gefeierte Reichel ging zum Leidwesen der Frankfurter Fans im Anschluss an die Saison zurück in die NHL. Neben den vier Favoriten aus Köln, Berlin, Düsseldorf und Landshut, die die Tabelle nach der Haupt- und Zwischenrunde anführten, spielten einige kleinere, finanzschwächere Klubs eine gute Rolle in den Play-Offs. Allen voran die Schwenninger Wild Wings, die sich bis auf einen Platz an die großen Vier ranpirschten. Für Aufsehen hatte der Trainerwechsel bei den Kassel Huskies während der laufenden Spielzeit gesorgt: Der Kanadier Ross Yates wurde durch Hans Zach ersetzt, der den Huskies zu einer enormen Leistungssteigerung verhalf und am Ende der Saison sogar zum besten Coach der Liga gewählt wurde. In den Play-Offs verloren die Schwenninger Wild Wings ihre Serie als Tabellenfünfter gegen die Augsburger Panther (Rang zwölf), die einzige Überraschung der ersten Runde. Erwartungsgemäß setzten sich die ersten Vier der Haupt- und Zwischenrunde durch, im Halbfinale gab es dann allerdings mit dem glatten Düsseldorfer Sieg in drei Spielen über die Preussen Devils - unter anderem ein 6:0 auswärts - durchaus eine überraschende Serie zu bestaunen. Für

Preussen Devils-Stürmer Bruce Hardy wird von Kölns Tobias Abstreiter in der Saison 95-96 an der Bande eingeklemmt.

die Berliner ging ihr Trauma in die nächste Runde: Bereits zum sechsten Mal in Folge war für die ambitionierten Hauptstädter im Halbfinale Schluss. Für Verteidigerlegende Udo Kießling nahm die Saison und seine Karriere ein schmerzliches Ende: Nicht nur, dass seine Landshuter erneut an den Kölner Haien scheiterten, im zweiten Spiel der Halbfinalserie traf den Verteidiger ein Puck im Gesicht und zertrümmerte seinen Kieferknochen, nachdem sich Kießling heldenhaft in den Schuss eines Kölner Spielers geworfen hatte. Im Finale trafen die Haie auf die Düsseldorfer EG. Das Derby zwischen den beiden großen rheinischen Rivalen war nach vier Spielen entschieden: Auf der Welle des Erfolges nach dem überzeugenden Sieg über die Preussen Devils Berlin spielte sich die DEG mit dem schwedischen Erfolgscoach Hardy Nilsson zur Meisterschaft als Tabellendritter der Vorrunde.

Die Saison 1996-97: Bosman wirbelt durch die Liga

Mit nur noch 16 statt 18 Mannschaften ging die DEL 1996 an den Start. Nach dem Rückzug der ESG Füchse Sachsen, des EC Hannover und des SC Riessersee füllten die Wedemark Scorpions die Liga auf. Neu neben den Niedersachsen war der Spielmodus: Nach einer Einfachrunde mit Hin- und Rückspiel wurde die Liga zweigeteilt. Die ersten Sechs versuchten, sich in der sogenannten Meisterrunde die beste Ausgangslage zu verschaffen, die restlichen zehn Teams stritten sich in der Qualifikationsrunde um zwei verbleibende Play-Off-Plätze. Der Rest musste um den sportlichen Verbleib in der DEL kämpfen,

Peter Franke hatte im Tor der ESG Füchse Sachen viel zu tun während zwei Spielzeiten, bevor sich der Klub aus der DEL zurückzog.

nachdem eine Auf- und Abstiegsregelung eingeführt worden war. Zum engen Favoritenkreis auf die Meisterschaft gehörten Titelverteidiger Düsseldorfer EG, die Kölner Haie und die Berlin Capitals. Aber nur die Domstädter wurden den Vorschusslorbeeren gerecht. Zusammen mit den Adler Mannheim, die die Fans im Friedrichspark mit offensiv geprägtem Eishockey begeisterten, dominierten die Haie die DEL. Adler-Manager Marcus Kuhl hatte das Bosman-Urteil am besten genutzt und gemeinsam mit Trainer Lance Nethery eine schlagfertige Truppe um den 38-jährigen Verteidiger Harold Kreis zusammengestellt. In der Saison deutete sich ein Machtwechsel in Berlin an: Gemeinsam mit den Capitals zogen die Eisbären in die Meisterrunde ein, in deren Verlauf es den Ostberlinern sogar gelang, den Rivalen aus dem Westen zu überflügeln. Ein Fiasko erlebten die Fans der Frankfurt Lions. Die Lions hatten auf die finnische Karte gesetzt und gleich acht Spieler aus Skandinavien vor und während der Saison angeheuert. Doch das Experiment misslang die Hessen konnten den Abstieg gerade so vermeiden. Prominentester Vertreter in den Play-Downs war die DEG: Die Rheinländer entließen nach ausbleibendem Erfolg Trainer Hardy Nilsson und holten Hans Zach an seine alte Wirkungsstätte zurück. Doch auch mit dem „Alpenvulkan" hinter der Bande verpasste die DEG als Neunter die Play-Offs. In die Relegation mussten die Ratinger Löwen und die Wedemark Scorpions. Doch der sportliche Vergleich hinkte, da die beiden DEL-Klubs kaum Mühe gegen die beiden Erstligisten aus Neuwied und Erding hatten und die Relegation somit zur Bedeutungslosigkeit verkam. Sechs Teams erreichten die Meisterrunde und hatten somit schon die Play-Offs sicher und stritten sich nur um die beste Ausgangslage: die Kölner Haie, die Adler Mannheim, die Kassel Huskies, die Eisbären Berlin, die Berlin Capitals und die Star Bulls Rosenheim, die sich im direkten Duell vor dem EV Landshut nach einem spannenden 3:2-Sieg nach Verlängerung in die Elite der Top-Sechs katapultierten. Die restlichen beiden Play-Off-Pläzte sicherten sich über die Qualifikationsrunde der EV Landshut und die Krefeld Pinguine. Während die Adler Mannheim in den Play-Offs durchmarschierten, erst Krefeld, dann Landshut und schließlich Kassel im Finale in jeweils drei Spielen ohne Niederlage schon erschreckend einfach ausschalteten, blieb der Mitfavorit Kölner Haie bereits in der ersten Runde der Play-Offs am EV Landshut hängen. Im emotionsgeladenen Viertelfinalduell der beiden Hauptstadtklubs aus Berlin setzten sich die Eisbären gegen die Capitals durch und vollendeten den Machtwechsel, der sich angedeutet hatte. Im Halbfinale gegen die Kassel Huskies sorgten die Eisbären

»Mit der Mannschaft ist es wie mit einer Ketchup-Flasche: Du drückst und drückst, aber es kommt nichts. Auf einmal aber kommt alles.«
Mannheims Manager Marcus Kuhl im zweiten DEL-Meisterjahr der Adler 1998, nachdem sich das Team in den Play-Offs im Vergleich zur Meisterrunde wie ausgewechselt präsentiert hatte.

allerdings für negative Schlagzeilen: Nicht nur einige „Fans" der Eisbären randalierten im dritten Aufeinandertreffen der beiden Klubs, sondern auch auf dem Eis wurde heftigst gestritten: 140 Strafminuten wurden ausgesprochen. Die Huskies setzten sich in vier Partien durch und die Fans zuhause feierten mit einem Autokorso durch die nordhessische Stadt ihre Helden, nachdem das Spiel auf einer Videoleinwand in die heimische Eissporthalle übertragen wurde, in der 6000 Fans den Triumph bejubelten. Die Begeisterung hielt sich, die Stadien in Mannheim und Kassel platzten aus allen Nähten, die Klubs hätten locker die doppelte Menge an Karten absetzen können. Nach dem souveränen Titelgewinn der Adler - nur in Spiel eins der Serie hatten die Huskies mit Coach Gerhard Brunner eine echte Chance - feierten über 60.000 Menschen ihr Team in Mannheim.

Die Saison 1997-98: Die totale Öffnung der Grenzen

Mit 16 Teams startete die Saison 1997/98, der Modus blieb diesmal unverändert: Nach der Einfachrunde mit Hin- und Rückspiel wurde die Liga mit den 16 Teilnehmern in eine Meisterrunde mit sechs Teams sowie eine Qualifikationsrunde mit den restlichen Teams aufgeteilt. Die vollständige Öffnung der DEL auch für Nicht-Europäer hatte nicht nur positive Auswirkungen: Den Fans vieler Klubs fehlte es an Identifikationsfiguren. Viele durchschnittliche ausländische Spieler bevölkerten die DEL und blieben dabei oftmals nicht mehr als eine Saison bei den jeweiligen Klubs. Einheimischen Spielern wurde oft kein Vertrauen entgegengebracht und nur selten erhielten sie die Chance, sich in Szene zu setzen. Dennoch gab es Ausnahmen: Zu Senkrechtstartern gehörten Sven Felski (Eisbären Berlin) oder Sascha Goc (Schwenninger Wild Wings). Mit Marco Sturm (EV Landshut) hatte bereits ein großes Talent von den Erfahrungen in der DEL profitiert und war nach Nordamerika gegangen, um sich einen Platz in der NHL zu ergattern. Nach der Saison 1997-98 beschritt Jochen Hecht von den Adler

Kölns Peter Draisaitl bewacht von Adler Mannheim-Verteidiger Stephane Richer in der Saison 96-97.

Mannheim diesen Weg und suchte sein Glück in Übersee. Für Schlagzeilen sorgte neben Hecht, dessen bevorstehender Wechsel nach Nordamerika Dauerthema war, ein weiterer Adler-Crack: Christian Pouget wurde während der laufenden Spielzeit der Konsum von Marihuana nachgewiesen. Der Stürmer musste mehrere Spiele pausieren, durfte aber wieder ins Geschehen auf dem Eis eingreifen, nachdem nach weiteren Proben keine Rückstände der verbotenen Substanz bei Pouget gefunden wurden. Dabei hatten die Adler doch mit „Keine Macht den Drogen" geworben. Sportlich sorgten die Überraschungsteams aus Berlin und Frankfurt für Aufsehen: Nach der Meisterrunde zogen die Eisbären als Tabellenerster ins Viertelfinale ein, die Frankfurt Lions, bei denen nach der enttäuschenden Vorsaison Manager Bernie Johnston eine schlagfertige Truppe zusammengestellt hatte, starteten von Rang zwei. Enttäuschend verlief die Saison für die Star Bulls Rosenheim, die nach dem Ende der Haupt- und Qualifikationsrunde abgeschlagen am Tabellenende standen, obwohl die Bayern eigentlich zu den Top-Teams der Liga aufschließen wollten. Die Hiobsbotschaft schlechthin kam aus Kaufbeuren: Im Dezember musste der finanziell angeschlagene Traditionsverein den Spielbetrieb einstellen. Ein ähnliches Schicksal sollte der hoch verschuldeten DEG widerfahren. Allerdings konnten die Rheinländer die Saison wenigstens beenden. Durch den Ausfall der Kaufbeurer Adler sah sich die DEL zu einer Modusänderung gezwungen und führte vor der Endrunde um die Deutsche Meisterschaft Qualifikations-Play-Offs für die Mannschaften in der Qualifikationsrunde ein. Damit fiel auch die ungeliebte Abstiegsrunde weg. In den Qualifikations-Play-Offs setzten sich die Krefeld Pinguine und die Hannover Scorpions durch, die seit Saisonbeginn den Namen der niedersächsischen Landeshauptstadt trugen, obwohl sie noch im Mellendorfer Ice-House in der Wedemark spielten.

»Ich will eine Rockgruppe und keine Country-Band.«
Trainer Kevin Gaudet vor der Saison 98-99 über sein Team Hannover Scorpions - mit 1407 Strafminuten „rockte" sein Team tatsächlich und saß 27 Minuten im Schnitt pro Spiel auf der Bank. Nur drei Teams wurden öfter bestraft.

Der Abstand zwischen dem Tabellenersten Eisbären Berlin und dem Tabellensechsten EV Landshut betrug nach dem Ende der Haupt- und Meisterrunde lediglich fünf Zähler. Trotz dieser scheinbaren Ausgeglichenheit musste keine Serie im Viertelfinale über die volle Distanz von fünf Spielen ausgetragen werden. Die Kölner Haie schieden allerdings wie im Vorjahr gegen den EV Landshut aus, unter anderem mit einer 1:9-Auswärtsschlappe. Negativer Höhepunkt der Play-Offs: Tough Guy Troy Crowder von den Hannover Scorpions streckte in der Serie gegen die Frankfurt Lions gezielt den Torwart Jukka Tammi nieder, der sich mit viel Glück nach dem Crosscheck und der darauf folgenden Kollision mit der Querstange des Tores keine schwerere Verletzung zuzog. Ein Foul, das nach wie vor zu den schlimmsten der Ligageschichte gehört. Dass am Ende erneut die Adler Mannheim ganz oben stehen würden, kam allerdings überraschend. Direkt vor dem Play-Off-Start waren sie in der Meisterrunde lediglich mit einem Sieg aus ihren letzten neun Partien hervorgegangen. In den Play-Offs wiederum gingen sie nur einmal als Verlierer bei neun Siegen vom Eis: in der Endspielserie verloren sie kurios die dritte Partie gegen die Eisbären Berlin. Die Eisbären hatten bereits nach 15 Minuten mit 5:1 geführt, ehe sich die Mannheimer herankämpften und erst 1:37 Minuten vor Ende das 7:8 hinnehmen mussten. Es war allerdings die einzige Partie, in der die Eisbären den Adlern wirklich Paroli bieten konnten. Zum zweiten Mal in Folge wurden die Adler Mannheim - diesmal als Tabellenvierter der Vorrunde - Meister mit Trainer Lance Nethery.

Bernd Truntschka in der Saison 96-97 bei der Düsseldorfer EG, danach verabschiedete er sich aus der DEL.

Die Saison 1998-99: Prügel-Liga?

Nach der Hauptrunde mit 14 Teams galten die Nürnberg Ice Tigers als Mannschaft, die den zweimaligen Titelträger Adler Mannheim endlich vom Thron hätte stürzen können. Mit 106 Punkten lagen sie 15 Zähler vor den Eisbären Berlin, dominierten die Hauptrunde, die erstmals in Form einer Doppelrunde (vier Spiele gegen jede Mannschaft) ausgetragen wurde. Ausgeglichener und spannender als je zuvor verlief die Saison bis zum Beginn der Play-Offs. Erst kurz vor Ende der Hauptrunde standen die Play-Off-Teilnehmer fest. Lediglich einen Zähler Rückstand auf den Achten hatte der Tabellenneunte aus Kassel, bei denen der neue Trainer Hans Zach vor allem auf deutsche Spieler setzte. Abgeschlagen am Tabellenende fanden sich die Revier Löwen wieder, die vor der Saison aus Ratingen in die neue Arena nach Oberhausen umgezogen waren. In der gesamten Saison holte das Retortenteam aus dem Westen keinen einzigen Auswärtspunkt. Einen Zuschauerboom erlebten die Kölner Haie mit der neu errichteten Kölnarena: Mit einem Schnitt von 12.907 Fans bei den 26 Heimspielen der Hauptrunde wurde eine beeindruckende Rekordmarke gesetzt. Insgesamt

Saison 98-99: Eisbären Berlin-Torwart Udo Döhler spitzelt die Scheibe weg, die Kollegen Rob Leask (links)und Sven Felski schirmen ab. Hinter dem Tor: Adler Mannheim-Stürmer Dave Tomlinson.

konnte die DEL einen Zuwachs bei den Zuschauerzahlen verzeichnen. Neben der zunehmenden Ausgeglichenheit im sportlichen Vergleich machten Stars wie Corey Millen (Kölner Haie), Sergio Momesso (Nürnberg Ice Tigers), Len Barrie (Frankfurt Lions) oder Jan Alston (Adler Mannheim) die Liga attraktiv. Dennoch blieben negative Meldungen nicht aus: In einen Schockzustand wurde die DEL nach dem plötzlichen Tod des Berlin Capitals-Stürmers Stéphane Morin versetzt, der während der Partie der Hauptstädter gegen die Revier Löwen auf der Spielerbank mit einem Herzsekundentod zusammengebrochen war. Negative Schlagzeilen setzte es aufgrund einiger heftiger Keilereien und brutaler Fouls, die sich während der Saison immer wieder ereigneten. Auslöser waren zumeist die plötzlich in der DEL auftretenden Goons, die einige Klubs in ihren Reihen hatten. Einen besonders zweifelhaften Ruf erlangten Rick Hayward (Frankfurt Lions), Darcy Martini (Hannover Scorpions) oder Craig Martin (Berlin Capitals). Doch zurück zum sportlichen Verlauf: Gleich das Viertelfinale der Play-Offs wurde enorm spannend und es zeigte sich die Ausgeglichenheit der Liga (die Teams von Rang zwei bis acht lagen nur sechs Punkte auseinander). Die Ice Tigers benötigten die gesamten fünf Spiele der Viertelfinalserie gegen die Augsburger Panther, um sich durchzusetzen. Im letzten Spiel hatten sie zudem enormes Glück: Eine zu Unrecht gegebene Strafzeit wurde nur wenige Sekunden vor dem Ende der regulären Spielzeit von Liam Garvey ausgenutzt, der 2:1-Siegtreffer besiegelte das Weiterkommen. Aber nicht nur die Nürnberger mussten an ihre Leistungsgrenze gehen. Auch die Serien zwischen Frankfurt und Köln (Entscheidung erst durch Penaltyschießen in Spiel fünf in einer hasserfüllten Serie mit ausgeschlagenen Zähnen, Massenschlägereien sowie einem üblen Stockstich von Kölns Corey Millen und einem von Lions-Stürmer Len Barrie) sowie zwischen Eisbären Berlin und Krefeld Pinguinen dauerte über fünf Partien. Wobei die Eisbären das meiste Glück hatten oder besser ihr Gegner Krefeld

Pinguine an sich selbst scheiterte: In Spiel drei in Berlin führten die Pinguine bereits mit 4:1, ehe sie noch 4:5 verloren. Und in Spiel vier lagen die Rheinländer noch sechs Sekunden vor dem Ende der regulären Spielzeit in Front, ehe Sandy Smith den Ausgleich schoss und Marc Fortier der Siegtreffer in der Overtime gelang. Nur Mannheim hatte leichtes Spiel mit dem EV Landshut, dem in drei Viertelfinalspielen nur fünf Tore gelangen. Im Halbfinale standen sich dann die ersten Vier der Vorrunde gegenüber. Während sich die Ice Tigers in drei Spielen gegen die Frankfurt Lions durchsetzten, mussten die Adler einmal nachsitzen, ließen jedoch mit einem 6:0 sowie einem 9:3 jeweils zuhause gegen die Eisbären keine Zweifel an ihrer Überlegenheit aufkommen. Die Finalserie zwischen Mannheim und Nürnberg gilt auch heute noch als bisher spannendste Serie der DEL-Play-Offs. Kurios zudem: Aufgrund der Teilnahme der Nationalmannschaft an der B-WM 1999 begann die Finalserie erst 15 Tage nach Beendigung des Halbfinales. Zum ersten Mal nach vier Jahren musste eine Finalserie über fünf Spiele

1998-99: Die Saison der Goons

Die totale Öffnung der Grenzen in der DEL für alle ausländischen Spieler brachte 1997 einen Schwung nordamerikanischer Cracks nach Deutschland. Im Jahr darauf folgte eine zweite Welle, die eine kleine Anzahl besonderer Draufgänger in die Liga spülte. Plötzlich hatten einige Manager eine Notwendigkeit erkannt, sogenannte Tough Guys oder Goons ins Team zu holen, weil sie ihre Topspieler zu wenig durch die Schiedsrichter geschützt sahen. So wurde in der Spielzeit 98-99 ordentlich hingelangt: 43:40 Minuten saßen beide Teams pro Match auf der Bank. Da wurden die Fäuste weit öfter geschwungen als in vorherigen Jahren, weil die Goons auch gerne untereinander ein Kräftemessen veranstalteten. Spielerisch waren sie zumeist wertlos, aber zum Zwecke der Einschüchterung durchaus geeignet. Bei den Berlin Capitals spielte mit Craig Martin ein Stürmer, der es in 45 Spielen auf eine Vorlage brachte - aber 183 Strafminuten. Mit Darcy Martini und Mike Ware hatten die Hannover Scorpions gleich zwei prügelstarke Cracks in den Reihen, wobei Verteidiger Martini neben 202 Strafminuten auch gute 29 Skorerpunkte in 49 Matches herausholte. Bei den Kölner Haien lief Mike Hartman auf (156 Strafminuten in 43 Begegnungen), in Mannheim war es Mike Stevens (55 Spiele, 282 Strafminuten, 29 Skorerpunkte). Dieser lieferte sich einen heute noch legendären Fight mit dem König der Goons in der DEL: Rick Hayward von den Frankfurt Lions. Seine Bilanz aus Jahr eins: 23 Spiele,140 Strafminuten, kein Skorerpunkt. Bei den Nürnberg Ice Tigers war John Craighead der Mann fürs Grobe: 204 Minuten in 47 Partien. Dort hatte ebenso Sergio Momesso nie davor zurückgeschreckt, auch mal die Fäuste sprechen zu lassen. Momesso allerdings war kein klassischer Goon, sondern einfach nur ein hart spielender Stürmer. Lange spielten auch zwei harte Jungs in der DEL, die, wenn es drauf ankam, zulangen konnten, aber in erster Linie spielerisch auffielen: Yvon Corriveau und David Haas. Corriveaus Bilanz in der DEL: 380 Spiele, 920 Strafminuten bei 109 Toren und 224 Punkten. Die Bilanz von Haas: 271 Spiele, 626 Strafminuten bei 96 Toren und 211 Punkten.

gehen. Nürnberg sah kurzzeitig wie der neue Meister aus, verpasste es aber, nach einer 2:1-Führung nach Spielen in der vierten Partie eine 2:0-Führung auszubauen und verlor noch mit 3:4. In Spiel fünf spielten die Adler ihre ganze Routine aus und holten zum dritten Mal in Folge unter Trainer Lance Nethery die Meisterschaft.

Die Saison 1999-00: Ein neuer Klub wird Meister

15 Teams gingen an den Start, die wieder in einer Doppelrunde ausgetragen wurde. Als Aufsteiger aus der Bundesliga erhielten die Moskitos Essen die DEL-Lizenz. Doch das Unternehmen drohte zu scheitern, als nach einer schwachen Saison, die mit dem sportlichen Abstieg endete, die Essener vor dem Aus standen. Doch die Moskitos klagten um ihren Verbleib in der höchsten deutschen Spielklasse und durften in der DEL bleiben. Das Urteil erhöhte nur den Eindruck, dass die Abstiegsrunde, die erstmals seit 1996-97 wieder stattfand, eine einzige Farce gewesen war. Am anderen Ende der Tabelle dominierten die Kölner Haie. 114 Punkte aus 56 Spielen - die beste Ausbeute seit der Einführung der Drei-Punkte-Regel in zehn Jahren DEL. Mehr als respektabel schlugen sich auch die München Barons, die vom EV Landshut die Lizenz sowie elf Spieler übernommen hatten. Und das, obwohl sie von den Zuschauern in München zunächst wenig Zuspruch erhielten. Nach dem Aus des Traditionsvereins aus Niederbayern vor der Saison zeichnete sich während der Spielzeit das Ende eines weiteren alteingesessenen Klubs ab: Schon während der ersten Phase der Saison mehrten sich die Anzeichen, dass die Star Bulls Rosenheim ihre letzte Saison in der DEL verbringen würden. Die Gerüchte und die negativen Schlagzeilen schlugen sich auf die sportliche Leistung um. Nach einem ordentlichen Saisonstart war die Mannschaft unaufhaltsam in die Niederungen der Tabelle geschlittert. Meister Mannheim mit Neu-Trainer Chris Valentine hangelte sich mit

Düsseldorfs Mickey Elick teilt aus im Derby gegen die Kölner Haie in der Saison 2000-01.

unkonstanten Leistungen mehr schlecht als recht - gemessen an den hohen Ansprüchen der Adler - durch die Saison. Zudem erschütterte ein Dopingfall die Kurpfalz: Spieler Joel Savage war positiv getestet worden, nachdem der Stürmer ein Medikament, das eine nicht erlaubte Substanz enthielt, eingenommen hatte. Ein Versehen. Nicht so wie bei Barons-Stürmer Bill McDougall, der wissentlich unerlaubte Mittel zu sich genommen hatte. Nach Bekanntgabe des positiven Testergebnisses feuerten die Bayern den Stürmer. Schon fast katastrophal verlief die Saison der Nürnberg Ice Tigers: Nachdem sie am großen Wurf im Jahr zuvor nur um Haaresbreite vorbeigeschrammt waren, landeten sie auf Rang zehn nach der Hauptrunde. Auch die Eisbären-Spielzeit geriet zum Desaster, am Ende reichte es nur für Platz 13. Die Berlin Capitals hingegen erfüllten als Sechster ihr Soll und sorgten für einen - zumindest kurzzeitigen - Machtwechsel in der Bundeshauptstadt. Die Überraschungsmannschaft der Saison waren allerdings die Kassel Huskies mit ihrem Trainer Hans Zach: Die Nordhessen hielten sich während des gesamten Saisonverlaufs in den oberen Tabellenregionen auf. Großen Anteil daran hatte Torhüter Chris Rogles, der endgültig zu einem der besten Schlussmänner der DEL avancierte. Bei den Frankfurt Lions läutete der Rausschmiss von „Trainager" Bernie Johnston das Ende einer Ära ein. Als Siebter erreichten die Lions aber immerhin noch die Play-Offs. Die Augsburger Panther ergatterten sich dank der „Atomreihe" um Sergei Vostrikov, Igor Maslennikov und Peter Larsson, die für viel Wirbel sorgte und mit tollen Kombinationseishockey begeisterte, den achten Tabellenrang. Die Play-Offs selbst waren vor allem im Viertelfinale spannend: Drei der vier

Ehemalige NHL-Cracks unter sich: Bob Sweeney und Brent Severyn (beide München Barons) im Zwei- kampf mit Todd Hlushko (Kölner Haie) im letzten Finalspiel der Saison 1999-2000.

Serien mussten in der fünften Partie entschieden werden, wobei die Kassel Huskies für die größte Überraschung sorgten, als sie quasi in einer späten Revanche für die Finalniederlage von 1997 die Adler Mannheim aus dem Rennen warfen. Skandalös dagegen die Serie zwischen Krefeld Pinguinen und Berlin Capitals. Nach einer Fehlentscheidung in Spiel eins der Serie von Schiedsrichter Willi Schimm startete eine Hetzkampagne der Berliner gegen den Unparteiischen. In der zweiten Partie flogen dann die Fäuste, 232 Strafminuten stellten den Saisonrekord auf. Im Halbfinale wurde es dann relativ unspektakulär: Die Kölner Haie und München Barons (Rang zwei nach der Vorrunde) setzten sich jeweils in drei Spielen durch. Erneut musste die Finalserie auf sich warten lassen, weil die Nationalmannschaft bei der B-WM antreten musste. Als bester Spieler in der Finalserie, die die Bayern nach vier Spielen für sich entschieden, präsentierte sich ausgerechnet Boris Rousson, Torwart der München Barons. Ein Jahr zuvor war Rousson von den Kölner Haien ausgemustert worden und zu den Barons gewechselt. Damit war die Dominanz der Adler Mannheim zunächst gebrochen, nach drei Titeln in Folge hatte der Klub eine insgesamt enttäuschende Saison erlebt. Und Lance Nethery, der dreimal mit Mannheim den Titel als Trainer geholt hatte, konnte ihn inzwischen als Coach der Haie nicht noch ein weiteres Mal ergattern. Für die München Barons glich die Saison einem schönen Märchen: Als Liganeuling Deutscher Meister und wenigstens in den Play-Offs endlich von den Fans in München akzeptiert.

»Ich bin nicht stolz darauf und ich tue es nicht gerne, aber ich mache es, denn alle machen es. Ansonsten ist man im Nachteil.«
Mannheims Stürmer Todd Hlushko in der Saison 2001-02 über die plötzlich beliebten Schwalben in der Liga: theatralisches Fallenlassen, um eine Strafe gegen den Gegner zu erwirken.

Die Saison 2000-01: Ausgeglichenheit ist Trumpf

Als 16er Liga mit unverändertem Modus, aber ohne Play-Downs, startete die DEL. Neu in der Liga waren die Iserlohn Roosters, die aus der Zweiten Bundesliga in die DEL gekommen waren und in einer Last-Minute-Aktion die Lizenz der Star Bulls Rosenheim erhielten. Mit dabei war auch wieder die Düsseldorfer EG, die zuletzt 1998 der höchsten deutschen Spielklasse angehört hatte. Wie gewohnt standen die Adler Mannheim, die Kölner Haie und Titelverteidiger München Barons in den Play-Offs. Nicht mehr dabei: Krefeld Pinguine, Frankfurt Lions und Augsburger Panther. Unter der Regie von Hans Zach erreichten die Kassel Huskies das zweite Mal hintereinander die Play-Offs und verpassten das Vorjahresergebnis (Platz vier nach der Hauptrunde) nur knapp. Den vierten Rang belegten die Nürnberg Ice Tigers, die im Februar von ihrer alten Spielstätte, dem Lindestadion, in die neue Arena neben dem Nürnberger Frankenstadion umgezogen waren. Fast schon sensationell setzten sich die Revier Löwen Oberhausen auf Rang sechs fest und feierten dabei unter anderem 18

Heimspielsiege in Folge. Der Erfolg schlug sich auch in der Gunst der Zuschauer nieder. Die Revier Löwen konnten einen Zuwachs von über 1000 Fans vermelden. Auch die Hannover Scorpions kamen, nachdem sie zum zweiten Mal seit ihrer Erstligazugehörigkeit 1996 die Play-Offs erreicht hatten, in den Genuss einer neuen Spielstätte. In der Endrunde zogen die Scorpions aus dem Mellendorfer IceHouse in die PreussagArena nach Hannover um. Die Halle war zur Weltausstellung EXPO erbaut worden und bereits Austragungsort des Deutschland-Cups im November 2000 gewesen. Den letzten verbleibenden Startplatz für die Play-Offs belegten die Berlin Capitals. Am Tabellenende landeten nicht - wie von vielen erwartet - die Iserlohn Roosters, sondern wie schon in der Vorsaison die Moskitos Essen, bei denen der ehemalige NHL-Star Esa Tikkanen enttäuschte und wenig bewirkte. Der Favorit auf den Titelgewinn aus Mannheim, der mit 115 Punkten aus 60 Spielen nach der Hauptrunde einen neuen Rekord aufstellte, hatte im Viertelfinale der Play-Offs mit dem Achten Berlin Capitals mehr Probleme als erwartet und siegte erst in fünf Spielen. Dabei kam es zu einem Zwischenfall, der sogar das DEL-Schiedsgericht beschäftigt hatte. In der dritten Partie kam es zu einer Schlägerei zwischen Adler-Trainer Bill Stewart und Caps-Coach Pavel Gross. Die Berliner hatten daraufhin eine lebenslange Sperre für Stewart gefordert. Der Adler-Coach wurde zwar gesperrt (und das auch noch recht spät, nämlich direkt vor der Finalserie), aber nur für ein Spiel. Ein kleines Wunder vollbrachten die Hannover Scorpions, die die Kölner Haie in drei Spielen ausschalteten. Die Revier Löwen, das Überraschungsteam der Hauptrunde, hatte sein Krallen dagegen abgewetzt und bot den München Barons kaum Gegenwehr. Dennoch sorgten sie für ein Novum: Sie entließen Trainer Gunnar Leidborg nach der ersten Niederlage in den Play-Offs und ersetzten ihn mit Peter Draisaitl. Im Halbfinale setzten sich die Adler Mannheim souverän gegen die Hannover Scorpions durch, die in der Runde zuvor ihr Pulver verschossen hatten. Etwas mehr Mühe hatten die München Barons mit den Kassel Huskies in vier Spielen. Im Finale zwischen Adlern und Barons folgte der zweite Auftritt Bill Stewarts: Im vierten Spiel griff der Coach der Adler in die Trickkiste und spielte einen Kreislaufzusammenbruch . Mit der Spielunterbrechung verschaffte er seinem Topskorer Jan Alston Zeit, neue Schlittschuhe einzufahren, nachdem das eingelaufene Paar Skates zuvor während des Spiels unbrauchbar geworden war. Die Adler setzten sich in vier unattraktiven, weil stark von der Taktik geprägten Spielen, gegen die München Barons durch und feierten die vierte Meisterschaft innerhalb von fünf Saisons.

»Ich will mit Essen Meister werden.«
Der ehemalige NHL-Star Esa Tikkanen zu seinen Zielen mit den Moskitos Essen, zu denen er im Jahr 2000 gewechselt war. Der Finne enttäuschte auf ganzer Linie und die Moskitos wurden Tabellenletzter.

Die Saison 2001-02: Die Rückkehr der jungen Deutschen

Wie im Vorjahr startete die DEL-Saison mit 16 Mannschaften. Das Überraschungsteam der Saison kam aus Krefeld. Die Pinguine spielten eine starke Vorrunde und vor allem das kongeniale Trio Brad Purdie, Christoph Brandner und Patrik Augusta begeisterte nicht nur die Fans in der Rheinlandhalle. Neben den Pinguinen standen mit den Eisbären Berlin und Augsburger Panthern zwei Teams in den Play-Offs, die im Vorjahr nicht dabei gewesen waren. Mit 121 Zählern wurde erneut ein neuer Punkterekord aufgestellt, diesmal von den München Barons. Knapp dahinter: die Adler Mannheim (120 Punkte). Die Nürnberg Ice Tigers sicherten sich den vierten, die Kassel Huskies mit einer respektablen Leistung den fünften Platz. Wehmut mischte sich in die Saison der Nordhessen, als Trainer Hans Zach im Januar 2002 seinen Abschied verkündete. Fast zeitgleich fand in Köln ein Wechsel auf dem Trainerposten statt. Lance Nethery wurde nach schwachen Leistungen seiner Mannschaft durch Co-Trainer Rich Chernomaz ersetzt, der die Rheinländer immerhin noch auf Platz sechs führte. Die Gerüchteküche brodelte heftig. Im Februar, kurz vor Beginn von Olympia, ließ Hans Zach die Katze aus dem Sack und verkündete seinen Wechsel zu den Kölner Haien zur nächsten Spielzeit. Um drei Punkte verpasste die Düsseldorfer EG den Sprung unter die Top-Acht. Dennoch sorgte der rheinische Traditionsklub für eine Top-Schlagzeile: Im März 2002 wurde die Metro AG als neuer Hauptsponsor vorgestellt, die mit dem Engagement

Augsburgs Michael Bakos und Nürnbergs Christian Schönmoser im Zweikampf an der Bande, bei dem Schönmosers Helm vom Kopf fliegt.

die Zukunft der DEG längerfristig absicherte. Ab sofort hieß der Klub DEG Metro Stars. Im Niemandsland endete die Saison für die Hannover Scorpions und die Frankfurt Lions, die den Erwartungen in keiner Weise gerecht wurden. Als Erfolg darf die Platzierung der Iserlohn Roosters (Rang zwölf) gewertet werden, die als Ziel nur den Nichtabstieg ausgegeben hatten. Weniger erfreuliche Nachrichten erreichten die Öffentlichkeit, als die Play-Offs und die Play-Downs schon begonnen hatten: Den Berlin Capitals und den Moskitos Essen waren durch die DEL-Gesellschafterversammlung einstimmig die Lizenz entzogen worden. Bereits im Januar hatten die Essener einen Insolvenzantrag gestellt, aber genau wie die finanziell angeschlagenen Berlin Capitals konnten beide Klubs die Saison immerhin zu Ende spielen. Dadurch hatten die Play-Downs, die 2001-02 in Form einer Best-Of-Seven-Serie zwischen dem Tabellenvor- und letzten (diesmal Berlin Capitals und Schwenninger Wild Wings) ausgetragen worden waren, wie schon in der Vergangenheit ihren Sinn und Reiz verloren. Zwei Überraschungen hatte das Play-Off-Viertelfinale zu bieten: Die sechstplatzierten Kölner Haie setzten sich gegen den Dritten Krefeld Pinguine in drei Spielen durch. Genau wie im Vorjahr besiegten die Kassel Huskies als Fünfter die hoch gehandelten Nürnberg Ice Tigers (Rang vier) in vier Partien. Für den Meister und Favoriten Adler Mannheim stellten nach dem klaren Sieg im Viertelfinale gegen die Eisbären (3:1-Siege) auch die Kassel Huskies im Halbfinale (3:0-Siege) keine Hürde dar. Ihr Endspielgegner Kölner Haie, die sich nach der enttäuschenden Hauptrunde in einen wahren Play-Off-Rausch spielten, lieferte sich mit den München Barons eine heiße Serie, die erst in der fünften Partie im Penaltyschießen entschieden worden war. Die Finalserie wurde dann ebenso erst im fünften Spiel entschieden. Und auch wenn keine Partie zwischen Adlern und Haien in die Verlängerung gehen musste, so war es dennoch eine äußerst spannende und sportlich attraktive Serie, die die Kölner Haie mit Trainer Rich Chernomaz nach einer regelrechten Achterbahnfahrt während der Saison überraschend für sich entschieden. Die Haie, mit dem zweiten DEL-Meistertitel nach 1995, hatten wie sieben Jahre zuvor den Titel vom sechsten Platz nach der Vorrunde startend geholt.

»Im Vergleich zu dieser Party war Dallas ein Knabenchor.«
Brent Severyn, nachdem er mit den München Barons Deutscher Meister 2000 wurde und die Mannschaft bis um sechs Uhr morgens in der Kabine gefeiert hatte. Severyn hatte 1999 mit den Dallas Stars den Stanley Cup in der NHL gewonnen und ist in der DEL-Geschichte der erste Spieler, der direkt nach der NHL-Meisterschaft auch DEL-Meister wurde.

Die Saison 2002-03: Eine grundsolide Liga

Nach dem Aus der Berlin Capitals und den Mosiktos Essen zogen sich auch die Revier Löwen Oberhausen mangels Perspektive und ohne Spielstätte (mit den Betreibern der Arena Oberhausen konnte keine Einigung erzielt werden) aus der DEL zurück. In die Eliteliga stieg hingegen der ERC Ingolstadt auf. Und der Neuling schlug sich respektabel und konnte in seiner Premierensaison die Play-Downs vermeiden. Nicht nur der sportliche Minimalerfolg, sondern auch der geplante Hallenneubau, der zügig voran schritt, nährte die Hoffnungen der Anhänger auf ein langfristiges und erfolgreiches DEL-Engagement. Die DEL bestand nunmehr aus 14 Klubs und ging mit einem weiterhin unveränderten Modus in die Hauptrunde. Neben Ingolstadt gab es einen zweiten Neuling in der Liga zu begrüßen: Aus den München Barons wurden nach nur drei Jahren die Hamburg Freezers, aber das Team setzte den Erfolg fort. Wie zuvor der EV Landshut und dessen Nachfolger München Barons erreichten die Freezers die Play-Offs. Damit hatte die Franchise zusammen mit den Adler Mannheim und Kölner Haien in jedem DEL-Jahr die Endrunde um die Deutsche Meisterschaft erreicht. Mindestens genauso wichtig wie der sportliche Erfolg: Anders als in München spielten sich die Freezers umgehend in die Herzen der Hanseaten. Schon zum Eröffnungsspiel im November pilgerten rund 14.000 Fans in die neu erbaute ColorLine-Arena. Als Favorit starteten die Eisbären Berlin in die Saison, denen im Vorfeld einige spektakuläre Verpflichtungen gelangen und die

Die letzte DEL-Saison der Schwenninger Wild Wings und von Mike Bullard (vorne links). Bermerkenswert: Ingolstadts Jason Young (rechts vorne) und Francois Bouchard wechselten nach der Saison 2002-03 ebenso wie Wild Wing Christian Kohmann (Nummer acht) zu den Frankfurt Lions.

unter dem NHL-erfahrenen Trainer Pierre Pagé durch die Liga wirbelten. Der NHL-Erfahrung des Butch Goring bedienten sich die Krefeld Pinguine, bei denen der Kanadier erst Sportdirektor wurde und schließlich Coach Chris Valentine ablöste, der sich vehement, aber erfolglos gegen seine unvermeidbare Degradierung gewehrt hatte. Für die größte Überraschung sorgten allerdings die Iserlohn Roosters, die mit ihrem ambitionierten Trainer Greg Poss und Torhüter Jimmy Waite ganz knapp die Sensation verpassten und mit nur zwei Punkten Differenz auf Platz acht knapp an den Play-Offs vorbeischrammten. In die Play-Offs wollten nach zweijähriger Abstinenz auch die Frankfurt Lions, aber die Saison der Lions wurde zur Katastrophe: Die Zusammenarbeit von Manager Bernie Johnston und Neu-Coach Lance Nethery scheiterte bereits im November, als der Manager seine Hut nehmen musste. Die Demission Johnstons änderte nichts an der rapiden Talfahrt der Lions, die mit dem sportlichen Abstieg endete. Nur der Rückzug der Schwenninger Wild Wings, die in die Play-Dows die Lions schlugen, verhinderte den Abstieg der Lions. Im Schwarzwald ging hingegen eine Ära zu Ende: Nachdem im Vorjahr Mark MacKay seine tolle Karriere bei den Wild Wings beendet hatte, wurde nun auch das Kapitel DEL nach neun Jahren Ligazugehörigkeit ad acta gelegt.

»In 17 Jahren als Trainer habe ich eine Sache gemerkt: Der einzige Freund, den ein Trainer hat, ist ein anderer Trainer.«
Iserlohn Roosters-Trainer Doug Mason 2004 in einem Interview über die Frage, wie wichtig ihm das Verhältnis zu seinen Kollegen ist.

Zum ersten Mal nach 1995 fand eine Play-Off-Runde wieder im Best-of-Seven-Modus statt, auch wenn diese Neuregelung nur für das Viertelfinale galt. Nach einer ausgeglichenen und spannenden Hauptrunde ging lediglich eine Serie - Kölner Haie gegen Kassel Huskies - über die volle Distanz. Einen Durchmarsch - also vier Siege bei keiner Niederlage - schaffte aber auch kein Team im Viertelfinale. Wie bereits in den vergangenen beiden Spielzeiten endete nach einer ordentlichen Hauptrunde die Saison der Nürnberg Ice Tigers im Viertelfinale. Auch die DEG Metro Stars, die eine starke Vorrunde absolviert hatten und als Dritter in die Play-Offs eingezogen waren, war nach nur fünf Spielen in der Endrunde gegen die Krefeld Pinguine Schluss. Gestärkt durch den tollen Erfolg und mit Torhüter Robert Müller als großem Rückhalt gelang es dem Team mit der Top-Formation Brad Purdie, Christoph Brandner und Patrik Augusta, im Halbfinale den haushohen Favoriten aus Berlin in vier Spielen zu eliminieren. Im Finale stand ein rheinisches Derby gegen die Kölner Haie an, die im Halbfinale in nur drei Spielen die Adler Mannheim aus dem Rennen geschmissen hatten. Spannung, Emotion und sportlich tolle Partien wurden den Fans zwischen Köln und Krefeld geboten. Nach einer 2:0-Führung nach Spielen für Krefeld hatten die Haie zweimal in Folge gesiegt und Spiel fünf musste die Entscheidung bringen.

Mit 3:1 siegten die Pinguine vor 18.600 Zuschauern in der Kölnarena und krönten sich als Außenseiter von Platz sechs gestartet zum Deutschen Meister. Nach 51 Jahren holte eine Mannschaft aus Krefeld erstmals wieder den Titel.

Die Saison 2003-04: Das sportlich attraktivste Jahr

Wie schon im Vorjahr dominierten die Eisbären Berlin die DEL-Vorrunde. Nach dem enttäuschenden Aus gegen die Krefeld Pinguine in den zurückliegenden Play-Offs sollte endlich die Meisterschaft in die Bundeshauptstadt geholt werden. Über weite Strecken der Saison lieferten sich die Eisbären mit den Frankfurt Lions ein Kopf-an-Kopf-Rennen um die Tabellenspitze. Die Hessen, sportlicher Absteiger der Vorsaison, hatten im Vorfeld der neuen Spielzeit fast den gesamten Kader ausgewechselt und mit Rich Chernomaz einen neuen Trainer präsentiert. Mit einem überragenden Pat Lebeau als besten Spieler der Liga überzeugte die neue Mannschaft als homogene Einheit, die mit viel Leidenschaft und Herz zu Werke ging. Nur kurz vor Ende der Hauptrunde ging den Lions die Luft ein wenig aus und sie zogen - erstmals seit drei Jahren überhaupt - als Fünfter in die Play-Offs ein. Den Vorzug mussten die Hessen den Eisbären Berlin, Nürnberg Ice Tigers, die mit ihrem neuen Coach Greg Poss eine tolle Hauptrunde gespielt hatten, den Hamburg Freezers mit Trainerlegende Dave King und den Kölner Haien lassen. Anschauungsunterricht für alle zukünftigen Aufsteiger lieferte der ERC Ingolstadt, der sich, beflügelt durch den Umzug in die neue Saturn-Arena, im zweiten Jahr der DEL-Zugehörigkeit in die Elite der DEL-Klubs spielte und hinter den Adler Mannheim als Siebter die Play-Offs erreichte. Als Achter schafften die DEG Metro Stars die Play-Offs, die den Erfolg aus dem Vorjahr (Dritter nach der Hauptrunde) nicht wiederholen konnten. Immerhin zeigte Nationalstürmer Daniel Kreutzer eine herausragende Saison und traf 26-mal ins Netz. Für den Neuling aus Freiburg, der für die Schwenninger Wild Wings in die Liga gekommen war, erwies sich die DEL-Hürde als zu hoch: Die Wölfe landeten abgeschlagen auf dem letzten Tabellenplatz und mussten sich in den Play-Downs den Hannover Scorpions geschlagen geben, die sportlich enttäuscht und im Dauerclinch mit den Betreibern der Preussag-Arena gelegen hatten. Schon zuvor hatte Klubchef Jochen Haselbacher, der jahrelang gemeinsam mit Sohn Eric die Fäden der Niedersachsen in der Hand gehalten hatte, seinen Ausstieg bei den Scorpions angekündigt. Schlichtweg unterirdisch präsentierte sich der amtierende Titelträger aus Krefeld: Die Pinguine, die nach

> »Mit diesem erfolglosen und unattraktiven Puck-in-die-Ecke-Eishockey haben wir uns die Fans aus der Halle gespielt.«
> *Krefeld Pinguine-Geschäftsführer Wolfgang Schäfer über die Saison 2003-04, in der die Pinguine die Play-Offs nicht erreichten und die Zuschauer nach der überraschenden Meisterschaft 2003 wegblieben.*

der Saison viele Spieler der Meistermannschaft nicht halten konnten, kamen überhaupt nicht in Tritt und verschlissen während der Saison zwei Trainer: Der lustlos wirkende Butch Goring wurde durch Harald Vasiljevs ersetzt, der aber vor allem bei den gestandenen Profis keine Akzeptanz fand. Nach Vasiljevs durfte sich Bill Stewart versuchen, der die Adler Mannheim im Januar verlassen hatte. In Krefeld traf Bill Stewart auf Stefan Ustorf, der mit Yves Racine (war nach Ingolstadt gwechselt) schon zuvor bei den Kurpfälzern suspendiert worden war und sich den Seidenstädtern angeschlossen hatte. In den Play-Offs, die im Viertelfinale wieder im Best-of-Seven-Modus absolviert wurden, gingen drei Serien über sechs Spiele. Die Frankfurt Lions besiegten die Kölner Haie, wobei ihr Torwart Ian Gordon einen DEL-Rekord aufstellte, als er dreimal hintereinander ohne Gegentor blieb. Die Hamburg Freezers schmissen die Adler Mannheim aus dem Rennen, die zuletzt 1999-2000 im Viertelfinale gescheitert waren. Das brisante Süd-Derby zwischen den Nürnberg Ice Tigers und dem ERC Ingolstadt entschieden die Ingolstädter dank einer überragenden Leistung ihres Goalies Jimmy Waite für sich. Allerdings hatten die Ingolstädter ihr Pulver damit verschossen und wirkten gegen die Eisbären Berlin ideen- und machtlos. Wie bereits in der ersten Runde gegen die DEG Metro Stars blieben die Eisbären ohne Niederlage. In fünf hart umkämpften Halbfinalpartien besiegten die Frankfurt Lions die Hamburg Freezers. Favorisiert gingen die Eisbären in das Finale, mussten sich aber in einer hochklassigen, von offensivem Eishockey geprägten Serie, in vier Spielen der aufopferungsvoll kämpfenden Truppe aus Frankfurt geschlagen geben. Wieder scheiterten die Ostberliner auf dem Weg zur Meisterschaft, während die Frankfurt Lions eine sensationelle Saison hinter sich brachten und als sportlicher Absteiger des Vorjahres völlig überraschend, aber verdient zum ersten Mal in ihrer Geschichte Deutscher Meister wurden.

Matthias Scholze

Oliver Jonas geht als Nummer eins-Torwart der Eisbären Berlin in die Saison 2004-05: Noch vor wenigen Jahren hatten die jungen deutschen Spieler weitaus schlechtere Karten.

Die DEL und das Bosman-Urteil: Grenzenlose DEL

Darren MacAusland - es gab 1997 in der Deutschen Eishockey- Liga tatsächlich einen Spieler namens Darren MacAusland. Ein bestenfalls durchschnittlicher Stürmer mit einem Namen, der wie die Faust aufs Auge der vierten DEL-Saison passte. „Grenzenlose DEL" lautete das Motto anderthalb Jahre nach dem Bosman- Urteil.

Das hatte am 15. Dezember 1995 den europäischen Sport erschüttert, als der Europäische Gerichtshof die bis dahin gültigen Transferregelungen und Ausländerbegrenzungen für nichtig erklärte. Das nachfolgende Kienass-Urteil des Bundesarbeitsgerichtes in Kassel, benannt nach dem klagenden Nationalspieler Torsten Kienass, kippte dann auch in Deutschland die bisherige Praxis zum Teil extrem hoher Ablösesummen. Diese richteten sich unter anderem nach Einsätzen für die Nachwuchs-Nationalmannschaften und waren für einen jungen Spieler mit wenigen Bundesliga-Einsätzen, der bereits 200.000 Mark kosten sollte, ein gehöriger Klotz am Bein.

Unbegrenzter Zulauf an europäischen Spielern

Dieser Entlastung folgte für die jungen Spieler aber ein noch größeres Problem: Durch das Bosman-Urteil durften die DEL-Klubs in der Saison 1996/97 unbegrenzt Spieler aus EU-Ländern einsetzen. Fertige Spieler zu günstig wirkenden Preisen. Wozu dann noch auf den Nachwuchs setzen, wenn der ohnehin Probleme hat, das gestiegene Niveau mitzugehen? Natürlich ging der Blick der finanzstarken Klubs zunächst nach Skandinavien. Wobei die Frankfurt Lions sicher den Vogel abschossen, als sie den vormaligen finnischen Nationaltrainer Pentti Mattaikainen engagierten, der gleich sieben Landsleute mitbrachte und mit einem Team ohne Harmonie grandios scheiterte. Wer ganz schlau war, der suchte in Nordamerika nach Spielern mit europäischen Vorfahren und Pässen. So machten es die Eisbären Berlin, die den englischen Nationalspieler Darren Durdle, die Italiener Mario Chitarroni, Chad Biafore und den Österreicher Kraig Nienhuis oder den Griechen Chris Govedaris in die Liga lockten. Geboren und aufgewachsen waren die Spieler aber allesamt in Kanada. Mannheims Manager Marcus Kuhl machte es ähnlich geschickt, als er unmittelbar nach dem Bosman-Urteil quer durch Europa reiste und in „Drittländern" Spitzenkräfte fand, die zum Teil zu DEL-Stars wurden oder es noch sind. Die Italiener Mike Rosati, Bob Nardella und Paul Beraldo, die Franzosen Phillipe Bozon, Christian Pouget und Francois Guay, die Österreicher Martin Ulrich und Dieter Kalt, sowie der Belgier Mike Pellegrims bildeten das Gerüst der überragenden Mannschaft der Saison. Die Adler Mannheim waren 1997 das bis dato letzte Team, das die Play-Offs ungeschlagen durchlief.

Toni Porkka (Frankfurt Lions) blieb immerhin sechs Saisons in der DEL. Peter Ihnacak (Krefeld Pinguine, hinten) wurde mit dem Bosman-Urteil vom „harten" zum „weichen" Ausländer: Der Tscheche erhielt einen italienischen Pass und fiel somit nicht mehr unter das Ausländerkontingent.

Freie Marktwirtschaft an der Kundschaft vorbei

Im Kontrast zu diesem Siegeszug gab die Ligenleitung um DEL-Commissioner Bernd Schäfer III im darauffolgenden Sommer einfach auf. Der Anwalt sah die Lücken, die die Klubs nutzten und auch die sogenannten assimilierten Länder, deren Bürger (=Sportler) dann ebenfalls unter das Bosman-Urteil fielen und sprach: „Lasst uns alle ausländischen Sportler gleich behandeln. Dann fallen auch die Preise." Die DEL-Klubs folgten dem Vorschlag gerne, hatten aber irgendwie die einheimischen Cracks vergessen. Die hatten zwar keine Ablösesummen mehr am Bein, aber es war kein Bedarf mehr für sie. Das ist zwar durchaus unter freier Marktwirtschaft zu verstehen, aber diese ging vor allem an der Kundschaft vorbei. Es gab nur wenige Klubs, bei denen die Identifikation mit den Spielern lange anhielt, denn auch das wurde zum Standard: Hire and fire. So wurden bei Vizemeister Kassel Huskies über die Saison 1997/98 hinweg 36 Spieler lizenziert, manche nur für wenige Wochen. Natürlich hatten auch die Huskies die vorgeschriebenen fünf deutschen Spieler unter Vertrag - einziges Zugeständnis der Gesellschafter an das „D" im Namen der Liga - aber hier wie vielerorts waren das entweder Ergänzungsspieler oder Cracks mit deutschem Pass, die nicht einmal für das Nationalteam spielberechtigt waren. Jenes litt darunter derart, dass der Absturz in

Der erste Grieche in der DEL: Chris Govedaris. Immerhin blieb der 49-fache NHL-Spieler, der in Toronto geboren wurde und griechische Vorfahren hat, fünf Saisons in Deutschland.

die Zweitklassigkeit folgte. Das böse Wort vom Quotendeutschen machte die Runde. Zurecht, wie die folgende Geschichte beweist: Die Kassel Huskies hatten bei einem Europaligaspiel Verletzungsprobleme und nur einen gesunden Torhüter an Bord. Da es keinen Nachwuchsmann gab, musste sich der junge Stürmer Rainer Suchan, in der kompletten Saison ganze fünfmal eingesetzt, als Ersatzkeeper umziehen. Zwei Jahre hatte diese Regelung noch Bestand, wenn auch so modifiziert, dass insgesamt nur noch 26 Spielerlizenzen pro Saison vergeben werden durften. Als dann auch mal der Zeugwart oder Co-Trainer als deutscher Spieler lizenziert wurde, die Identifikation der Fans mit dem Produkt immer mehr litt und auch das Aushängeschild Nationalmannschaft auf dem Tiefpunkt angelangt war, war es Zeit, neue Wege zu suchen und zu gehen. Der Ausländeranteil der DEL war von 13 Prozent über 41 Prozent und nach der Komplettöffnung auf 67 Prozent angestiegen. Im Klartext: Nur noch ein Drittel der Spieler der Deutschen Eishockey-Liga waren Deutsche.

Verdrängungswettbewerb brachte auch viel Mittelmaß

Der Markt für deutsche Spieler lag durch diese Radikalkur am Boden. In den fetten Jahren Anfang der 90er, als Krösusse wie die Düsseldorfer EG Spitzengehälter bezahlten, da war auch für durchschnittliche deutsche

Der österreichische Verteidiger Martin Ulrich kam 1996 in die DEL und spielte mit einjähriger Unterbrechung auf konstant hohem Niveau. Inzwischen hat er 374 Spiele für Mannheim, die Berlin Capitals und Düsseldorf absolviert.

Spieler enorm viel zu verdienen. Jetzt überschwemmten günstigere Spieler aus kleineren europäischen Ligen den Markt. Ein Verdrängungswettbewerb, der zum Teil auch vor überdurchschnittlichen Cracks nicht Halt machte. Ein Verdrängungswettbewerb, der aber auch dafür sorgte, dass sich die Preise zum Teil wenigstens regulierten. Nach unten versteht sich. Das Gejammer unter den deutschen Cracks war dementsprechend groß. „Viele haben sich damals hängen lassen", stellt DEB-Sportdirektor Franz Reindl rückblickend fest. „Jetzt aber kämpfen sie wieder." Sicher, es gingen einige Karrieren zu Ende. Dann aber zumeist solche, die sich ohnehin nur verlängert hätten, weil ein Mangel an deutschem Nachwuchs herrschte. Motto: Lieber dem 35-jährigen Deutschkanadier vertrauen als einem Jungspund, der vielleicht etwas günstiger ist, aber auch noch entscheidende Fehler macht.

Sinnvolle Regulierungen

Den Fehler aber hatten die DEL-Klubs ge-macht, die ihn immerhin - aufgeschreckt durch sinkende Zu-schauerzahlen und das negative Image in der Öffentlichkeit - zu korrigieren begannen. So wurde in der Saison 2000/2001 die Zahl der Ausländer auf 16 beschränkt. Eine Art freiwillige Selbstkontrolle, mit der das Bosman-Urteil umgangen werden konnte, ein Gentleman-Agreement, dem auch die europäische Politik nicht widersprechen wollte. Zu sehr hatte der Profisport allgemein unter den Umwälzungen gelitten. Eine der Neuerungen: Jeder Klub musste drei Spieler unter 21 Jahren einsetzen. Sogenannte „Förderlizenzen" sollten jungen Spielern ermöglichen, sowohl in der DEL als auch in tieferen Klassen spielen zu können, um Spielpraxis zu bekommen. Zudem verpflichteten sich die Klubs, die Zahl der Ausländer von Jahr zu Jahr zu reduzieren. In der Saison 2004/05 dürfen die Klubs zwar weiterhin zwölf Gastarbeiter unter Vertrag haben, auf dem Spielbericht dürfen aber nur elf stehen. Insgesamt dürfen nur 18 Spieler über 23 Jahre sein, dazu ist aus der U21 zeitlich angepasst eine U23-Regelung geworden: Mindestens vier Spieler dieses Alters haben also Platz auf dem Spielberichtsbogen. Drei Förderlizenzspieler muss jeder Klub unter Vertrag haben. Maßnahmen, die zweifelsohne gegriffen haben. Nicht nur, dass die Verringerung der Ausländerplätze wieder Platz für deutsche Spieler schaffte. Die einheimischen Cracks profitierten auch von den Ausländern. Es ist schließlich kein Zufall, dass mit Marco Sturm, Jochen Hecht, Dennis Seidenberg, Christian Ehrhoff und Marcel Goc gleich fünf deutsche Spieler, so viele wie nie zuvor, in der Spielzeit 2003/04 in der NHL spielten, die sich zu Beginn ihrer Profi-Karriere in der DEL behaupten mussten. Sie werden nicht die letzten sein, denn es gibt weitere junge Cracks, die sich Hoffnungen auf ein Engagement in der besten Liga der Welt machen dürfen. „Dass sie sich Tag für Tag, Spiel für Spiel mit den zumeist routinierteren ausländischen Spielern messen müssen, hat sie voran gebracht", zählte der langjährige Bundestrainer Hans Zach einen Grund für diesen Aufschwung und die Renaissance der Nationalmannschaft auf. Allerdings plädierte er kurz vor seinem Abschied als Teamchef auch für eine weitere Reduzierung auf sechs Ausländer. Kein Problem, wenn die Nachwuchsarbeit stimmt. Die Frage ist, wo liegt das Idealziel? Elf plus elf, zehn plus zwölf, acht plus 14, sechs plus 16? Die Frage ist, ab welchem Zeitpunkt das Rad in die Gegenrichtung überdreht wird. Im eigenen Saft zu schmoren ist ebenso gefährlich. Ein Beispiel dafür sind die Schweizer, von denen viele Spieler den Kampf, den Franz Reindl ansprach, eben nicht annehmen müssen, weil sie ihren Platz sicher haben.

Außerdem ist eine Regelung auch eine Frage des Geldes. Werden deutsche Spieler knapp, besteht die Gefahr, dass die Gehälter selbst für durchschnittliche Kräfte wieder ins Unermessliche steigen. Auf der anderen Seite sorgt die weitere Reduzierung ausländischer Spieler dafür, dass die Kontingentplätze tatsächlich von Top-Stars besetzt werden, die die Qualität der DEL weiter verbessern. Eine schwer abzuwägende Entscheidung. Darren McAusland wird sie nicht mehr helfen. Er hatte schon nach einem Jahr keinen Arbeitsplatz mehr in der DEL.

Marc Hindelang

Bei einem Europaligaspiel der Kassel Huskies in der Saison 96/97 musste sich Stürmer Rainer Suchan aus Mangel an Torhütern als Goalie kleiden und auf der Bank als Ersatzkeeper ein Spiel ausharren.

Wirtschaftlicher Kollaps: Die Pleiten der DEL

Die größten Missverständnisse im Eishockey beginnen mit Sätzen wie „Die Saison ist auch ohne Hauptsponsor finanziell gesichert" oder „Wir sind zuversichtlich, die Lücken bald zu schließen". Sätze, die oft genug von der Realität konterkariert wurden. In einer Sportart wie Eishockey, in der es ohnehin schwer genug ist, finanziell gut über die Runden zu kommen, schlägt es schließlich besonders durch, wenn nicht solide gewirtschaftet wird.

Die Klubs der Deutschen Eishockey-Liga und der finanzielle Weitblick: Lange Zeit waren das zwei Begriffe, die alles andere als miteinander kompatibel waren. Dabei schienen die Grundlagen durch die Gründung von Kapitalgesellschaften und der Teilnahme am Franchise-System der DEL gelegt: Wirtschaftliche Mindestvoraussetzungen, ein Lizenzierungsverfahren, monatliche Kontrollen und testierte Bilanzen, bei denen der Prüfer haftet, all das sollte der Misswirtschaft vorbeugen, dazu gemeinsame Marketingstrategien die Einnahmeseite verbessern. Auch sportlich wurde eine Sicherung eingebaut: Es gab in der neuen Liga keinen Abstieg, so dass kleinere Klubs sich nicht übernehmen mussten, um die Klasse zu erhalten. Altlasten und die Möglichkeit, Kontrollen durch Schlupflöcher zu umschiffen - Gerüchte um Schwarzgeldzahlungen tauchten in loser Folge an den verschiedensten Orten auf - unterwanderten die eigentlich gute und vernünftige Idee. Dazu waren viele Vorhaben durch die früher als geplante, aber notwendig gewordene Einführung der DEL (1. und 2. Liga gingen längst finanziell am Stock) in der Kürze der Zeit nicht zu realisieren.

So hätte es bereits im Gründerjahr nicht schlechter beginnen können: Der Deutsche Meister von 1994 Hedos München, inzwischen in Maddogs umbenannt, hatte bereits zu Bundesliga-Zeiten eine Mannschaft, die so teuer war, dass die überschaubaren Einnahmen die Personalkosten locker unterboten.

»Vor einer Woche hatten sie noch 8000 Mark auf dem Konto.«

Der damalige DEL-Geschäftsführer Bernd Schäfer III Anfang November 1997 zur Situation der Kaufbeurer Adler. Ein Liquiditätsplan hatte vorgesehen, dass der Klub zum Stichtag 1. November über 771.000 Mark hätte verfügen sollen.

Nur, weil die DEL gegründet wurde, blieb das Team erhalten, denn mit der neuen Liga sollten sich auch neue Märkte (mehr Zuschauer, Mehreinnahmen durch Merchandise-Verkäufe etc.) eröffnen. Die Verantwortlichen hatten zudem geglaubt, sich mit der Meisterschaft einen attraktiven Platz in der Sportstadt München erobert zu haben. Allerdings drückten elf Millionen Mark Schulden, Präsident Eberhard Jülicher frohlockte über einen Gehaltsverzicht der Spieler von 800.000 Mark. Dagegen stellte der kurz vor dem Finale entlassene Manager Walter Stadler, in dessen Büro eine Kaderliste der Frankfurt Lions für die folgende Saison, darunter Spieler von Hedos München, gefunden wurde, einen Konkursantrag gegen den EC Hedos wegen ausstehender Gehaltszahlungen von 150.000 Mark. Erst zehn Minuten vor Ablauf der Frist, am 30. Mai 1994 um 23 Uhr 50, stellte Hedos den Lizenzantrag bei der DEL. Die Liga verwehrte dem Meister die Aufnahme trotz der bekannten Probleme nicht, der Schuldenberg wuchs weiter, ehe kurz vor Weihnachten Schluss war mit den „verrückten Hunden" aus München. Nach wenigen Monaten war der Meister der neu geschaffenen Liga pleite. Das heißt: Die Maddogs, denen das Amtsgericht München die Aufnahme ins Handelsregister verweigerte, weil offenbar die Mindesteinlage von 25.000 Mark nicht erbracht worden war, hatten keinen Stammverein mehr. Damit blieben die 15 Millionen Mark Schulden auf dem EC Hedos sitzen, der Konkurs ging. Ein dicker Hund. Zumal sich der auch sportlich niederschlug. Von 17 übrig gebliebenen Mannschaften konnten sich nun also 16 für die Play-Offs qualifizieren. Sportliche Spannung sieht anders aus, die Zuschauerzahlen entwickelten sich dementsprechend. Im Jahr darauf wurde die zweite DEL-Saison zwar mit 18 Mannschaften komplett zu Ende gebracht, aber wirtschaftlich loderten gleich mehrere Brandherde, zeit-

Lizenzverkauf: Der EV Landshut - hier Olli Kaski (unten) und Markus Wieland - wurde 1999 zu den Barons und zog nach München um.

weise drohte ein Desaster. Dass es überhaupt so viele Klubs wurden, war schon eine knappe Geschichte. Denn Halbfinalist Krefelder EV hatte im Sommer 1995 Konkurs angemeldet. Durch die Umwandlung in die „KEV Pinguine GmbH" und einen finanziellen Kraftakt durch Einsparungen und private Einlagen von Gönnern erhielt der Klub aber letztlich doch die Lizenz für die kommende Spielzeit und brachte sie problemlos über die Bühne.

»Wirtschaftlich stehen wir so gut wie nie da, besser als viele andere DEL-Klubs.«
Aussage der Berlin Capitals vor der Saison 2001-02. Nur sieben Monate später waren die Verbindlichkeiten auf gut 4,5 Millionen Euro angehäuft, zudem stellte sich heraus, dass der Klub vor der Saison nicht wie behauptet saniert gewesen war. Nach der Saison traten die Capitals von der DEL-Bühne ab.

Anders der mit Freude von allen Seiten neu aufgenommene Traditionsklub SC Riessersee, der EC Hannover und auch die Füchse Sachsen. Sie hangelten sich mehr schlecht als recht bis zum Saisonende durch. Allen dreien ging das Geld aus. Hannover, das sich sportlich verbessern wollte und dementsprechend investierte, trat nach der Hälfte der Saison nur noch mit einer Rumpftruppe an, weil einige Spieler nach ausstehenden Gehaltszahlungen den Klub verließen und erreichte überraschend dennoch die Play-Offs. Nach dem Erstrunden-Aus gegen Köln verabschiedete sich der ECH freiwillig aus DEL. Der Konkurs folgte zwei Jahre später eine Klasse tiefer. Ihre zweite und letzte DEL-Spielzeit absolvierten auch die Füchse Sachsen, eine aus dem früheren DDR-Klub Dynamo Weißwasser hervorgegangene Spielgemeinschaft, die ihre Heimspiele in Weißwasser und Chemnitz austrug. Durch diese Aufteilung sollte der aus Eishockeysicht brachliegende Osten belebt werden. Aber das Gegenteil war der Fall: Am Traditionsstandort Weißwasser wurden damit die Fans vergrault, in Chemnitz kamen kaum welche zu den Spielen des Schlusslichts. Der Rückzug aus der DEL war nach dem Scheitern dieser Pläne logisch und vernünftig.

Dubiose Machenschaften eines Sponsors

Fast wie ein Wirtschaftskrimi liest sich der Aufstieg und Fall des SC Riessersee. Mit dem Finanzdienstleister Procunia hatte der Traditionsklub einen vordergründig potenten Hauptsponsor im Rücken. Aufgrund der gegebenen Garantien war die Aufnahme in die DEL kein Problem. Die Liga war froh über den Altmeister, der den Standort München sportlich wie geographisch ersetzte. Die Mannschaft, mit der der Liga-Neuling an den Start ging, konnte sich durchaus sehen lassen. Nationalspieler wie Mike Schmidt und NHL-Cracks wie Torhüter Vincent Riendeau stachen heraus, das gut bezahlte Team spielte ordentlich mit. Kein Wunder: Manche Spieler sollen ihr Gehalt schon im Voraus bekommen haben, andere wiederum an der Steuer vorbei. Aber auch mit dem angeblich potenten Hauptsponsor sah es bald anders aus.

Schon zu Saisonbeginn war der 4,5 Millionen-Etat nur zu einem Drittel gedeckt, der Rest sollte durch Procunia-Sponsoring dazukommen. Weil dem nicht so war, ging dem Klub schon an Weihnachten 1995 das Geld aus, dazu kamen noch Gerüchte über dubiose Machenschaften des Procunia-Chefs Thomas Fahlenbach auf, die bald real wurden. In der Geschäftsstelle des SCR herrschte Chaos: Spieler, die auf ihr Geld warteten und geprellte Anleger gaben sich die Klinke in die Hand. Mitte April 1996 wurde Fahlenbach verhaftet. Nach Schätzungen der Staatsanwaltschaft soll er mit mehreren Finanzdienstleistungsunternehmen einen Schaden zwischen 14 und 50 Millionen Mark verursacht haben. Ein Jahr später wurde er zu einer mehrjährigen Haftstrafe verurteilt. Da spielte der SCR schon längst wieder in der Zweiten Liga.

ESV Kaufbeuren: Nach 15 Spielen kam das Aus

Die darauffolgende Saison verlief wesentlich ruhiger, wobei allerdings die Düsseldorfer EG die Play-Offs zum ersten Mal verpasste, bereits Schlagseite zeigte und den Konkurs Ende 1996 gerade so verhindern konnte. Neuling ESC Wedemark, dem wirtschaftlich wenig zugetraut wurde, der sich aber erfolgreich in die Liga eingeklagt hatte, kam ohne Probleme über die Runden, war sogar eine Bereicherung. Anders die Ratinger Löwen, die an der Grenze ihrer Leistungskraft angelangt waren. Sie sorgten für eine weitere Amerikanisierung des deutschen Eishockeys: Der Klub zog um nach Oberhausen und ging fortan in der neugebauten Arena im Einkaufszentrum „Centro" als Revier Löwen an den Start. In der Saison 97/98 sollte ihnen wie auch den anderen Klubs bald ein Heimspiel im Saisonetat fehlen, das gegen den ESV Kaufbeuren. Es dauerte lediglich bis zum 29. Oktober 1997, ehe dem Traditionsklub aus dem Allgäu als zweitem Klub nach den Maddogs München die Lizenz entzogen wurde. Die DEL lehnte das Sanierungskonzept des ESVK ab. Kaufbeuren war ohne Trikot-Hauptsponsor in die Spielzeit gegangen. Die hohe sechsstellige Lücke, die im Saisonetat klaffte, wuchs durch den Zuschauerschwund nach ausbleibendem Erfolg wöchentlich. Mit 15 Mannschaften spielte die DEL die Saison zu Ende. Aber schon vor Ablauf der Spielzeit stand ein weiterer Schock fest: Der von Altschulden im zweistelligen Millionenbereich geplagte

Thomas Werner hatte kein Glück beim EC Hannover: Nach nur zwei Jahren war Schluss mit DEL.

Altmeister Düsseldorfer EG, das Aushängeschild der Liga, kündigte den freiwilligen Rückzug aus der DEL an. Zwar war der Etat um 2,5 Millionen Mark zurückgefahren und mit einer neuformierten Mannschaft eine glänzende Saison gespielt worden, aber das Damoklesschwert des endgültigen Aus' schwebte lange über der Brehmstraße.

»Es tauchten ständig neue Leichen im Keller auf. Die Zahlen, die mir zunächst mitgeteilt wurden, waren geschönt.«
Unternehmensberater Josef-Siegfried Haider, der Ende 1994 versuchen wollte, die Maddogs München mit einer Finanzspritze von 1,5 Millionen Mark zu retten. Alle Verbindlichkeiten zusammengerechnet, hätte Haider damals 16,2 Millionen aufbringen müssen, um den Klub zu retten.

Zweitklassig ging es dort mit Eishockey weiter, die Schuldenlast und Steuernachzahlungen sollten den Klub aber noch eine Weile beschäftigen. Altlasten machten auch dem aktuellen Meister zu schaffen. Dabei waren die Adler Mannheim ein Beispiel dafür, dass die „Nichtabstiegsgarantie" in der DEL ihr Gutes hatte. So hatten die Adler über zwei Jahre hinweg jungen Spielern mit Perspektive vertraut und damit Erfolg gehabt. Als diese Spieler höhere Forderungen stellten, wurden nach dem Bosman-Urteil günstige Cracks aus Drittländern geholt - und die Adler wurden prompt Deutscher Meister 1997. Das war aber nicht nur durch die Prämien bereits ein teurer Spaß. Es wurde noch teurer, nachdem der Titel 1998 verteidigt wurde. Die Bosman-Spieler wurden teurer, die neuen Stars waren nicht gerade billig und die Altschulden des MERC drückten so schwer, dass die Adler im Sommer 1998 vor dem Konkurs standen. Erst die Übernahme der GmbH durch den SAP-Gründer und Multimillionär Dietmar Hopp sicherte die Existenz und die Zukunft der Kurpfälzer, die inzwischen DEL-Rekordmeister sind.

Die Moskitos Essen holten Top-Torwart Jimmy Waite in die DEL, aber auch er konnte dem Klub keinen Erfolg im Alleingang bescheren. Das Aus kam 2002 nach nur drei Jahren.

Lizenzverkauf als Rettung

Ein solches Glück hatte der EV Landshut nicht, der wie so mancher Traditionsverein aus kleineren Standorten mit der wirtschaftlichen Entwicklung der Liga nur noch schwer mithalten konnte. Sozusagen das Kontrastprogramm zu den Kölner Haien, die seit September 1998 in der nagelneuen, über 18.000 Zuschauer fassenden Kölnarena antreten konnten und ihren Zuschauerschnitt massiv steigerten. Landshut hatte ohne Großsponsor an

Bord mit sinkenden Fernseheinnahmen und aufgrund nachlassender Leistungsfähigkeit sinkenden Zuschauerzahlen keine Chance. Ein Teufelskreis, der auch die Niederbayern erwischte. Der EVL rettete sich als erster Klub durch den Verkauf seiner Lizenz von einem nach-saisonalen Konkurs im Mai 1999. Käufer war der weltweit im Sport engagierte US-Multimilliardär Phillip F. Anschutz, der später auch das Überleben der Eisbären Berlin sicherte. Seine Anschutz Entertainment Group wollte den Standort München wiederbeleben, aus dem EV Landshut wurden per Umzug die München Barons. Freud und Leid lagen nicht nur in diesem Fall in Bayern nah beieinander. Die Münchener schrieben eine Aschenputtel-Geschichte und wurden auf Anhieb Deutscher Meister 2000. Aber während bei den Barons gefeiert wurde, flossen in Rosenheim die Tränen. Bei den Star Bulls waren einige Co-Sponsoren abgesprungen und nachdem Hauptsponsor und Alleingesellschafter Prof. Alfred Kathrein keinen Ersatz fand, wollte er die Belastung alleine nicht mehr tragen. Er verkaufte die Lizenz nach Iserlohn, während der SBR in der Bezirksliga neu anfing. Inzwischen haben sich die Oberbayern in die Oberliga zurück gekämpft, dem großen Eishockey ging aber ein weiterer Traditionsverein aus Bayern verloren. Ein Glück, dass der „Ersatz" Iserlohn ebenfalls zu den geschichtsträchtigen deutschen Eishokkey-Standorten zählt und seit seinem „Wiederaufstieg" sportlich und auch wirtschaftlich sehr solide in der Liga mithält. Umgeben von einer Welt der roten Zahlen stand im Sauerland nach der Saison 2003/04 immerhin ein Plus von 1950 Euro und 52 Cent zu Buche.

Mike Schmidt lief mit den Maddogs München 27 Spiele in der Saison 1994-95 auf, dann kam das finanzielle Aus.

2002 verschwinden gleich zwei Klubs

Ganz anders entwickelten sich die Moskitos aus Essen. Sie waren der erste sportliche Aufsteiger, nachdem die DEL und der Deutsche Eishockey-Bund beschlossen, Auf- und Abstieg wieder einzuführen, um das Spannungsmoment in der DEL auch nach unten zu erhöhen und den Zweitligisten eine Perspektive zu geben. Die Essener landeten zweimal auf dem letzten Platz und benötigten zum Überleben im Sommer 2001 unter anderem sogar eine

Augsburgs Harald Birk eilt dem Rosenheimer Raimond Hilger davon. Nach der Saison 1998-99 mussten die Star Bulls die DEL verlassen.

200.000 Euro-Spende, die ihre Fans gesammelt hatten. Den sportlichen Klassenerhalt schafften die Moskitos zwar in der folgenden Saison, da sie aber ein Insolvenzverfahren eingeleitet hatten, kündigte die DEL den Gesellschaftervertrag mit den Essenern, gleichbedeutend mit dem Lizenzentzug. Die Moskitos klagten gegen diese Insolvenzklausel, was das Oberlandesgericht Köln am 8. Januar 2004 in einer Berufungsverhandlung bestätigte. Ein wichtiges Urteil für die Glaubwürdigkeit der Liga. Auf diese Weise konnte kein Klub mehr auf die Idee kommen, durch einen Insolvenzantrag, durch den das Arbeitsamt drei Monatsgehälter - also fast eine halbe Saison - übernimmt, über die Spielzeit zu kommen.

Mit den Moskitos verschwanden auch die Berlin Capitals aus der DEL. Eine lange Leidensgeschichte lag hinter ihnen. Die Berliner hatten sich in den Jahren zuvor mehrfach umbenannt, von BSC Preussen über Preussen Devils bis hin eben zu den Capitals. Und sie hatten somit auch einen Teil ihrer Identität verschenkt. Dazu gehörten die Caps zu der Sorte Klub, die mit Hingabe über ihre Verhältnisse lebten, selbst wenn eigentlich ausreichend Geld da war. Schon vor der Saison 2001/02 war die finanzielle Schieflage gewaltig gewesen. Die Caps, die elf Millionen Euro Schulden drückten, hatten erst auf dem Gnadenweg die Lizenz bekommen, nachdem Alleingesellschafter Egon Banghard für die Saison bürgte. Auch der teure Umzug in die Deutschlandhalle, nachdem die alte Spielstätte an der Jaffeestraße abgerissen wurde, riss ein enormes Loch in die Kasse. Deshalb stand der Klub wenige Wochen vor Saisonstart ohne eine schlagkräftige Mannschaft da, weil ein Großteil des alten Teams sich, den drohenden Exodus vor Augen, anderweitig orientiert hatte. Nach einem überraschend starken Saisonbeginn und lange sogar der Hoffnung auf einen Play-Off-Platz, bauten die Berliner ab und stiegen am Saisonende als Play-Down-Verlierer ab. Zu diesem Zeitpunkt war aber ohnehin bereits klar, dass es für die Caps in der DEL keine Zukunft geben würde. Das Sanierungskonzept wurde von den DEL-Gesellschaftern abgelehnt, das

finanzielle Desaster in der Hauptstadt mündete im Insolvenzantrag, dem Sturz in die Regionalliga und selbst dort einer weiteren Insolvenz.
Mindestens ebenso tragisch war das Schicksal der Revier Löwen. Die hatten eine Weile gegen das Image des Retortenklubs angekämpft. Denn aus Ratingen waren kaum Fans gefolgt und in Oberhausen, wo die neue Heimat der Löwen war, dominierte der Fußball. Mit beharrlicher Arbeit hatten sich die Revier Löwen etabliert und von der Abstiegszone in die obere Tabellenhälfte vorgearbeitet, dabei 2001 sogar überraschend das Viertelfinale erreicht. Was die Oberhausener trotz stabiler Zuschauerzahlen auffraß, waren unter anderem die Hallenkosten im Centro in Oberhausen und die dort fehlenden Einnahmen durch nicht vorhandene Catering-Rechte. Und doch waren es weniger die 1,8 Millionen Euro Verbindlichkeiten, die für den Lizenzentzug sorgten, als die fehlende Spielstätte: Revier Löwen und Centro konnten sich nicht über einen neuen Vertrag einigen, die Pläne einer eigenen Halle („Gartendome") konnten bis dato nicht realisiert werden. Ein Jahr lang wurde in Oberhausen gar kein Eishockey gespielt, inzwischen treten die Revier Löwen im Gelsenkirchener Exil in der Oberliga an. Fernziel: Rückkehr in die Eliteliga.

Mehreinnahmen durch große Hallen

Ebenfalls drittklassiges Eishockey wird inzwischen in München gespielt. Sportlich hatten die Barons mit Titel, Vizemeisterschaft und dem Erreichen des Halbfinales eine dreijährige Erfolgsgeschichte geschrieben. Finanziell war

Die sportliche Bilanz der Pleite-Klubs bis zum Ausstieg

DEL-Zugehörigkeit		Spiele	Tore	Punkte	größter Erfolg
1994 bis 12/1994	Maddogs München	27	110:78	36	-
1994 bis 1996	Füchse Sachsen	94	215:418	46	Platz 15
1994 bis 1996	EC Hannover	94	258:428	59	Platz 14
1994 bis 1997	Ratinger Löwen	142	419:628	94	Platz 10
1994 bis 10/1997	Kaufbeurer Adler	157	486:744	115	Platz 11
1994 bis 1998*	Düsseldorfer EG	190	754:557	255	Meister 1996
1994 bis 1999	EV Landshut	242	922:605	352	Finale 1995
1994 bis 2000	Star Bulls Rosenheim	296	902:1146	284	Viertelfinale 1997
1994 bis 2002	Preussen Berlin/Capitals	416	1433:1257	567	Halbfinale 1995
1994 bis 2003	SERC Wild Wings	466	1507:1613	535	Viertelfinale 1995
1995 bis 1996	SC Riessersee	50	147:213	37	Platz 14
1997 bis 2002	Revier Löwen Oberhausen	272	776:977	289	Platz 6
1999 bis 2002	Moskitos Essen	176	464:650	180	Platz 14
1999 bis 2002	München Barons	176	560:446	331	Meister 2000

aufgeführt sind die Spiele der Vorrunde ohne Play-Offs oder Play-Downs
*Wiedereinstieg 2000

Zwei Klubs im Spiel gegeneinander, die nur kurzzeitig in der DEL dabei waren: Andreas Raubal (SC Riessersee) tunnelt Füchse Sachsen-Stürmer Vadim Kulabuchov.

das Gegenteil der Fall. Gegen die Übermacht des Fußballs kamen die Barons weder in Sachen Zuschauer noch bei den Sponsoren auf einen grünen Zweig. Nach zehn Millionen Euro Verlust in drei Jahren stand der vierte Umzug der DEL-Geschichte an: von München in die neugebaute ColorLine Arena nach Hamburg, wo die Franchise seit zwei Jahren als Freezers an den Start geht. Die Hamburger, die sich in der Hansestadt schnell zum Publikumsrenner entwickelten, sind das beste Beispiel dafür, wohin in der DEL die Reise geht. In die großen Arenen, die natürlich in Großstädten stehen. Der Trend geht zudem in Richtung Event. Gleichbedeutend ist das aber auch mit einer finanziellen Konsolidierung, die immer mehr DEL-Klubs erreichen wollen und dafür etwas tun. So konnten die Hannover Scorpions nur kurz ihre Drohgebärde aufrecht erhalten, als sie nach gescheiterten Verhandlungen mit der Preussag-Arena in der vergangenen Saison ins marode Icehouse nach Mellendorf zurück zogen. Um den finanziellen Untergang zu vermeiden, kehrte die Vernunft ein: Der langjährige Klubchef Jochen Haselbacher verkaufte die Anteile an seinem beschaulichen Familienunternehmen an die Betreibergesellschaft der Preussag-Arena, so dass der Fortbestand des DEL-Eishockeys in Niedersachsens Hauptstadt gesichert ist. Wenn die Einnahmenseite stimmt. Das magische Dreieck im Eishockey lautet schließlich: große Arena, gute Zuschauerzahlen, eine ausreichende Menge Sponsoren. Letztere sind nicht selten Gönner - siehe Mannheim mit der Familie Hopp und zahlreichen Geschäftspartnern im Hintergrund oder Ingolstadt, wo sich Saturn-Gründer Leopold Stiefel strukturell und finanziell einbringt. Auch in Düsseldorf wurde Eishockey nach dem Wiederaufstieg erst längerfristig gesichert, als sich die Metro-Gruppe als Geschäftspartner einmischte. Der Preis dafür, die sanfte Namensänderung in DEG Metro Stars, ist leicht zu erbringen. Denn, das wissen auch die Verantwortlichen in Düsseldorf, wo noch bis 2007 an der alten, aber kaum noch ehrwürdigen Brehmstraße gespielt wird: Fehlt eine der drei Komponenten, ist die Zukunft gefährdet. Deshalb basteln so viele Klubs an einer Zukunft in neuen Hallen, die nicht nur mehr Zuschauern Platz bieten, sondern in denen auch höhere Einnahmen etwa im Catering-Bereich möglich sind. Einnahmen, die nach Möglichkeit die Mietkosten um ein Vielfaches übersteigen sollten. Die Krefeld Pinguine werden im Dezember 2004 umziehen, die Adler Mannheim werden 2006 folgen. Aufsteiger Wolfsburg Grizzly Adams will ebenso bald mit dem Bau beginnen wie der 2004er Meister Frankfurt Lions und Vize Eisbären Berlin. Die Kassel Huskies, Iserlohn Roosters und Augsburger Panther, wo immer wieder mal auf einen Aus- oder Umbau oder den Neubau durch einen Schweizer Investor gehofft wird, können den Hallennachteil noch mit dem traditionell gewachsenen Publikumsinteresse wett machen und auf eine Vielzahl an mittleren Sponsoren bauen. Aber die Etattabelle wird sich zukünftig wohl nur noch in Ausnahmefällen von der realen DEL-Tabelle unterscheiden. Der Weg des Sports geht dorthin. Kein Wunder also, dass sich mit den Schwenninger Wild Wings 2003 der letzte eingetragene Verein aus der DEL verabschiedete. Sportlich hätten sich die Schwarzwälder qualifiziert, aber ihre Infrastruktur war nicht mehr ausreichend für die höchste Klasse. Ein weiterer „Kleiner", der von der Bildfläche verschwand. Ist es da ein Zeichen, dass der unterlegene Play-Down-Gegner der Schwenninger, die Frankfurt Lions, als sportlicher Absteiger von 2003 im Jahre 2004 den Titel holten und dem DEL-Pokal nun eine Heimat in Deutschlands Finanzmetropole schlechthin geben? Es wäre wünschenswert.

Marc Hindelang

Dwayne Norris (Kölner Haie) beharkt Kaufbeurens John Parco, acht Spiele später mussten sich die Kaufbeurer Adler in der Saison 97-98 vom Spielbetrieb zurückziehen.

Traditionsklub Düsseldorfer EG:

Schulden, Skandale, Fehltritte - aber immer noch ein Zuschauermagnet

Die Düsseldorfer EG ist ein Traditionsklub. Vielleicht DER Eishockey-Traditionsklub in Deutschland schlechthin. Wo immer die Mannschaft aufläuft, fühlen sich die gegnerischen Fans angelockt allein vom großen Namen. Zum ersten Mal startete die DEG 1937 im Oberhaus des deutschen Eishockeys. Mit wenigen Ausnahmen gehörte der Klub bis heute der höchsten Liga an. Acht Meisterschaften, fünf davon alleine in den 90er Jahren, machen die DEG zu einem der erfolgreichsten Eishockeyklubs Deutschlands. Und zu einem der Ambitioniertesten. Das führte nach der Saison 97/98 dazu, dass die GmbH sich aus der DEL verabschieden musste. Der finanzielle Kollaps brachte die DEG in die Zweite Bundesliga - und nicht wie üblich in die unterste Klasse. Denn die DEL und ihre Klubs wollten den Zuschauermagneten möglichst schnell wieder bei sich haben. Im Jahr 2000 war es dann soweit. Die DEL und die DEG, das ist eben ein Kapitel für sich.

Der Samstagmorgen des 4. April 1998 war rund um die Brehmstraße lausig. Acht Grad Celsius, bewölkt, windig, Nieselregen. Der vierspurige Morgenverkehr vor dem Eisstadion röhrte in den Ohren der Fußgänger wie Fabriklärm. Jemand hatte ein Quartett roter Friedhofslampen links der Haupttribüne vor einem der gedrungenen Kassenhäuschen aufgestellt. Am Dachrand der DEG-Geschäftsstelle flatterte ein Spruchband. Die Abwandlung einer alten Jürgen Markus-Schnulze aus den frühen 70er Jahren stand dort zu lesen: Eine neue Liga (statt Liebe wie im Original) ist wie ein neues Leben. Ob der Sprüchepinseler nun Hoffnung oder Häme verbreiten wollte, das

»In einer Stadt wie Düsseldorf ist immer Druck vorhanden. Er wird schon bald wieder zu spüren sein.« *Der damalige DEG-Trainer Hans Zach vor der ersten DEL-Saison 1994/95*

bleibt Interpretationssache. Der Samstagmorgen des 4. April 1998 markierte jedenfalls einen von drei Wendepunkten in der achtjährigen DEG-Historie in der DEL. Zwei Spielzeiten fehlen. Was an jenem Morgen mit Friedhofslampen optisch dargestellt worden war. Der achtmalige Meister hatte sich in die Zweite Liga verabschiedet. Nachdem zuvor rund 20 Millionen Mark Schulden aufgetürmt worden waren. Vielleicht auch mehr.

Rückblende

Noch immer lässt sich trefflich darüber streiten, ob die Einführung der DEL haupt- oder zumindest teilverantwortlich für den Niedergang des

Stürmer Dieter Hegen, heute Coach des EV Duisburg, hat insgesamt sechs Spielzeiten mit der DEG verbracht, vier davon in der DEL. In der Düsseldorfer Meistersaison 95/96 trug er mit seinen 24 Toren und 31 Vorlagen in der Vorrunde sowie drei Toren und sieben Assists in den Play-Offs wesentlich zum Erfolg des Klubs bei.

gelb-roten Eishockeys war. Das neue Etikett DEL jedenfalls schien damals eher Teufelszeug denn Professionalität zu signalisieren. Das dauerausverkaufte Eisstadion an der Brehmstraße offenbarte plötzlich Zuschauerlücken. 10.800 Stammgäste schrumpften auf 8900. Das kleine, elitäre, fast immer gleich besetzte Zwölfer-Gebilde Bundesliga, das die DEG zuvor bis zur scheinbaren Langeweile dominiert hatte, war gesprengt. Und damit irgendwie die Siegesgewissheit für das erfolgsverwöhnte Publikum.

Die damalige Führungscrew um Präsident Josef Klüh, die das Erfolgseishockey finanziell geprägt hatte, erlaubte sich schwere Schnitzer. Nach dem

Thomas Brandl war in seiner Spielerkarriere zwei Spielzeiten für die DEG aktiv: 1996/97 und 1997/98. Ausgerechnet vom Ligarivalen und DEG-Erzfeind Kölner Haie war Brandl 1996 nach Düsseldorf gewechselt. Und ausgerechnet zum zweiten Erzrivalen der DEG zog es Brandl nach der Saison 97/98, in der sich die DEG aus wirtschaftlichen Gründen aus der DEL verabschieden musste: Die Krefeld Pinguine waren bis 2003 die Heimat des Stürmers.

Viertelfinalaus gegen Krefeld 1995 wurde Meistertrainer Hans Zach entlassen. Dessen wenige Wochen zuvor verlängerter Vertrag, bis 1998 jährlich mit rund 600.000 Mark brutto plus Hausmiete plus Autokosten datiert, lief fröhlich weiter. Der Umbau der „grünen" Kurventribüne, die heutzutage orange strahlt, kostete Geld und Kredit. 4,5 Millionen Mark für die Umwandlung der Stehplätze in 600 Schalensitze. Auf denen dann kaum jemand sitzen wollte, weil vertriebene Stammgucker die Mutigen auspfiffen. Ein jahrelanges, unsinniges Politikum. Schatzmeister Max Bobach jedenfalls rechnete in der Jahreshauptversammlung Ende der Saison 1994/95 bereits ein Fünf-Millionen-Loch vor - da hatte die DEL gerade mal ihr erstes Jahr hinter sich.

Der Finne Mikko Mäkelä absolvierte 441 Begegnungen in der NHL und kam 1995 zur DEG, bei der er in zwei Spielzeiten bei 104 Partien der Vorrunde, Play-Offs und Play-Downs vergleichweise magere 22 Tore erzielte.

Vor der bislang letzten Meisterspielzeit 1995/96 griff Präsident Klüh wieder in die Vollen. Das schwedische Trainergespann Hardy Nilsson/Martin Karlsson kostete rund 800.000 Mark brutto pro Jahr. Der spätere schwedische Nationaltrainer Nilsson arbeitete akribisch am Erfolg. Krafttraining stand im Vordergrund. Die Play-Offs sollten gewonnen werden, nicht die Vorrunde. Die Zuschauerzahlen schrumpften wegen vieler schwacher Auftritte weiter. Selbst der Play-Off-Durchmarsch mit der Meisterschaft stopfte das Finanzloch nicht mehr. Zumal Schatzmeister Bobach einen Videowürfel eingekauft hatte. Rund 2,5 Millionen Mark teuer. Wirtschaftlich eine Fehlinvestition, denn die Werbung sprudelte keineswegs üppig über den Bildschirm. Eine Doppel-Million des Präsidenten rettete im April die Rest-Honorare der Meistercracks. Trotzdem standen am 30. Juni 1996 deprimierende 11,3 Millionen

»Mikko kann doch nichts dafür, dass er so viel Geld verdient.« *DEG-Trainer Hans Zach in der Saison 96/97 über Mikko Mäkelä, nachdem die Fans den Finnen verspotteten.*

Mark Miese in der Bilanz. Das komplette Desaster bahnte sich mit dem Bosman-Urteil an. Eine teure Ignoranz seitens der DEG. Ohne die bevorstehende arbeitsrechtliche Öffnung des Marktes für ausländische Spieler abzuwarten, holte Präsident Klüh mit Thomas Brandl und Leo Stefan zwei Nationalspieler vom Nachbar Kölner Haie, die gemeinsam geschätzte 750.000 Mark netto pro Saison einstrichen.

Meisterkeeper Helmut de Raaf wurde zum Geschäftsführer der Sportwerbe-GmbH befördert. Der BWL-Student ohne Abschluss bekam einen Fünfjahresvertrag. Ohne Probezeit. Dotiert mit 200.000 Mark jährlich. de Raafs Investition in hellblaue Plüschlöwen blieb lange ein Dauergag. Damals spielte die DEG noch im Türkis-Dress von Hauptsponsor Epson. Obwohl sich dessen Ausstieg abzeichnete und die Rückkehr zu rotgelb wahrscheinlich wurde, orderte der Torwart einige tausend Souvenirlöwen. Die später lange in einem geheimen Kellergewölbe lagerten, noch später kostenlos an Dauerkartenkunden verschenkt wurden. Nach nur einem Jahr war de Raafs Amtszeit außerhalb des Eises, die einen Monat den Posten des Sportmanagers und später den des Spiele(r)beobachters umfasste, vorbei. Als Entschädigung gab es eine sechsstellige Abfindung.

Apropos: Hans Zach wurde weiter bezahlt. Und am 25. Oktober 1996 wieder ins Amt gehoben. Nach nur vier Siegen in elf Spielen musste der wenig beliebte Nilsson samt Co-Trainer abtreten. Zachs bayrisch-burschikoses Naturell sorgte für neuen Schwung. Aber auch für Fehler. Eine Million Mark kostete ein falsch ausgefüllter Spielberichtsbogen am 5. Dezember 1996 beim Match in Berlin. Der finnische NHL-Blondschopf Mikko Mäkelä

Der 200er-Klub der DEG

Im modernen Sport wechseln die Namen auf den Trikots schnell. Besonders in den ersten Jahren hatte gerade die DEL mit einer enormen Fluktuation zu kämpfen. Das Bosman-Urteil sorgte auch bei der DEG für einen Umbruch. Dennoch, einige Akteure sind der DEG lange treu geblieben. Die Spieler mit den meisten Einsätzen für die DEG in der DEL:

Bernd Kühnhauser: Stürmer - 397 Spiele (1994 bis 1998, 2000 bis 2004)
Torsten Kienass: Verteidiger - 271 Spiele (1994 bis 1996, 2000 bis 2003)
Leo Stefan: Stürmer - 263 Spiele (1996 bis 1998, 2000 bis 2003)
Nikolaus Mondt: Stürmer - 210 Spiele (1995 bis 1998, 2000 bis 2002)
Benoit Doucet: Stürmer - 206 Spiele (1994 bis 1998)
Andreas Niederberger: Verteidiger - 200 Spiele (1994 bis 1998)

spielte nach überstandener Verletzung an jenem Abend, fehlte aber in der Liste der DEG-Aufstellung. Die Eisbären protestierten mit Erfolg. Zach hatte den Spielbogen nicht richtig kontrolliert. Aus einem sportlichen 4:3 wurde ein 0:5 am grünen Tisch. Drei Punkte, die am Ende zur Play-Off-Teilnahme fehlten. Die DEG spielte gegen Ratingen vor dem historischen DEG-Pflichtspieltief von 3231 Getreuen sogar die Play-Downs.

Der Fehlgriff Mäkelä, der fast keine Tore schoss, dafür aber gerade eine Strafzeit wegen zuviel Spielern auf dem Eis absaß, kostete 220.000 US-Dollar netto pro Saison. Immerhin nahm die DEG eine Abmahnung gegen den scheidenden Cheftrainer zurück. Zach hatte Schatzmeister Bobach mangelnde Zahlungsmoral den Spielern gegenüber vorgeworfen. Wer nun vor der vierten DEL-Saison gedacht hatte, hektischer könne es hinter den Düsseldorfer Kulissen nicht mehr zugehen, wurde eines Besseren belehrt. Es gab Tränen, Rücktritte, Schlammschlachten und letztlich die Insolvenz. Die einjährige Schmierenkomödie startete im Düsseldorfer Grease-Capitol an der Erkrather Straße. Mit der bezeichnenden Mehrheit von nur 40:36-Stimmen und nach einer 170-minütigen, teilweise unsinnigen Diskussion trat der Verein die DEL-Mannschaft an eine GmbH ab. Präsident Klüh, DEB-Boss Gossmann, Gebäudetechniker und Hosensponsor Hensgen sowie Schatzmeister Bobach bestimmten nun die Geschicke allein, hatten den Machtkampf gegen skeptische Alteingesessene wie Organisationschef Hansi Sültenfuß gewonnen. Die Besiegten waren von vornherein Verlierer. GmbH oder Eishockey-Aus standen zur Wahl. Klüh, Gossmann und Bobach hielten eine Bürgschaft über acht Millionen Mark für die Schuldenlast. Zudem floss frisches Kapital der Viererbande in die immer noch teure Mannschaft. Trainer Chris Valentine holte unter anderem Keeper Chris Rogles, Verteidiger Shane Peacock und Bösewicht Todd Harkins. Sportlich sorgte die Truppe für Furore, stand zwischenzeitlich auf Platz eins. Das Viertelfinalaus gegen Mannheim passierte im Zuge steter Konkursdiskussionen. Dessen Details eigene Bücher füllen würden. Letztlich waren die Gesellschafter zerstritten. Auch in manchen privaten Dingen. Ein offener Minusposten in Höhe von 3,3 Millionen Mark sorgte dafür, dass GmbH-Geschäftsführer Jürgen Paul am 21. April 1998 die Insolvenz anmelden musste. Um der strafbaren Konkursverschleppung zu entgehen. Waren es am Ende 15, 20 oder gar 25 Millionen Mark Schulden? Man gewann den Eindruck, dass selbst die Beteiligten es nicht mehr wussten. Oder die beängstigenden Bilanzen nicht mehr durchrechnen wollten. 17 Tage vor Pauls Gerichtsgang brannten sie, die

»Schwarze Kassen und Steuern hinterzogen? Habe ich nichts mit zu tun.«

Der ehemalige DEG-Präsident Josef Klüh während der Saison 2000/01 am Tag bevor er alles öffentlich zugab.

eingangs erwähnten Friedhofslampen. Nach dem Play-Off-Aus. Offenbar waren die Weichen für einen Abstieg schon gestellt. Drei Wochen nach dem Insolvenzantrag trat Präsident Klüh nach 14 Jahren Amtszeit von seinem Posten zurück. Der ehemalige Vizepräsident Ben Zamek wurde von Organisationschef Hansi Sültenfuß und von Sportleiter Rolf van Hauten, der in der Saison zuvor ausgebootet worden war, in die Verantwortung geredet. Der Suppenexperte ging allerdings zu blauäugig an die kaum zu bewältigende Aufgabe heran.

Schlingerkurs Zweite Liga

Mit Oliver Kasper, Markus Krawinkel, Josef Peroutka und Co. ging es fortan gegen Neuwied, Grefrath, Erding und Nordhorn. Maximal 73 Spiele ohne Aufstiegsregelung. 5000 Zuschauer sollten sich das im Schnitt ansehen. Leo Stefan und Viktor Gordiouk waren auch dabei. Der russische Linksaußen machte in einer Saison 95 Punkte, war völlig unterfordert. „Das tut mir alles in der Seele weh", jammerte Ex-Chef Klüh. Auch, weil es seinem Ansehen in der High Society als Geschäftsmann eines Unternehmens mit immerhin 17.000 Angestellten nicht förderlich war. Die Reklame für das aberwitzige Unterfangen 2. Liga toppte damals die Schmunzelcomics der Tageszeitungen. „Wir sind die wahre Bundesliga, nicht diese Legionärssöldner", erklärte DEG-Werbechef Wolfgang Sachse mit Blick Richtung DEL trotzig jedem, der die Richtigkeit der Mission Zweite Liga

Seit 1. Januar 2001 bei der DEG beschäftigt: Michael Komma. Zunächst als Manager geholt, dann nach nur zehn Spielen in der Saison 2001/02 auf den Trainerposten gewechselt und nach der Spielzeit in die Doppelfunktion als Trainer und Manager gehoben.

auch nur anzweifelte. Präsident Zamek rechnete im Stadionheft vor, wie eine „richtige Bundesliga" auszusehen hätte: „Acht DEL-Teams und acht aus der Bundesliga sollten rein. Und jeder darf nur sechs Ausländer einsetzen." Bei Suppen kannte sich Zamek deutlich besser aus als mit Quark. Was er später auch einsah.

Der ehemalige Verteidiger Andreas Niederberger zwang die DEG vor Gericht. Fast 400.000 Mark für den noch laufenden Vertrag soll es am Ende gegeben haben. Ein Schlag ins Etatkontor von nur 4,7 Millionen Mark. Weniger als die Hälfte der DEL-Summe. Zamek und Co. erklärten den verdienten Nationalspieler zeitweise sogar zur unerwünschten Person. Heute ist der PREMIERE-TV-Experte Niederberger eine wichtige Trainersäule im DEG-Nachwuchsbereich. Stürmer Thomas Brandl klagte trotz gültigen Vertrages mit der DEG nicht. Weil er für Krefeld die Schlittschuhe schnürte. Die erste Zweitligasaison unter Trainer Czeslaw Panek plätscherte vor sich hin. 4147 Zahlende im Schnitt blieben bis zum Halbfinalaus gegen den EC Bad Nauheim am Puck. Das 900.000 Mark große Loch vergrößerte die Schulden auf rund drei Millionen Mark. Plus acht Millionen „gesicherte" Bürgschaftsmiese.

Die Rückkehr in die DEL ging nur über einen Trainerwechsel. Die verstärkte Mannschaft verweigerte Coach Panek in der Spielzeit 1999/2000 mehr

1996 beendete Chris Valentine seine Spielerkarriere und wechselte auf den Trainerposten. Zwölf Jahre hatte der Kanadier für die DEG gespielt, fünf Meisterschaften geholt. Zunächst begann er bei den Junioren der DEG, bevor er 1997 die DEL-Mannschaft coachte. Gleich im ersten Jahr hatte Valentine Erfolg und erreichte den fünften Platz nach der Vorrunde, nachdem die DEG im Jahr zuvor ohne Play-Off-Teilnahme geblieben war.

Verteidiger Jakub Ficenec kam 2002 zur DEG und blieb nur eine Saison trotz bester Bilanzen.

und mehr die Gefolgschaft. Nach einem 1:6 in Bad Nauheim folgte der Tausch. Gerhard Brunner brachte die Truppe in die Erfolgsspur. Und am 30. April nach einem 5:1 im fünften Play-Off-Finale gegen Ingolstadt zurück ins Oberhaus. Chef Zamek und Vorgänger Klüh hatten wieder Finanzspritzen setzen müssen. Bei Neugründung der DEG-GmbH im Juni 2000 betrug der Klubschuldenstand 13,5 Millionen Mark. Der taufrisch eingesetzte GmbH-Geschäftsführer Elmar Schmellenkamp, Tennis-Kollege von Zamek und Rechtsanwalt außer Dienst, setzte sich die Vision einer schuldenfreien DEG zum Ziel.

Rückkehr und Skandal

„Hinten dicht, vorn ganz zahm", so titelten die Zeitungen über die DEG. Sportlich blieben Wunderdinge aus. Hinter den Kulissen flogen die Fetzen. Eine Woche vor dem DEL-Start wurde Ex-Schatzmeister Rainer Gossmann verhaftet: wegen des Verdachts der Steuerhinterziehung. Aus der Liechtensteiner Privataffäre wurde Mitte November ein Eishockey-Skandal. Die Staatsanwaltschaft für Wirtschaftskriminalität spürte „Schwarze Kassen" an der Brehmstraße auf. An unversteuerten, wohl doppelt verkauften Eintrittskarten hätten sich Funktionäre bereichert, zudem eine Extrakasse gefüllt, aus denen Spielergehälter gespeist worden seien. So die Vorwürfe - mindestens aus den Spielzeiten 1995 bis 1998. Später kamen 1990 bis 1994 dazu. In den strafrechtlich verjährten Spielzeiten vor 1990, so meinten Kenner der Szene, hätte es noch viel dunkler ausgesehen. DEB-Präsident Gossmann saß jedenfalls in der JVA Bochum-Krümmede. Mit Blick auf die Tribünen des benachbarten Ruhrstadions. Er war als einstiger Schatzmeister mitverantwortlich. Auch Manager van Hauten, der seine sportlichen Ämter ruhen ließ, musste eine Nacht hinter Gitter, wurde allerdings später freigesprochen. Organisationschef Sültenfuß trat zurück, erlitt bei den Vernehmungen gar einen Kreislaufkollaps. Ihm tat die Sache hinterher unendlich leid: „Wir hatten doch nur zum Wohle des Vereins und der Fans gehandelt." Ex-Boss Klüh erstattete eine Selbstanzeige, gab die Vorwürfe offen zu: „Wir müssen die krummen Sachen mit einem Befreiungsschlag beenden!" Man einigte sich mit den Behörden. Klüh und Gossmann zahlten am 9. April 2001 rund 3,1 Millionen Mark in die Staatskasse, Sültenfuß musste 150.000 Mark abliefern. Dabei hatte das beschuldigte Trio noch Glück. Die mit dem Finanzamt Düsseldorf-Nord vereinbarte Summe, die an der Steuer vorbeigeschifft worden war, lag sicher mindestens doppelt so hoch wie die pro Saison angegebenen 300.000 Mark.

Das Vertrauen in DEL-Rückkehrer DEG schrumpfte gen Null. Die Etatlücke der laufenden Saison wuchs im Dezember 2000 auf vier Millionen Mark. Der erneute Insolvenzantrag verschwand erst in letzter Minute im Papierschredder, als sich die Stadt mit Oberbürgermeister Joachim Erwin einschaltete und für die DEG warb. Der Münchener Vermarkter Event Marketing gab ein Zwei-Millionen-Darlehen, Sponsoren und Privatmänner zogen nach. Zudem stieg die Großbäckerei Kamps als Trikothauptsponsor rettend ein. Bis dato hatte Ex-Boss Klüh auf der gelb-roten Brust geworben. Da gingen die sportlichen Ausrufezeichen beim Tabellenzwölften glatt unter: Torhüter Andrei Trefilov wurde in seinem überragenden Debütjahr zum besten DEL-Spieler des Jahres gewählt. Und ein gewisser Michael Komma am 1. Januar 2001 als Manager verpflichtet. Der in Sachen DEG unbefleckte Tölzer wirkte als wohltuender Neutraler im jahrelang festgeschnürten, personell immer irgendwie gleichen Vorstandsklüngel. Kommas Managerdienste endeten bereits nach neun Monaten. Trainer Gerhard Brunner tauschte nach nur zehn Matches in der Saison 2001/02 mit dem Landsmann den Arbeitsplatz. Ein wohl einmaliger Vorgang. Komma wurde Trainer, Brunner Manager. Obwohl Teile der Mannschaft auf dem Eis beim entscheidenden 2:4 gegen Abstiegsaspirant Moski-

Die Bilanz der DEG in der DEL

Acht von bislang zehn DEL-Spielzeiten bestritt die DEG als Düsseldorfer EG sowie DEG Metro Stars. Für die Play-Offs reichte es dreimal nicht (1997, 2001 und 2002). Eine Meisterschaft (1996), keine Halbfinal- sowie vier Viertelfinalteilnahmen stehen zu Buche. Die beste Platzierung nach der Vorrunde: Rang drei 1996 (sowie 2003). Die schlechteste DEL-Platzierung: Rang elf 2001.

Daniel Kreutzer, gebürtiger Düsseldorfer, absolvierte in der Saison 96/97 14 Einsätze für die DEG, danach zog es ihn zu anderen DEL-Klubs, ehe er 2002 - inzwischen zum Stammspieler und Leistungsträger der Nationalmannschaft gereift - zur DEG zurückkehrte.

tos Essen deutlich zu verstehen gegeben hatten, dass Brunner eigentlich gar nicht mehr erwünscht sei. Die Aussicht auf Vertragsverhandlungen mit dem Ex-Trainer zerstoben sich später. Nach drei Monaten als DEG-Schreibtischtäter wechselte Brunner zu den Kölner Haien.

Tüftler Komma führte die neuen Spieler Trond Magnussen, Tore Vikingstad, Neil Eisenhut und Co. überraschend noch bis an die Play-Off-Plätze, wurde aber dann doch nur Neunter. Finanziell schrillten erneut die Alarmglocken. Obwohl der Schuldenstand von Verein und GmbH auf immerhin 6,1 Millionen Mark geschrumpft war. Wieder fehlten über zwei Millionen Mark im laufenden Etat. Die Zuschauerkalkulation war erneut

um 1000 Vollzahler zu hoch angesetzt worden. Präsident Zamek kündigte vor den Kameras von Bezahlsender PREMIERE zum wiederholten Male verzweifelt seinen Rücktritt an. Den Rettungsring warf indes Geschäftsführer Schmellenkamp aus. Diesmal einen besonders Großen.

Metro - mitten im ruhigen Fahrwasser

Der 1. März 2002 datiert den bislang letzten Befreiungsschlag der DEG. Dem offiziellen Einstieg der Metro AG, ein Düsseldorfer Unternehmen mit 230.000 Mitarbeitern in 24 Ländern und einem jährlichen Umsatz von rund 50 Milliarden Euro, ging der inoffizielle voraus. 1,135 Millionen dringliche Euro soll der Konzern bereits im Vorfeld in sein erstes Sportprojekt gesteckt haben - um es überhaupt flott zu bekommen. „Es war eine Zwangshandlung", erklärte der medienscheue Metro-Geschäftsführer außer Dienst Joachim Suhr später im Rahmen der DEG-Jahreshauptversammlung. Einer seiner seltenen öffentlichen Auftritte. Suhr arbeitet am liebsten im Verborgenen, gilt aber als Vertreter des Namenssponsors praktisch auch als Chef der GmbH. Und ist Aufsichtsratssprecher. Obwohl er öffentlich so gut wie nie spricht. Geschäftsführer Schmellenkamp hatte dem Unternehmen sogar das Namensrecht offeriert, um das nötige Geld für das Finanzloch zu beschaffen und um den bereits formulierten Insolvenzantrag wieder der Mülltonne zuzuführen. DEG Metro Stars statt Düsseldorfer EG titelt man nun werbeträchtig. 2,5 Millionen Euro sollen bis 2007 allein von der Metro ins Profi-Eishockey fließen. Der Discounter ist gemeinsam mit Trikotbrustsponsor Kamps Bäckereien damit Hauptgönner.

Trond Magnussen spielt seit 1992 in der A-Nationalmannschaft von Norwegen und kam im Jahr 2001 zur DEG.

„Unser Stabhochsprung im Sumpf ist beendet", erklärte Schmellenkamp stolz, ein Meister der Bildersprache. Weil sich auch viele andere Sponsoren über drei und mehr Jahre hinweg an die DEG banden.

Suhrs kaufmännische Maxime lautet: realistische Planwirtschaft. Der Etatrahmen ist strikt einzuhalten. Der mittlerweile zum Trainer-Manager und damit zum sportlichen Alleinentscheider aufgestiegene Michael Komma legte 2002/03 sogleich eine Sahnesaison hin. Trotz der 30 Spiele währenden Torflaute von Nationalspieler und Rückkehrer Daniel Kreutzer. Trotz der Becherwürfe in Krefeld oder dem Dosenverbot im eigenen Stadion, das einige Fans anfangs vergraulte. Das schnelle Play-Off-Aus nach dem dritten Vorrundenplatz beim 1:4 gegen den späteren Meister Krefeld enttäuschte trotzdem. Der Stand sank immerhin auf knapp 1,9 Millionen Euro. Sportlich knirschte es trotz der fast durchweg starken Leistungen im Gebälk. Komma schickte erst Torjäger Marc Beaucage, dann Verteidiger-Scharfschütze Jakub Ficenec weg. Auch Reizfigur Jeff Christian musste gehen. Die Chemie zwischen jenen Spielern und dem Trainer-Manager war versauert. „Unzufriedenheit ist eine schlechte Saat", begründete Komma die durchaus überraschenden Austauschaktionen. Der Tölzer musste seinen Spieleretat im Frühjahr 2003 um 200.000 Euro auf nunmehr drei Millionen herunterfahren, wollte trotzdem eine besser bestückte Mannschaft aufbieten und fiel auf die Nase. Die aus Innsbruck für die erste und zweite Reihe geholten Außenstürmer Martin Hohenberger und Johan Molin erwiesen sich als Flops. Auch mit Starmittelstürmer Pat Mikesch aus Kassel war Komma unzufrieden, löste nach der Saison den Zweijahresvertrag mit dem Amerikaner auf. Fünf Startniederlagen plus Pokalaus beim SC Riessersee stellten Trainer Komma nur deshalb nicht in Frage, weil der Aufsichtsratsvorsitzende Suhr seine schützende Hand über den Coach hielt. Beide sind freundschaftlich eng verbunden, teilen unter anderem eine Leidenschaft für kunstvolle Bilder. Die Mannschaft fing sich sportlich zwar, festigte sich auf Play-Off-Platz acht, leistete sich aber immer wieder böse Schlappen. Auch vor heimischer Kulisse. Und schied im Erstrundenvergleich gegen die Eisbären Berlin mit 0:4 aus. Das Minimalziel wurde erreicht, der GAU, nämlich Platz neun, vereitelt. Vom großen Vorhaben, nämlich als ernsthafter Play-Off-Teilnehmer das Halbfinale zu erreichen, wollte am Ende niemand mehr etwas wissen. Geschweige denn vom finalen Ziel des 2002 gefassten Dreijahresplanes. Nämlich in der Saison 2004-05 als Meisterschaftskandidat aufzulaufen. Bereits im Dezember 2003 hatte Trainer-Manager Komma seine 23-köpfige Truppe für die Spielzeit 04-05 unter Vertrag. Trotz des damaligen neunten Tabellenplatzes. Trotz eines wieder um

»Es dauert nicht mehr lange, dann sind wir wieder nur die Nummer zehn in der Liga.«

Trainer Michael Komma in der Saison 2002/03 auf die Frage, wie wichtig der Bau einer neuen Spielstätte für die DEG wäre.

200.000 Euro erhöhten Budgets. Ein mutiger, ein einmaliger Vorgang, der nicht nur bei einigen Aufsichtsratsmitgliedern Erstaunen hervorrief. Dennoch segnete das Kontrollgremium die von viel Hoffnung getragenen Planungen ab. Apropos: In der Saison 2006-07 steckt auch schon eine Menge Hoffnung. Dann wird ein neues Eisstadion in Düsseldorf gebaut sein. „An der Brehmstraße kommen wir nicht mehr vorwärts. Wir können Sponsoren nicht viel bieten, wir erschließen auch kein neues Publikum", argumentiert Geschäftsführer Schmellenkamp. Der Komfort vieler Konkurrenten, nicht nur im Eishockey, degradiert den alten DEG-Tempel langsam zum schmuddeligen Relikt. Immerhin: Auf dem Parkplatz links neben dem Eisstadion wird künftig wieder Eishockey gespielt. Im Sommer wird dort die fast zehn Jahre lang brach liegende zweite Eisbahn im Hallenformat wieder eröffnet.

Die Vergangenheit ist in anderen Bereichen noch nicht abgearbeitet. Die Stadtsparkasse Düsseldorf buchte im Frühjahr 2004 eine 920.000 Euro satte Bankbürgschaft des Ex-Schatzmeisters Max Bobach aus dem Jahre 1996 aus. Und halbierte so die Vereinsschulden auf unter eine Million Euro. „Läuft alles glatt, dann sind wir 2008 oder 2009 schuldenfrei", erklärt Präsident Ben Zamek. Aber der einstige Schwarzkartenskandal und die damit verbundene Vergangenheit der vergangenen beiden Jahrzehnte bleibt auch vier Jahre nach den ersten Ermittlungen der Steuerfahndung ein Thema. Wolfgang Sorge, der Chef des Landeseissportverbandes, hat die DEG auf Nachzahlung von Verbandsabgaben verklagt. Und zwar für die Jahre 1990 bis 1996. Mindestens 250 Karten pro Heimspiel sollen damals an der Steuer, am LEV (dem drei Prozent der Einnahmen zusteht), am DEB (fünf Prozent) und an der Stadt Düsseldorf (acht Prozent) vorbei cash verkauft worden sein. Sorge errechnete, dass dem LEV noch 33.000 Euro plus Zinsen zustünden. Man sieht sich vor dem Landgericht Düsseldorf.

Mike Ritter

Einer der wenigen Paradiesvögel der DEL: der Belgier Mike Pellegrims. Seit 2001 ist er für die DEG aktiv, in die DEL kam der Verteidiger bereits 1996 und zählt heute zu den erfahrensten Spielern in der höchsten deutschen Spielklasse mit bislang 451 Einsätzen.

DEL-All-Star-Teams: Die besten Spieler aus zehn Jahren DEL

Die DEL hat während ihres zehnjährigen Bestehens etliche Spieler kommen und gehen sehen. Es waren Eintagsfliegen dabei, es wurden neue Stars geboren, die aber auch nicht selten schnell wieder weg waren, weil woanders mehr Geld lockte und es waren immer auch Spieler dabei, die der Liga lange erhalten geblieben sind. Identifikationsfiguren, Topspieler, die der Liga auch ihren Stempel aufgedrückt haben und die die DEL zu dem gemacht haben, was sie heute ist: Eine professionelle Liga mit großem sportlichen Unterhaltungswert in schicken Arenen mit einer Fangemeinde, die immer größer wird.

Welche Spieler aber waren (und sind) die tatsächlich herausragenden Figuren der Liga, welche haben die Liga geprägt, wer hat begeistert, wer ist von den vielen tausend Spielern, die sich in der DEL vorgestellt haben, hervorzuheben? Eine nicht leicht zu beantwortende Frage, denn: Torwart, Verteidiger, Stürmer - ist überhaupt eine Position wichtiger als eine andere? Nackte Zahlen sprechen zu lassen, wäre ungerecht: Verteidiger holen in der Regel weniger Skorerpunkte als Stürmer und der Torwart zumeist gar keine. Die Autoren dieses Buches - Patrick Bernecker, Matthias Scholze und Marc Hindelang - haben versucht, auf diese schwierige Frage eine Antwort zu finden. Wir haben Statistiken verglichen, die Anzahl der absolvierten Saisons angeführt, den Einfluss der in der Auswahl stehenden Spieler geltend gemacht - und sind doch auf kein schnelles Ergebnis gekommen. Der zunächst festgelegte Rahmen, einen Torhüter, zwei Verteidiger und drei Stürmer (nicht nach Position ausgewählt) zu finden, wurde schnell erweitert. Als sich bei der Suche herausstellte, dass sich mehr als nur sechs Spieler für ein All-Star-Team aus zehn Jahren DEL empfehlen, wurde kurzerhand aufgestockt: Auf den folgenden zwölf Seiten präsentieren wir das DEL-All-Star-Team A sowie das B-Team aus zehn Jahren Deutsche Eishockey-Liga. Und es hätten noch mehr Teams sein können. Denn es gab und gibt sie in der DEL, die Stars, die Hoffnungsträger eines Klubs und einer ganzen Liga. Hier sind unsere Top-Zwölf.

DEL
DIE 1. BUNDESLIGA
EISHOCKEY MANAGER 2005
Zwölf Cracks.
Zwei Tore.
Ein Puck.
IHRE ENTSCHEIDUNG!“
IHRE ENTSCHEIDUNGEN:
Stellen Sie das passende Team auf, sorgen Sie für die richtige Taktik, motivieren Sie Ihre Cracks – führen Sie den Club zum Sieg!
IHR ERFOLG:
Lassen Sie sich von den Fans feiern, holen sie die finanzkräftigsten Sponsoren an Bord und erweitern Sie das Stadion zu einem Prunkstück!
IHR TEAM:
Betrachten Sie die Glanzleistungen Ihrer Cracks live in atemberaubender 3D-Grafik und genießen Sie die Jubelschreie Ihrer Fans!
Die heißeste Eiszeit, die es je gab – ab September 2004!
GREENCODE
JoWooD Productions
www.jowood.com
PC CD
©2004 by JoWooD Productions Software AG, Technologiepark 4a, A-8786 Rottenmann, Austria. Developed by Greencode GmbH.

DEL-ALL-STAR-TEAM A

All-Star-Team A   Mike Rosati

Das Bosman-Urteil 1996 war der Startschuss für Mike Rosati in der DEL. Der Italokanadier (geboren im kanadischen Toronto) spielte seit 1990 in der Serie A in Italien und war einer der Kandidaten, auf die die Manager der DEL nach der Öffnung der Grenzen für Europäer ganz besonders scharf waren. Besonders findig war dabei Mannheims Manager Marcus Kuhl, der Rosati zu den Adlern lotste. Mannheim und Rosati - das sollte für sechs weitere DEL-Saisons und darüber hinaus eine echte Liebe werden. Wenn auch mit einjähriger Unterbrechung. Rosatis Karriere in der DEL begann wie ein Märchen: Sechs Shutouts feierte er in der Saison 96/97, die meisten aller Goalies während der Vorrunde. Er setzte sich an die Spitze der Torhüter bei der Gegentorstatistik, ließ prominente Namen wie Petr Briza, Peppi Heiß oder Jim Hrivnak hinter sich. Und holte schließlich mit den Adlern die erste DEL-Meisterschaft des Klubs. Neun Spiele von minimal neun möglichen benötigten die Adler in den Play-Offs für die Meisterschaft. Achtmal sicherte Rosati das Gehäuse und zeigte erstmalig in der DEL, dass er in der Lage ist, auf eine starke Vorrunde noch bessere Leistungen in den Play-Offs folgen zu lassen. Im Jahr darauf verteidigten die Adler erfolgreich den Titel, erneut war es Rosati, der in den Play-Offs schier unüberwindbar schien. In zehn Spielen musste er lediglich 17-mal hinter sich greifen. Klar, dass da die NHL ganz schnell auf den Mann mit der Nummer 37 aufmerksam wurde. Bereits 1988 war er von den New York Rangers gedraftet worden, jetzt lockten die Washington Capitals, die sich mittlerweile die Rechte am Goalie gesichert hatten.

Mike Rosati: geboren am 7. Januar 1968 in Toronto (Kanada),
1,78 m, 77 kg, NHL-Draft: 1988 an 131. Stelle von New York Rangers

Der Abschied fiel Rosati schwer und auch die Adler sahen ihrem Torwart mit Wehmut nach. Es sollte aber nur eine Trennung auf Zeit sein. Zwar erlebte Rosati in Nordamerika das unvergesslichste Spiel seiner Karriere, aber mehr als ein Einsatz (28 Minuten) in der weltbesten Liga war nicht drin. Die Washington Capitals lagen in Ottawa in der Saison 98/99 mit 3:5 hinten, ehe Rosati für Olaf Kölzig ins Tor kam. Die Caps gewannen noch mit 8:5, ein kurzes, aber eben prägnantes Erlebnis. Dass Mike Rosati nach dieser einen Saison, die er vor allem in der AHL verbrachte, zu den Adlern zurückkommen würde, stand außer Frage. Während er in Nordamerika weilte, hatten die Adler den Titel-Hattrick erlangt. Jetzt war er wieder da, der populärste Adler-Spieler seit DEL-Gründung. Und die Hoffnungen auf eine vierte Meisterschaft in Serie wuchsen. Erfüllt wurden sie nicht, auch Rosati zeigte eine durchwachsene Saison. Aber schon im Jahr darauf waren die Adler - und Rosati - wieder obenauf. Die vierte DEL-Meisterschaft mit einem überragenden Mike Rosati wurde eingefahren. Und dennoch mischte sich Unbehagen in die Saison. Da wurde plötzlich über seine Zukunft bei den Adlern debattiert, die Fans bangten um ihren Liebling, weil sein Vertrag nach der Saison ausgelaufen wäre. Es kamen Gerüchte auf, dass ausgerechnet „ihr" Torwart eventuell zum ungeliebten Nachbarn Frankfurt Lions wechseln werde, Berlin und Köln waren ebenso im Gespräch. Tatsächlich hatte sich Adler-Manager Marcus Kuhl während der Länderspielpause der DEL 2001 beim Globen Cup in Schweden nach einem möglichen neuen Keeper umgesehen. Vorsichtshalber. Aber genau zu Beginn des Jahres zeigte Rosati Top-Leistungen und empfahl sich nachhaltig für einen neuen Kontrakt. Den er dann auch im Februar bekam. „Mannheim ist in Deutschland meine Heimat", strahlte Rosati nach der Vertragsunterzeichnung. Was durchaus stimmt. Denn noch heute ist er bei den Adlern beschäftigt, hat das Torwarttraining übernommen. Auch wenn er als Lieblingsstädte Wien, Las Vegas und Venedig angibt. Und eines wird ganz sicherlich eintreffen: Sein Wunsch nämlich, nicht nur als guter Torwart, sondern auch als guter Mensch in der Erinnerung der Fans zu bleiben. Den Grundstein dazu hat er gelegt. Mit der Initiative „Rosys Kids Corner", mit der Rosati krebskranke Kinder unterstützt, hat sich der Torwart nicht bloß als hervorragender Schlussmann in die Herzen der Fans gespielt.

DEL-ALL-STAR-TEAM A

Mike Rosati in der DEL

Saison	Team	Sp	Min.	Ggt	Ø	SO
1996-97	Adler Mannheim	45	2625	103	2,35	6
	Play-Offs	9	514	24	2,80	0
1997-98	Adler Mannheim	43	2567	116	2,71	2
	Play-Offs	10	569	17	1,79	1
1999-00	Adler Mannheim	55	3245	170	3,14	3
	Play-Offs	5	280	15	3,21	2
2000-01	Adler Mannheim	42	2393	90	2,26	5
	Play-Offs	12	620	24	2,32	1
2001-02	Adler Mannheim	51	2953	101	2,05	6
	Play-Offs	12	753	24	1,91	2
2002-03	Adler Mannheim	39	2205	85	2,31	3
	Play-Offs	8	458	22	2,88	1
>>>>	DEL-Vorrunde gesamt	275	15.988	665	2,5	25
	DEL-Play-Offs gesamt	56	3194	126	2,37	7

DEL-ALL-STAR-TEAM A

All-Star-Team A Paul Stanton

Seine letzte Begegnung mit dem Puck war eine ganz wichtige. Paul Stanton bekam Sekunden vor Ende des vierten Spiels der Play-Off-Finalserie am 16. April 2004 die Hartgummischeibe auf seine Kelle und beförderte sie aus der Gefahrenzone. Ende, Aus, Paul Stanton hatte mit den Frankfurt Lions seine vierte Deutsche Meisterschaft gewonnen. Als der gebürtige Bostoner 1995 von Adler-Manager Marcus Kuhl verpflichtet worden war, war das eine Sensation für die noch junge DEL. Schließlich hatte der offensivstarke Verteidi-

Paul Stanton: geboren am 22. Juni 1967 in Boston (USA),
1,83 m, 87 kg, NHL-Draft: 1985 an 149. Stelle von Pittsburgh Penguins

DEL-ALL-STAR-TEAM A

ger mit den Führungsqualitäten zuvor zweimal den Stanley Cup, die berühmteste Sporttrophäe überhaupt, in die Höhe stemmen dürfen. Mit den Pittsburgh Penguins hatte der Verteidiger 1990/91, in seiner ersten NHL-Saison, gleich den Titel in der NHL gewonnen. Und wiederholte den Triumph nur ein Jahr später. In der Stahlstadt Pittsburgh spielte Stanton neben NHL-Superstars wie Mario Lemieux und dem tschechischen Volkshelden Jaromir Jagr. Doch mit den beiden Meisterschaften im Rücken und der für ihn wenig motivierenden Aussicht, in Zukunft nur Verteidiger Nummer fünf oder sechs bei seinem jeweiligen NHL-Arbeitgeber zu sein, entschied Paul Stanton, sich über das Nationalteam der USA für europäische Arbeitgeber zu empfehlen. Die Adler griffen zu. Mit Stephane Richer bildete er über Jahre das beste Verteidigerduo der DEL und avancierte zum Serienmeister der DEL, als er mit den Adler Mannheim 1997, 1998 und 1999 zum Abonnement-Titelträger aufstieg. Doch nur eine Spielzeit später scheiterten die Adler bereits im Viertelfinale und die Wege von Stanton und den Adlern trennten sich. Enttäuscht hatte er im Jahr 2000 Mannheim verlassen und schloss sich den Ice Tigers aus Nürnberg an. Zwei glückliche Jahre, obwohl die Franken jeweils im Play-Off-Viertelfinale scheiterten, verbrachte Paul Stanton bei den Ice Tigers. 2002 folgte er dem Lockruf seines ehemaligen Trainers aus Mannheimer Tagen Lance Nethery und wechselte zu den Frankfurt Lions. Nach einer katastrophalen Saison, in der die Hessen am Ende sogar als sportlicher Absteiger feststanden, blieb der Verteidiger und Kapitän der Lions als einer von nur fünf Spielern in Frankfurt. Und wurde mit einer fast komplett erneuerten Frankfurter Mannschaft, nach einem sensationellen Lauf der Lions in den Play-Offs, zum vierten Mal Deutscher Meister und beendete seine von Meisterschaften geprägte Karriere.

Paul Stanton in der DEL

Saison	Team	Sp	T	A	Pkt.	Str.
1995-96	Adler Mannheim	47	12	24	36	88
	Play-Offs	8	2	5	7	8
1996-97	Adler Mannheim	50	5	25	30	64
	Play-Offs	9	2	4	6	26
1997-98	Adler Mannheim	47	10	25	35	72
	Play-Offs	10	4	6	10	22
1998-99	Adler Mannheim	38	6	16	22	52
	Play-Offs	12	2	7	9	20
1999-00	Adler Mannheim	56	2	19	21	77
	Play-Offs	4	0	1	1	37
2000-01	Nürnberg Ice Tigers	49	11	19	30	104
	Play-Offs	4	1	1	2	6
2001-02	Nürnberg Ice Tigers	57	7	29	36	94
	Play-Offs	4	1	1	2	8
2002-03	Frankfurt Lions	49	10	22	32	167
	Play-Downs	6	0	3	3	16
2003-04	Frankfurt Lions	52	8	30	38	104
	Play-Offs	15	1	9	10	36
	DEL-Vorrunde gesamt	**445**	**71**	**209**	**280**	**822**
>>>>	**DEL-Play-Offs gesamt**	**66**	**13**	**34**	**47**	**163**
	DEL-Play-Downs gesamt	**6**	**0**	**3**	**3**	**16**

DEL-ALL-STAR-TEAM A

All-Star-Team A Stephane Richer

Wenn ein Mann an sechs von zehn DEL-Finalserien beteiligt ist, dann hat er zweifelsohne Herausragendes geleistet. Zumal, wenn er erst ein Jahr nach ihrer Gründung in die Liga kam. Seit 1995, besonders immer, wenn es Frühjahr wurde und die Play-Offs in der DEL begonnen hatten, mussten die Gegner der Adler Mannheim speziell vor einem Mann zit-

Stephane Richer: geboren am 28. April 1966 in Hull (Kanada), 1,80 m, 91 kg, NHL-Draft: nicht gedraftet

tern, der die Aggressivität förmlich personifizierte. Der Fürst der Finsternis auf Kufen sozusagen, er trug die Nummer 25 und den Namen Stephane Richer. Privat ein fröhlicher und unterhaltsamer Geselle mit guten Manieren und einem ebenso gut sortierten Rotweinkeller, war Richer auf dem Höhepunkt seiner Schaffenskraft der wohl kompletteste Verteidiger der DEL. 410 Spiele für Mannheim - in der Kurpfalz fand der Frankokanadier nach lediglich 30 NHL-Spielen seine sportliche und private Heimat. Viermal, 1997, 1998, 1999 und 2001 wurde Richer Meister und stand ein weiteres Mal, 2002, im Finale. Eine überragende Karriere, die eigentlich auch bei den Adlern hätte enden müssen. Wenn es 2002 nicht Mannheimer Misstöne gegeben hätte. Trainer Bill Stewart wollte ihn, den damals 36-Jährigen, nicht mehr, Manager Kuhl machte ein läppisches Vertragsangebot und Richer schloss sich verärgert und zutiefst verletzt ausgerechnet dem Erzrivalen Frankfurt Lions an. Dass seine Spielerkarriere wegen einer komplizierten Knieverletzung nach nur elf Einsätzen für die Lions schnell enden sollte, konnte zu diesem Zeitpunkt niemand ahnen. Kämpfer, der er war, arbeitete Richer besessen für sein Comeback. Als dieses nach einem Jahr aussichtslos wurde, fungierte er bei den Lions als Co-Trainer. Zusammen mit Rich Chernomaz bildete er ein Gespann, das wesentlich für den Überraschungserfolg der Hessen 2004 sorgte. Richer zeigte Qualitäten als Scout, entdeckte er doch das junge Top-Talent Michael Hackert, und ließ seine Führungsqualitäten und Motivationskünste aus Spielerzeiten mit einfließen. Warum keine längere Erfolgsgeschichte am Main daraus werden wird? Nun, das Heimweh - und ein gut dotiertes Angebot - zog den dreifachen Familienvater zurück an die Stätte seiner großen Erfolge als Spieler. In gleicher Funktion, als Co-Trainer von Helmut de Raaf nämlich, ist Richer nach Mannheim zurück gekehrt. Finale Nummer sieben und Meisterschaft Nummer sechs fest im Visier.

Stephane Richer in der DEL

Saison	Team	Sp	T	A	Pkt.	Str.
1995-96	Adler Mannheim	50	11	30	41	64
	Play-Offs	8	1	4	5	10
1996-97	Adler Mannheim	49	10	19	29	65
	Play-Offs	9	0	4	4	10
1997-98	Adler Mannheim	48	6	25	31	64
	Play-Offs	8	3	6	9	4
1998-99	Adler Mannheim	51	13	29	42	90
	Play-Offs	12	2	8	10	38
1999-00	Adler Mannheim	43	10	18	28	46
	Play-Offs	5	0	2	2	16
2000-01	Adler Mannheim	55	8	19	27	72
	Play-Offs	12	3	7	10	27
2001-02	Adler Mannheim	50	1	13	14	58
	Play-Offs	10	0	5	5	4
2002-03	Frankfurt Lions	11	0	4	4	12
	Play-Downs	-	-	-	-	-
>>>>	DEL-Vorrunde gesamt	357	59	157	216	471
	DEL-Play-Offs gesamt	64	9	36	45	109

DEL-ALL-STAR-TEAM A

All-Star-Team A John Chabot

John Chabot hat zwei Markenzeichen, an die sich die Eishockeyfans sicherlich immer erinnern werden: an seine charakteristische Zahnlücke zwischen den beiden vorderen Schneidezähnen, die immer zu sehen war, wenn Chabot

John Chabot: geboren am 18. Mai 1962 in Summerside (Kanada),
1,88 m, 88 kg, NHL-Draft: 1980 an 40. Stelle von Montreal Canadiens

lachte und das machte er oft. Denn John Chabot hatte bei aller Ernsthaftigkeit, die der Profisport mit sich bringt, immer Spaß und Freude am Eishokkey. Im Training spielte der Center mit indianischem Blut seinen Teamkollegen oft einen Streich oder lockerte den schweißtreibenden Akt mit witzigen Sprüchen auf. Diszipliniert und konzentriert Übungseinheit nach Übungseinheit abspulen, das war nicht sein Ding. Doch John Chabot war weit mehr als nur ein Spaßvogel. Er war auf dem Eis eine Persönlichkeit, ein Häuptling. Wenn der Mittelstürmer mit seinem viel zu kurz erscheinenden Schläger - das zweite Markenzeichen des John Chabot - auf dem Eis manchmal wie ein alter Mann mit Krückstock wirkte, täuschte der Eindruck. Denn im Nu hatte der Kanadier den Puck wie ein Magier um seine Kelle gewickelt und einen präzisen Pass gespielt. Vorlagen geben, Mitspieler in Szene setzen, das war seine Stärke und das bereitete ihm Spaß und Freude. Während seiner gesamten Karriere, in der er 541 NHL-Spiele für die Montreal Canadiens, Pittsburgh Penguins und Detroit Red Wings absolvierte, glänzte er als genialer Vorbereiter (248 Vorlagen, 90 Tore). Den Stanley Cup gewann er allerdings nicht. 1991 startete er seine internationale Karriere bei Team Canada, wechselte dann über Mailand zu den Preussen Berlin. Insgesamt verbrachte der Center fünf erfolgreiche Spielzeiten bei den Hauptstädtern, bevor er 1997 zu den Frankfurt Lions wechselte. Drei Jahre verzückte er die Fans in der hessischen Metropole. Im Sommer 2000 zog es John Chabot zurück in die Bundeshauptstadt und er schloss sich den Eisbären Berlin an. Nach der Saison mit den Ostberlinern beendete der Kanadier seine Karriere. Einen Titel hat er auch in der DEL nicht gewonnen. John Chabot musste für Misserfolge oft seinen Kopf hinhalten und wurde fast skalpiert, wenn er mit seinen, hinter ihrem Häuptling scheinbar Schutz suchenden Kollegen im Viertel- oder Halbfinale der Play-Offs ausschied. Doch zum Glück wird Persönlichkeit und Charakter im Eishockey nicht an Titelgewinnen gemessen. Wenn dem so wäre, dann wäre John Chabot Rekordmeister.

John Chabot in der DEL

Saison	Team	Sp	T	A	Pkt.	Str.
1994-95	BSC Preussen Berlin	43	20	48	68	48
	Play-Offs	12	5	12	17	12
1995-96	Preussen Devils Berlin	50	16	65	81	20
	Play-Offs	11	5	14	19	14
1996-97	Berlin Capitals	45	12	33	45	43
	Play-Offs	4	2	1	3	0
1997-98	Frankfurt Lions	47	12	46	58	72
	Play-Offs	7	0	5	5	2
1998-99	Frankfurt Lions	49	7	53	60	44
	Play-Offs	8	1	4	5	2
1999-00	Frankfurt Lions	38	10	33	43	16
	Play-Offs	5	1	3	4	10
2000-01	Eisbären Berlin	47	11	24	35	37
>>>>	DEL-Vorrunde gesamt	319	88	302	390	280
	DEL-Play-Offs gesamt	47	14	39	53	40

DEL-ALL-STAR-TEAM A

All-Star-Team A Mike Bullard

Wenn die Fans Aufkleber mit einer Bulldogge drauf und dem bekannten Text „Hier wache ich" an die Strafbank der Gastmannschaft bappten, war eines klar: Mike Bullard ist in der Stadt. „Alle haben Zähne, nur der Bullard nicht", wurde mit Vorliebe gesungen, wenn der schnauzbärtige Stürmer, der vor den Spielen seine Schneidezähne in der Kabine ließ, mit dem

Michael Brian Bullard: geboren am 10. März 1961 in Ottawa (Kanada), 1,78 m, 82 kg, NHL-Draft: 9. Stelle 1980 von Pittsburgh Penguins

EV Landshut irgendwo auftrat. Klar, wenn einer nicht nur so hart spielt, sondern auch noch so erfolgreich, dann polarisiert er. Wie überall auf der Welt ist es aber auch die Leistung, die auf Dauer überzeugt. Als Mike Bullard im Alter von 42 Jahren nach neun Spielzeiten die DEL verließ, tat er das als einer der beliebtesten Spieler der Liga. Ein stets gut gelaunter, knorriger Kerl, der ehrliche Arbeit ablieferte - und dazu auch ein herausragender Akteur war. Mit weitem Abstand ist Bullard mit 520 Punkten der All-Time-Topskorer der DEL, vor allem seine 217 Tore scheinen eine Marke für die Ewigkeit zu sein. Es sind 56 Treffer mehr, als der beste noch aktive Torschütze Martin Jiranek auf dem Konto hat. Als Mike Bullard als 32-Jähriger nach Deutschland kam, hatte er bereits eine respektable NHL-Karriere hinter sich. Auch hier wirkte er ein Jahrzehnt, bestritt 767 Spiele, erzielte 340 Tore. „Bully" war auch in der in der besten Liga der Welt eine dominante Figur. 1993 holte ihn der illustre Bernie Johnston aus der Schweiz (Rapperswil) nach Landshut. Bullard spielte ein Jahr Bundesliga (37 Tore in 44 Partien), ehe er der DEL seinen Stempel aufdrückte. Bullard, wie auch während seiner Zeit in der NHL, wurde nicht mit einem Titel belohnt. In der ersten DEL-Saison war er allerdings nahe dran: Da schoss er den EV Landshut als Play-Off-Topskorer ins Finale gegen Köln - und unterlag in fünf Spielen. Bei den Eisbären Berlin (1998 bis 2000) war ihm nur einmal das Halbfinale gegönnt, in den drei Jahren Schwenningen ging es dann sogar in die Abstiegsrunde. Das stand aber nicht mehr im Vordergrund: Mike Bullard war im vierten Lebensjahrzehnt ein Vorbild und Ratgeber für zahlreiche junge Talente von Marcel Goc bis Thomas Greilinger - und erzielte quasi nebenbei noch in seinen letzten 16 Spielen als 42-Jähriger neun Tore. Aus der Bulldogge wurde der graue (Leit-) Wolf, der seine Erfahrungen weitergibt - inzwischen als Trainer in Schwenningen.

Mike Bullard in der DEL

Saison	Team	Sp	T	A	Pkt.	Str.
1994-95	EV Landshut	38	22	43	65	83
	Play-Offs	18	17	10	27	28
1995-96	EL Landshut	50	29	40	69	60
	Play-Offs	11	6	11	17	20
1996-97	EV Landshut	47	19	51	70	69
	Play-Offs	7	6	4	10	40
1997-98	EV Landshut	45	12	24	36	63
	Play-Offs	6	5	5	10	8
1998-99	Eisbären Berlin	50	21	30	51	58
	Play-Offs	8	1	4	5	6
1999-00	Eisbären Berlin	54	21	25	46	71
	Abstiegsrunde	11	7	6	13	24
2000-01	SERC Wild Wings	44	20	20	40	32
2001-02	SERC Wild Wings	48	19	14	33	32
	Play-Downs	7	3	3	6	8
2002-03	SERC Wild Wings	10	5	5	10	6
	Play-Downs	6	4	7	11	2
	DEL-Vorrunde gesamt	**397**	**175**	**258**	**433**	**498**
>>>>	**DEL-Play-Offs gesamt**	**50**	**35**	**34**	**69**	**102**
	DEL-Play-Downs gesamt	**13**	**7**	**10**	**17**	**10**

DEL-ALL-STAR-TEAM A

DEL-ALL-STAR-TEAM A

All-Star-Team A Mark MacKay

Ein Star, das war Mark MacKay nicht. Seine Bescheidenheit, seine angenehme, ruhige Art ließen erst gar keine Allüren, charakteristisch für Stars und Sternchen, aufkommen. Der Center war ein Arbeiter, ein Vorbild, kurzum

Mark MacKay: geboren am 28. Mai 1964 in Brandon (Kanada), 1,75 m, 75 kg, NHL-Draft: nicht gedraftet

DEL-ALL-STAR-TEAM A

eine Persönlichkeit. Auf dem Eis, in der Kabine und auch in Alltagskleidung. Der Kanadier, der im Laufe seiner langen Karriere in Deutschlands Ligen die deutsche Staatsbürgerschaft erhielt, stand immer im Mittelpunkt der Teams, für die er auf Punktejagd ging. Mehr noch: Er war der Pulsschlag, das Herz und die Seele gleichermaßen. Das war sowohl in Neuss, Grefrath und Timmendorf so, als auch in Schwenningen, seinem ersten und einzigen DEL-Klub, für den er jemals spielte. Nachdem er zehn Jahre in den unteren Ligen Deutschlands verbrachte, war Mark MacKay überreif für einen DEL-Auftritt. Den Traum von der NHL, den musste der Mittelstürmer begraben. Zu klein sei er, so die Begründung. Die Aussicht, sich fernab von jeglichem Familienleben bei ständig wechselnden Arbeitgebern in den unteren nordamerikanischen Ligen in die NHL hoch zu arbeiten, reizte ihn nicht. Dennoch, er brannte förmlich darauf, sich mit den Besten messen zu können. Bei den Wild Wings erhielt Mark MacKay die Chance. Schnell wurde er zum Liebling der Fans im Bauchenbergstadion und zur Integrationsfigur des Schwarzwälder Eisho-ckeys, an der sich junge sowie neu verpflichtete Spieler orientieren konnten. Seine Leistungen blieben der DEL-Konkurrenz natürlich nicht verborgen. So gab es immer wieder interessierte Klubs, die ihn verpflichten wollten. Aber typisch MacKay, hielt er den Schwarzwäldern in all den Jahren die Treue. In all den Jahren, in denen die Wings fernab von jeglicher Meisterschaftschance waren. Einmal nur, das war 95/96, kamen sie der Tabellenspitze sehr nahe (Rang fünf) und Hoffnung keimte, aber in der ersten Runde der Play-Offs kam bereits das Aus. Dass MacKay nie den Klub wechselte, das spricht um so mehr für ihn. Denn die große DEL-Bühne blieb ihm verwehrt, mit den Schwenninger Wild Wings dümpelte er angesichts der limitierten finanziellen Möglichkeiten des Klubs in den Niederungen der Tabelle umher. Wenn andere um die Deutsche Meisterschaft spielten, kämpfte Mark MacKay meist tapfer gegen den Abstieg. Dafür gehörte er als Stammspieler jahrelang dem Kader der Deutschen Nationalmannschaft an. Das war eine Auszeichnung für einen Spieler, der in der DEL-Geschichte einen Stammplatz hat.

Mark MacKay in der DEL

Saison	Team	Sp	T	A	Pkt.	Str.
1995-96	SERC Wild Wings	46	31	36	67	40
	Play-Offs	2	0	2	2	0
1996-97	SERC Wild Wings	48	23	39	62	22
	Play-Downs	5	4	4	8	8
1997-98	SERC Wild Wings	52	25	42	67	30
1998-99	SERC Wild Wings	52	24	33	57	24
1999-00	SERC Wild Wings	55	18	32	50	32
	Play-Downs	9	3	5	8	2
2000-01	SERC Wild Wings	60	10	22	32	24
2001-02	SERC Wild Wings	59	16	20	36	34
	DEL-Vorrunde gesamt	372	147	224	371	206
>>>>	DEL-Play-Offs gesamt	2	0	2	2	0
	DEL-Play-Downs gesamt	14	7	9	16	10

DEL-ALL-STAR-TEAM B

All-Star-Team B Klaus Merk

Wäre 2002 nicht eine schwere Handverletzung dazwischengekommen, Klaus Merk würde wohl noch heute spielen und wäre der unumstrittene DEL-Rekord-Torhüter. So hat er diesen Status an Chris Rogles abgeben müssen. Dennoch hält er einen Rekord für die Ewigkeit: Klaus Merk, der heute Nachwuchstrainer im Deutschen Eishockey-Bund und

Klaus Merk: geboren am 26. April 1967 in Augsburg, 1,80 m, 85 kg, NHL-Draft: nicht gedraftet

DEL-ALL-STAR-TEAM B

TV-Experte bei PREMIERE ist, hat in seinen acht DEL-Jahren 31 Assists gut geschrieben bekommen. Kein Zufall, war der 128-fache Nationalspieler doch stets der Goalie der Liga, der am besten mit der Kelle umgehen konnte. So wie aktuell Robert Müller. Vor 1994 absolvierte Merk bereits 371 Bundesliga-Spiele, wobei ihm sogar einmal ein Empty-Net-Goal gelang. Stichwort 1994: In diesem Jahr schrieb Merk ein weiteres Mal Geschichte. Bei den Olympischen Spielen in Lillehammer stand er im Tor der deutschen Nationalmannschaft, die zum ersten Mal überhaupt Russland bezwang, mit 4:2. Von 1990 bis 1999 gehörte er zum Stamm der Nationalmannschaft, bestritt sieben Weltmeisterschaften, zwei Olympische Turniere und einen World Cup. Seine sportliche Hoch-Zeit hatte Merk in Berlin. Von 1987 bis 1998 spielte er bei den Preussen und Capitals. Um endlich Meister zu werden, musste er die Hauptstadt allerdings verlassen. Sage und schreibe sechsmal hatte er mit den Preussen das Play-Off-Halbfinale erreicht, genau so oft war aber dort auch Endstation. So brachte der Wechsel zu den Mannheimer Adlern im Frühjahr 1998 endlich den ersehnten Erfolg. Merk wurde mit den Kurpfälzern Meister, kurioserweise gegen die Eisbären Berlin, von 2000 bis 2003 sein letzter DEL-Klub. Zurück in die Wahlheimat wechselte er nach zwei Jahren in der Heimatstadt Augsburg. Unvergessen dabei sicherlich die hochdramatische Viertelfinalserie seiner Augsburger Panther gegen die Nürnberg Ice Tigers: Im Penaltyschießen des vierten Spiels rannte er urplötzlich aus seinem Tor auf den Schützen Sergio Momesso zu und hechtete in Fußballtorwart-Manier Richtung Puck. Der verdutzte Momesso wusste nicht so recht, wie ihm geschah und sah nur noch zu, wie er Merk aus dem Weg gehen konnte - die Chance auf einen Torerfolg war damit auch vertan. Die Serie gewannen zwar die Nürnberger, aber Klaus Merk hatte einen herausragenden Moment der DEL-Historie geschaffen. So wie er als Spieler war: Unberechenbar und spektakulär.

Klaus Merk in der DEL

Saison	Team	Sp	Min.	Ggt	Ø	SO
1994-95	BSC Preussen Berlin	44	2432	115	2,84	2
	Play-Offs	12	726	26	2,15	1
1995-96	Preussen Devils Berlin	50	2790	96	2,06	7
	Play-Offs	11	659	36	3,28	0
1996-97	Berlin Capitals	50	2748	125	2,73	3
	Play-Offs	4	253	15	3,55	0
1997-98	Berlin Capitals	45	2693	116	2,58	7
	Adler Mannheim (PO)	1	0	0	0	0
1998-99	Augsburger Panther	46	2801	133	2,84	2
	Play-Offs	5	253	12	2,84	0
1999-00	Augsburger Panther	30	1734	86	2,98	2
2000-01	Eisbären Berlin	44	2528	143	3,39	1
2001-02	Eisbären Berlin	3	159	13	4,92	0
>>>>	DEL-Vorrunde gesamt	312	17.885	827	2,77	24
	DEL-Play-Offs gesamt	33	1891	89	2,82	1

DEL-ALL-STAR-TEAM B

All-Star-Team B Mirko Lüdemann

Mirko Lüdemann ist ein Dauerbrenner in der DEL. Elf Jahre spielt der Verteidiger bereits in der höchsten deutschen Liga und das bei nur einem Klub. Elf Jahre Mirko Lüdemann im Dress der Kölner Haie, zehn Saisons davon in der DEL. Zweimal, 1995 und 2002, wurde er Deutscher Meister mit den Rheinländern. Und in der deutschen Nationalmannschaft, in die er von Dr. Ludek Bukac nach nur 16 Spielen bei den Haien in der Saison 1993-94 berufen wurde, ist der in der Eishockeytalentschmiede Weißwasser geborene Verteidiger eine Institution. Der deutsche Paul Coffey - sein Vorbild - könne er werden, hieß es früher oft über ihn. So wurden die Erwartungen an

Mirko Lüdemann: geboren am 15. Dezember 1973 in Weißwasser,
1,80 m, 83 kg, NHL-Draft: nicht gedraftet

ihn in die Höhe geschraubt. Doch er wurde nie zu dem schillernden, glamourösen Superverteidiger, wie es sich manche erhofften. Den ganz großen Weg, der ihm vorgezeichnet schien, ging er nicht. Schon zu Beginn seiner Laufbahn im Profieishockey war Lüdemann auserkoren, deutscher Exportschlager in die NHL zu werden. Bereits als 18-Jähriger sammelte er im kanadischen Fort McMurray Nordamerika-Erfahrung. Doch das fast zweijährige Engagement bei dem Juniorenteam aus dem hohen Norden Kanadas blieb sein bis dato einziges in Übersee. Die notwendigen Fähigkeiten, die ein Spieler mitbringen muss, um in der NHL bestehen zu können, besitzt er und sie wurden ihm stets attestiert. Schnell und elegant gleitet Mirko Lüdemann über das Eis und geht bei seinen regelmäßigen Ausflügen tief ins gegnerische Drittel. Im Powerplay wird er als Schlüsselspieler an der blauen Linie eingesetzt und im eigenen Drittel räumt er kompromisslos ab, ohne dabei auf überharte und unfaire Mittel zurückgreifen zu müssen. Doch irgendwie hat Mirko Lüdemann die NHL als Ziel nach und nach aus den Augen verloren. Es mag an seiner bescheidenen, ruhigen Art liegen. Große Worte sind ihm fremd, er ist ein stiller Genießer, der mit dem Erreichten zufrieden ist, aber nie in großen Erinnerungen schwelgen wird. In Köln hat Mirko Lüdemann seine Heimat gefunden. Die sportliche Herausforderung, mit den Haien Jahr für Jahr um den Titel in Deutschland zu kämpfen, ist groß genug und die Lebensqualität in der rheinischen Metropole hoch. Es muss nicht immer die NHL sein. Und der DEL hat es gut getan, einen ihrer besten Blueliner nicht zu verlieren. Der Nationalmannschaft erst recht: Mit seinem Tor am 13. Februar 2000 acht Sekunden vor dem Ende gegen Italien in der Olympia-Qualifikation stellte er die Teilnahme des Teams an Olympia 2002 sicher.

Mirko Lüdemann in der DEL

Saison	Team	Sp	T	A	Pkt.	Str.
1994-95	Kölner Haie	42	8	12	20	46
	Play-Offs ⚑	17	2	5	7	20
1995-96	Kölner Haie	44	7	27	34	30
	Play-Offs	14	1	1	2	12
1996-97	Kölner Haie	46	13	14	27	36
	Play-Offs	4	0	0	0	2
1997-98	Kölner Haie	39	9	13	22	34
	Play-Offs	3	0	0	0	6
1998-99	Kölner Haie	43	12	15	27	40
	Play-Offs	5	2	1	3	2
1999-00	Kölner Haie	48	8	15	23	28
	Play-Offs	10	1	3	4	2
2000-01	Kölner Haie	43	4	16	20	18
	Play-Offs	3	0	0	0	0
2001-02	Kölner Haie	49	11	7	18	26
	Play-Offs ⚑	13	1	3	4	4
2002-03	Kölner Haie	40	7	19	26	34
	Play-Offs	15	6	1	7	10
2003-04	Kölner Haie	51	8	23	31	63
	Play-Offs	6	2	0	2	2
>>>>	DEL-Vorrunde gesamt	445	87	161	248	355
	DEL-Play-Offs gesamt	90	15	14	29	60

DEL-ALL-STAR-TEAM B

All-Star-Team B Brad Bergen

Im August 2003 schien die Karriere von Brad Bergen zerstört worden zu sein. Zerstört von einer schwedischen Frau, die ihn und seinen Berliner Mitspieler Yvon Corriveau bezichtigte, sie vergewaltigt zu haben. Die beiden Spieler verbrachten zwei Wochen hinter Gittern in einem schwedischen Gefängnis, ehe sich ihre Unschuld herausstellte. Das anschließende

Bradley Bergen: geboren am 16. März 1966 in Prince Albert (Kanada), 1,80 m, 80 kg, NHL-Draft: nicht gedraftet

DEL-ALL-STAR-TEAM B

Spießrutenlaufen in der Öffentlichkeit dürfte ebenso brutal gewesen sein, wie das Einsitzen. Bergen benötigte eine Weile, um in Form zu kommen. Als er sie hatte, kam der nächste Tiefschlag: Sein Team Eisbären Berlin unterlag dem Außenseiter Frankfurt Lions in der DEL-Finalserie 2004. Bergen hatte das letzte Spiel seiner Karriere verloren. Eine Karriere, in der ansonsten die großen Schlagzeilen die Ausnahme waren. In Deutschland begann sie ganz unspektakulär in der Oberliga, in Dortmund und Königsbrunn. Auch wenn Bergens Status als DEL-Rekordspieler mit 579 Spielen nicht lange anhalten wird (Jürgen Rumrich, Martin Reichel und Andreas Renz können ihn 2005 überholen), so war er doch derjenige, der den 500er Klub eröffnete. Das bleibt, aber groß festhalten wird er sich daran nicht. Bergen ist ein stiller Typ, auf dem Eis fair, außerhalb des Eises höflich und zuvorkommend. Typ Schwiegersohn. Und weil die Schwiegereltern sowie seine Frau Deutsche sind, hatte der elegante Verteidiger mit dem kräftigen Schuss auch eine gute Zeit in der deutschen Nationalmannschaft. Bergen spielte zwar nur 27-mal für Deutschland, dies aber bei zwei Weltmeisterschaften, den Olympischen Spielen und dem World Cup. Ein Jahrzehnt lang war Brad Bergen, der als zweitbester Verteidigerskorer (281 Punkte, 88 Tore) abtrat, die personifizierte Zuverlässigkeit. Wo auch immer er spielte, stellte er eine Verstärkung dar. Beginnend in Ratingen über Krefeld, Düsseldorf, Augsburg, Mannheim und Berlin. Bergen wurde zweimal Deutscher Meister, 1996 mit der DEG und 2001 mit Mannheim. Zwei weitere Male stand er im Finale. Vier Finalserien in zehn Jahren sagen einiges aus über den Wert, den der Mann mit der Nummer 17 für seine Klubs verkörperte. Und: In jeder seiner zehn DEL-Saisons stand Bergen in den Play-Offs, auch das ist ein Qualitätsmerkmal für den Verteidiger.

Brad Bergen in der DEL

Saison	Team	Sp	T	A	Pkt.	Str.
1994-95	Krefeld Pinguine	43	7	16	23	40
	Play-Offs	15	2	8	10	14
1995-96	Düsseldorfer EG	50	7	18	25	20
	Play-Offs	13	7	6	13	6
1996-97	Düsseldorfer EG	48	5	21	26	32
	Play-Offs	4	0	2	2	0
1997-98	Düsseldorfer EG	43	11	25	36	39
	Play-Offs	3	0	0	0	12
1998-99	Augsburger Panther	51	7	22	29	44
	Play-Offs	5	1	2	3	4
1999-00	Augsburger Panther	55	10	27	37	40
	Play-Offs	3	1	2	3	0
2000-01	Adler Mannheim	59	3	17	20	32
	Play-Offs	12	0	6	6	2
2001-02	Adler Mannheim	47	6	8	14	30
	Play-Offs	12	2	5	7	8
2002-03	Eisbären Berlin	52	3	16	19	28
	Play-Offs	9	1	2	3	14
2003-04	Eisbären Berlin	44	2	3	5	45
	Play-Offs	11	0	0	0	10
>>>>	DEL-Vorrunde gesamt	492	61	173	234	350
	DEL-Play-Offs gesamt	87	14	33	47	70

DEL-ALL-STAR-TEAM B

All-Star-Team B

Len Soccio

Eigentlich ist Len Soccio ein Weltenbummler. Diesen Schluss lässt zumindest ein Blick auf seine bisherigen Karrierestationen zu: Nach der vierjährigen Juniorenzeit in der renommierten kanadischen OHL - mit 125 Toren und 218 Assists in 269 Spielen - zog es den im Mai 1967 geborenen Kanadier in die weite Eishockeywelt. Von der IHL in die ECHL in die AHL, wieder zurück, auch in der CoHL und in der BHL hat Soccio gespielt. Ganzen acht Klubs hatte er angehört nach seiner Juniorenzeit, acht Klubs in sechs Jahren wohlgemerkt. Zwischendurch hat Soccio, der mit ganzem Vornamen Leonard heißt, auch noch Rollerhockey (das heutige Inlinehockey) gespielt. 1993 wechselte der Center nach Deutschland - und hat in der Wedemark nahe Hannover, genauer gesagt in Langenhagen, einen echten Rast- und Ruheplatz gefunden. Eigentlich hatte er vorgehabt, „ein oder zwei Jahre" in Deutschland zu verbringen. Inzwischen sind daraus über elf Jahre geworden. Elf Jahre in Deutschland, elf Saisons bei ein und demselben Klub. Die heutigen Hannover Scorpions sind ohne Len Soccio nicht vorstellbar und würden vielleicht gar nicht in der DEL spie-

Leonard Soccio: geboren am 28. Mai 1967 in St. Catharines (Kanada), 1,81 m, 85 kg, NHL-Draft: nicht gedraftet

DEL-ALL-STAR-TEAM B

len. Denn Soccio hat den Klub mitentscheidend immer weiter gebracht: Erst von der Oberliga in die 1. Liga, dann von dort in die DEL. Immer war Soccio dabei, immer war er ganz vorne zu finden in der Skorerliste des Teams. Und wer gedacht hätte, dass Len Soccio, der in der Oberligasaison 1993/94 180 Punkte markierte und in der 1. Liga Nord 135 sowie 156 in den beiden folgenden Jahren, in der DEL überfordert sein würde, der sah sich schnell eines besseren belehrt. Auch wenn er sich an sein erstes DEL-Jahr eher mit Grausen erinnern wird: -35 lautete die Bilanz des Mittelstürmers, trotz seiner 24 Tore und 27 Vorlagen landeten die Wedemark Scorpions, wie sie damals 1996/97 noch hießen, auf Rang 14 im Sechzehner-Feld der DEL. Immerhin platzierte sich der ehemalige Oberliga-Spieler auf Rang 23 der Skorerliste. Schon im Jahr darauf nannten sich die Wedemark Scorpions in Hannover Scorpions um - spielten aber noch immer in der kleinen Halle IceHouse in Mellendorf. Mit Soccio als Leitfigur - er wurde Zweiter der DEL-Skorerliste - schaffte die Mannschaft eine kleine Sensation und sicherte sich einen Play-Off-Platz. Es war die erste von lediglich zwei Play-Off-Teilnahmen in der DEL für den mit einer Deutschen verheirateten Familienvater. Trotz aller sportlicher Misserfolge: Len Soccio ist den Scorpions treu geblieben. Und durfte im Jahr 2000 mit einem deutschen Pass ausgestattet erstmals für die deutsche Nationalmannschaft spielen. Bis zu seinem Abschied 2003 war er ein wichtiger Bestandteil des Teams von Bundestrainer Hans Zach. Denn Soccio bringt nicht nur Können mit - seine Technik und seine Spielübersicht machen ihn so wertvoll - sondern auch viel Leidenschaft. Er möchte eben in allem, was er anpackt, perfekt sein. So einen hat die Nationalmannschaft ge-braucht, weil er auch mal das Wort ergreift, auch mal Fehler anspricht und auch mal ordentlich auf den Tisch haut. Auch wenn er privat ganz zahm ist. Einer eben, der das Verlieren hasst. Und einer eben, ohne den die Scorpions heute gar nicht vorstellbar wären.

Len Soccio in der DEL

Saison	Team	Sp	T	A	Pkt.	Str.
1996-97	Wedemark Scorpions	47	22	27	49	107
	Play-Downs	8	1	6	7	18
1997-98	Hannover Scorpions	49	18	46	64	60
	Play-Offs	4	0	4	4	10
1998-99	Hannover Scorpions	51	18	35	53	120
1999-00	Hannover Scorpions	56	16	43	59	46
	Abstiegsrunde	8	5	9	14	31
2000-01	Hannover Scorpions	55	17	36	53	52
	Play-Offs	6	1	5	6	20
2001-02	Hannover Scorpions	60	25	45	70	94
2002-03	Hannover Scorpions	52	13	33	46	84
2003-04	Hannover Scorpions	51	15	25	40	50
	Play-Downs	5	1	3	4	18
	DEL-Vorrunde gesamt	421	144	290	434	613
>>>>	DEL-Play-Offs gesamt	10	1	9	10	30
	DEL-Play-Downs gesamt	21	7	18	25	67

DEL-ALL-STAR-TEAM B

All-Star-Team B Wally Schreiber

Wer ein DEL-All-Star-Team aus allen zehn bisherigen Saisons aufstellen möchte, der wird zum einen schnell feststellen, dass dies keine leichte Aufgabe ist, zum anderen wird der Name Wally Schreiber vielleicht erst spät, wenn überhaupt, in den Sinn kommen. Mike Bullard, John Chabot, Peppi Heiß und Klaus Merk, Pat Lebeau oder Corey Millen - das waren und sind Stars in der DEL. Wally Schreiber dagegen war immer einer, der im Schatten dieser Spieler stand. Dabei zeigt ein Blick auf seine Karrieredaten, dass es sich bei ihm um einen außergewöhnlichen Spieler handelt: 182 Länderspiele hat er für Team Canada bestritten, holte zweimal die Silbermedaille bei Olympia (insgesamt nahm er dreimal an Olympia teil), absolvierte 41 NHL-Spiele, 373 in der IHL und 744 Spiele in der 1. Bundesliga sowie DEL. 1994 wurde er mit Hedos München Deutscher Meister. Den Ruhm ernteten andere, weil Schreiber vor allem in seiner Anfangszeit in Deutschland ein ruhiger Typ war. Dass es zu keinem weiteren Meistertitel reichte, wurmt den Kanadier im Nachhinein ein wenig. Denn „gerade in Landshut wäre mehr drin gewesen als eine Finalteilnahme". Fünf Jahre spielte er beim EVL, stand mit dem Team immer in den Play-Offs. Nach dem Ausstieg des Klubs aus der DEL wechselte er zu den Hannover Scorpions, mehr als eine weitere Play-Off-Teilnahme in der DEL war allerdings nicht drin. Trotz

Wallace Schreiber: geboren am 15. April 1962 in Edmonton (Kanada), 1,78 m, 80 kg, NHL-Draft: 152. Stelle 1982 von Washington Capitals

bester Bilanzen von Wally Schreiber. Der gelernte Center, der in der DEL vor allem auf Außen gespielt hat, hat in allen seinen DEL-Saisons auf konstant hohem Niveau gespielt und auch geskort. Ob bei einem Spitzenteam wie dem EV Landshut oder später bei den eher im unteren Tabellendrittel angesiedelten Hannover Scorpions. 1998 bezeichnete George Kingston, damals noch Trainer der deutschen Nationalmannschaft, Schreiber als den „überragenden Spieler in Deutschland". Schreiber ist ein Arbeiter auf dem Eis, einer, der vorne hart arbeitet für seine Tore und einer, der hinten hart arbeitet, um sein Team vor Toren zu bewahren. Den größten Vorteil hat er sicherlich immer aus seiner Schnelligkeit gezogen: Jahrelang gehörte er zu den schnellsten Spielern der DEL. Kein Wunder, denn der ehemalige Landshuter Manager Max Fedra bescheinigte seinem Schützling selbst 36-jährig größte Fitness: „Er hat einen Körper wie ein 25-Jähriger. Das liegt daran, dass er immer mit optimaler körperlicher Fitness aus dem Sommerurlaub zurückkehrt." Schreiber ist aber auch im Powerplay ein wichtiger Spieler, denn als Rechtsschütze wechselte er oft an die blaue Linie auf der linken Seite, um von dort einen besseren Winkel und einen kürzeren Schussweg auf das Tor zu haben als ein linksschießender Verteidiger. Schreiber, der zehn Geschwister hat, unterhält mit seinem Bruder einen Handel für Edelstahl-Schränke, sie beliefern Kliniken und Restaurants. Nach seiner Karriere in Deutschland wird er aktiv in die Firma einsteigen. Denn inzwischen ist Wally Schreiber - der eigentlich Wallace heißt, den aber keiner so nennt - 42 Jahre. Und spielt noch immer. Zwar nicht mehr in der DEL, aber in der 2. Liga bei den Schwenninger Wild Wings reichte es in der Saison 2003/04 für 21 Tore und 36 Assists. Noch eine Saison, dann wird wohl Schluss sein für Wally Schreiber. Auch wenn ihm sein ehemaliger Coach Chris Valentine 1999 bescheinigte: „Wally kann problemlos nochmals zehn Jahre spielen, so fit ist er." Das wäre dann bis ins Jahr 2009...

Wally Schreiber in der DEL

Saison	Team	Sp	T	A	Pkt.	Str.
1994-95	EV Landshut	42	27	27	54	26
	Play-Offs	18	11	15	26	26
1995-96	EL Landshut	50	25	30	55	46
	Play-Offs	11	5	9	14	14
1996-97	EV Landshut	47	22	29	51	14
	Play-Offs	7	1	9	10	2
1997-98	EV Landshut	48	17	19	36	43
	Play-Offs	6	1	6	7	2
1998-99	EV Landshut	50	19	37	56	20
	Play-Offs	3	0	1	1	0
1999-00	Hannover Scorpions	55	16	31	47	24
	Abstiegsrunde	12	7	15	22	0
2000-01	Hannover Scorpions	54	27	26	53	56
	Play-Offs	6	0	2	2	6
2001-02	Hannover Scorpions	60	11	24	35	28
2002-03	Hannover Scorpions	49	11	15	26	68
	DEL-Vorrunde gesamt	**455**	**175**	**238**	**413**	**325**
>>>>	**DEL-Play-Offs gesamt**	**51**	**18**	**42**	**60**	**50**
	DEL-Play-Downs gesamt	**12**	**7**	**15**	**22**	**0**

DEL-ALL-STAR-TEAM B

DEL-ALL-STAR-TEAM B

All-Star-Team B Thomas Brandl

Köln, Düsseldorf, Krefeld - für alle drei rheinischen Klubs hat Thomas Brandl gespielt. Seine Bundesliga-Karriere startete er bereits 1987, als ihn die Kölner Haie in die Beletage des deutschen Eishockeys lotsten. Bis 1996 blieb er bei den Haien, feierte zwei Meisterschaften. Der Center, der auf allen Positionen einsetzbar ist, hatte nie Probleme mit dem Umstieg: Weder von der 2. Liga in die 1. Bundesliga 1987 noch von der mit wenigen Importspielern besetzten DEL in die von selbigen stark überquellende Liga Mitte der 90er Jahre. Und erst recht nicht mit den Wechseln von Köln nach Düsseldorf und schließlich Krefeld. Seit 1990 spielte Brandl in der Nationalmannschaft und war bei fünf Weltmeisterschaften, drei Olympischen Spielen und dem World Cup 1996 dabei. Aber Brandl verdiente sich seine Nominierungen nicht nur aufgrund seines hervorragenden technischen Könnens, Brandl war immer auch ein Arbeiter und Kämpfer auf dem Eis. Und der Tölzer war einer, der polarisiert hat. „Alle auf die Sieben", das hat er oft und in vielen Stadien Deutschlands gehört. Weil er auch ein giftiger Spieler war, kein Weichei, kein Angsthase.

Thomas Brandl: geboren am 9. Februar 1969 in Bad Tölz,
1,75 m, 75 kg, NHL-Draft: nicht gedraftet

DEL-ALL-STAR-TEAM B

Klar, dass die Düsseldorfer Fans 1996 skeptisch waren, als sein Wechsel vom Erzfeind Kölner Haie bekannt wurde. Doch Brandl hat die Pessimisten schnell eines Besseren belehrt und herzhaftes, kerniges und erfolgreiches Eishockey geboten. Auch wenn es während der zwei Spielzeiten bei der DEG zum Titel nicht mehr reichte. Natürlich waren dann 1998 auch die Krefelder Fans beinahe entsetzt, dass ausgerechnet ein ehemaliger Düsseldorfer und Kölner zu ihnen wechseln sollte. Auch, weil die Produktion des Mittelstürmers nach unten gegangen war. Nach 70 Punkten mit den Haien in der Saison 95/96 folgten 45 und 26 Zähler. Letzteres zwar verletzungsbedingt - Brandl hatte sich 1998 eine schwere Knieverletzung zugezogen und musste ein halbes Jahr pausieren - aber in einer stärker gewordenen DEL ging Brandls Produktion flussabwärts. In Krefeld aber wurde Brandl wieder zum Star, nachdem er bei der DEG zuvor ausgemustert worden war. Zwei erfolgreiche Jahre später verletzte er sich allerdings erneut. Zwei DEL-Spielzeiten ließ er noch folgen, aber so richtig hundertprozentig fit wurde er nicht mehr. In der Meistersaison der Pinguine absolviert er kein einziges Play-Off-Spiel, weil ihn zuvor erneut eine schwere Verletzung zum Aufgeben zwang. Nach 26 Spielen 2002/03 war Schluss für „Tommy" Brandl, der dem Team aber weiter zur Seite stand, emsig an der Bande mitarbeitete in den Play-Offs und die Teamkollegen Brandner, Purdie und Co. motivierte, unterstützte, anfeuerte. Nach der Saison 2003/04, in der er noch in der 2. Liga beim EV Duisburg für 17 Spiele tätig war, beendete Thomas Brandl seine aktive Eishockeykarriere. Gerne hätten sie ihn noch ein weiteres Jahr in Duisburg behalten, gerne hätten sie von seiner Erfahrung gezehrt und von seiner Wirkungskraft: Denn Brandl war immer einer, mit dem man lieber zusammen spielt, als ihn gegen sich zu haben. Auch deswegen war er bei den gegnerischen Fans unbeliebt - und bei den eigenen um so populärer.

Thomas Brandl in der DEL

Saison	Team	Sp	T	A	Pkt.	Str.
1994-95	Kölner Haie	38	18	35	53	48
	Play-Offs	15	8	13	21	16
1995-96	Kölner Haie	41	19	46	65	44
	Play-Offs	5	0	5	5	0
1996-97	Düsseldorfer EG	44	16	29	45	73
	Play-Offs	2	0	2	2	2
1997-98	Düsseldorfer EG	29	9	17	26	14
	Play-Offs	2	0	0	0	0
1998-99	Krefeld Pinguine	41	12	23	35	73
	Play-Offs	4	1	4	5	4
1999-00	Krefeld Pinguine	47	17	33	50	72
	Play-Offs	3	0	1	1	27
2000-01	Krefeld Pinguine	34	3	11	14	101
2001-02	Krefeld Pinguine	55	9	18	27	70
	Play-Offs	3	0	2	2	49
2002-03	Krefeld Pinguine	26	3	8	11	12
>>>>	DEL-Vorrunde gesamt	355	106	220	326	507
	DEL-Play-Offs gesamt	34	9	27	36	98

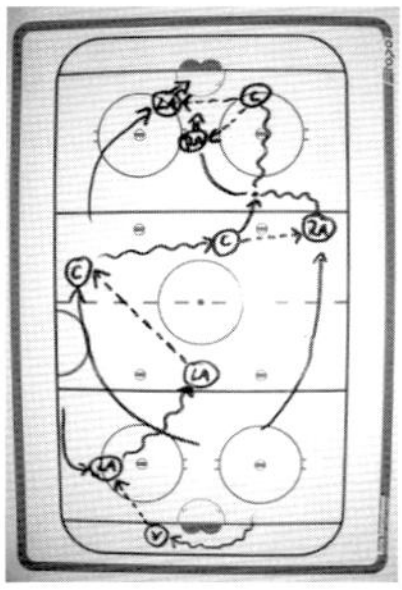

Trainer in der DEL

Hire and Fire: Chronik eines knallharten Jobs

Hans Zach war der letzte Trainer, der in der Saison 2003/04 seinen Stuhl nahm. Allerdings hatte ihn weder sein Klub, die Kölner Haie, rausgeschmissen, noch der Deutsche Eishockey-Bund, für den Zach als Nationaltrainer tätig war. Zach hat sein Amt als Bundestrainer von sich aus niedergelegt. Nach der WM in Tschechien und gut einen Monat nach dem Ende der DEL-Saison 2003/04 zog Zach Konsequenzen: Zu sehr hatte er sich von verschiedenen Medien ungerecht attackiert gefühlt, zu infam waren die Vorwürfe, denen er sich ausgesetzt sah. Zumal sie jeglicher Grundlage entbehrten: Die Nationalmannschaft hatte bei der WM die Vorrunde überstanden, scheiterte dann aber in der Zwischenrunde aufgrund eines individuellen Fehlers eines Spieler an der Schweiz und deren überragenden Goalie Martin Gerber mit 0:1 und erreichte somit das Viertelfinale nicht. Doch die Erwartungen vor der WM waren enorm geschürt worden, als diese nicht erfüllt wurden, begann eben von denjenigen, die das Erwartungspendel mit angestoßen hatten, eine peinliche Medienkampagne gegen Zach. Sechs Jahre hatte Zach bis dahin sein Amt hervorragend ausgeführt und galt beinahe als unantastbar - auch von den Medien, die ihn hernach harsch kritisierten. Denn Zach hatte die deutsche Nationalmannschaft wieder in die Erstklassigkeit geführt und dort unter den besten zehn Nationen etabliert. Das Beispiel Hans Zach steht als Synonym dafür, wie viel Druck auf den Trainern lastet, wie schnell Druck aufgebaut werden kann von außen und wie schließlich eine Divergenz zwischen Erwartungshaltung und Realität im heutigen Mannschaftssport zumeist endet: mit Trennung. Das schwächste Glied bilden dabei die Trainer. Sie müssen als erste ihren Hut nehmen, wenn die sportliche der erwarteten Entwicklung hinterherhinkt. Zehn Jahre DEL, das ist auch die Geschichte vieler Trainerentlassungen.

Optimismus war angesagt vor der ersten DEL-Saison 1994. 18 Teams gingen ins Rennen, nur drei Klubs hatten neue Trainer verpflichtet in der Hoffnung, in der neuen Spielzeit besser abzuschneiden als im Jahr zuvor. Die Hoffnungen wurden dadurch geschürt, dass der neue Modus vorsah, 16 von 18 Teams in den Play-Offs auflaufen zu lassen. Die Chance auf das

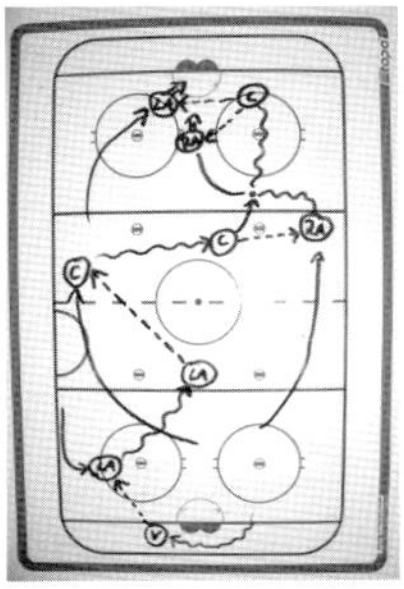

Erreichen der Meisterrunde: fast 90 Prozent. Die Folgerung: Scheitern ist fast unmöglich. Dennoch hätten nach der Vorrunde mit 44 Spielen zwei Teams in den sauren Apfel beißen müssen, wenn alles nach Plan verlaufen wäre. Nach nur 27 Spielen jedoch mussten sich die Maddogs München aus finanziellen Gründen aus dem Spielbetrieb zurückziehen. Ergo: Nur eine Mannschaft aus dem gesamten Teilnehmerfeld stand am Ende der Vorrunde ohne Play-Offs da. Zuvor kriselte es bereits während der Saison an allen Ecken und Enden. Die erste Trainerentlassung in der DEL überhaupt: Ladislav Olejnik. Bereits nach 14 Tagen musste er in Ratingen seinen Hut nehmen. Seine Bilanz: vier Spiele, 0 Punkte, 11:34 Tore. Das ging schnell. Dabei herrschte noch vor der Saison die Meinung vor, dass die Trainer aufgrund der nicht vorhandenen Ab-stiegsmöglichkeit eher auf dem Schaukelstuhl statt im Schleudersitz Platz nehmen könnten. Nachfolger von Olejnik wurde zunächst Charlie Weise für vier Spiele, ehe Bill Lochead übernahm. Er holte dann aus den restlichen 35 Partien 22 Punkte - sicherlich keine entscheidende Verbesserung. Bei den Eisbären Berlin lief es ebenso gar nicht rund. Jaroslav Walter musste nach 21 Spieltagen gehen, Joachim Ziesche übernahm. Die Bilanz: Walter hatte mit

Michael Komma als Coach der Berlin Capitals. 1997 übernahm er den Chefposten, rückte im Jahr darauf wieder in die Assistenposition zurück, ehe er die Saison 1999/2000 erneut als Cheftrainer begann. Seit 2001 ist er bei den DEG Metro Stars sowohl als Trainer als auch als Manager tätig.

dem Team elf Zähler eingefahren, Ziesche zehn - in 22 Spielen. Ganz offensichtlich waren hier Fehler bereits vor der Saison gemacht worden, die Eisbären waren einfach nicht gerüstet für die DEL, obwohl sie mit dem ersten DEL-Topskorer Jiri Dopita sowie Richard Zemlicka zwei Ausnahmekönner in ihren Reihen hatten. Die Eisbären traf letztlich das peinliche Los, als einziger der 17 noch verbliebenen Klubs nicht an den Play-Offs teilnehmen zu dürfen. Beim Nachbarn Preussen Berlin musste Billy Flynn gehen. Nach 14 Spieltagen war Schluss, nicht aber wegen sportlicher Talfahrt. Nein, Flynn hatte sich mit dem Preussen-Präsi Herrmann Windler angelegt. Ein nicht genehmigter Urlaub Flynns sowie ein Brief an einen Angestellten des Klubs, dem Flynn Prügel androhte, waren die Ursachen. Flynn hatte bis dato immerhin 20 Punkte aus 14 Spielen geholt. Sein Nachfolger wurde zum Übergang Czeslaw Panek, ehe Kevin Primeau übernahm. Anekdote am Rande: Flynn verbrachte seinen Urlaub in einer Ferienanlage von Eisbären-Präsident Helmut Berg auf Mallorca. Nach Flynns Entlassung in Westberlin wurde er mit offenen Armen in Ostberlin bei den Eisbären empfangen - und ist dort noch heute tätig. Aber das war längst nicht alles in der Saison 94/95: Miro Berek musste in Schwenningen seinen Hut nehmen, für ihn kam Bob Burns, Joschi Golonka wurde in Nürnberg geschasst, neuer Chef an der Bande wurde Jan Eysselt und Wladimir Wassiljew musste schließlich nach langen Querelen in Köln gehen. Sein Nachfolger: Bob Murdoch. Der hatte die Saison in München begonnen und war urplötzlich mitten während der Spielzeit arbeitslos geworden. Mit den Kölner Haien holte Murdoch dann die erste DEL-Meisterschaft überhaupt. Spektakulär war auch die Entlassung von Hans Zach in Düsseldorf. Der spätere Bundestrainer hatte mit der DEG zuvor innerhalb von fünf Jahren drei Meistertitel geholt, wurde einmal Vizemeister. Zach galt damals quasi als

Ron Kennedy war bislang als Trainer in der DEL für den EC Hannover und die Eisbären Berlin tätig, ehe er 2003 den ERC Ingolstadt übernahm.

unkündbar, aber Streitigkeiten und Kompetenzgerangel zogen sich durch die Saison. Direkt nach den Play-Offs - die DEG schied im Viertelfinale aus - wurde Zach entlassen. Seine Forderung, Manager Rolf van Hauten zu entmachten, kam wie ein Boomerang zurück: Die DEG entließ stattdessen Zach. Nach der Saison 94/95 mussten weitere Trainer gehen: Mike Zettel (Krefeld), Kevin Primeau (Preussen Berlin), Peter Kathan (Kaufbeuren), Joachim Ziesche (Eisbären Berlin) und Gunnar Leidborg (Augsburg) waren nicht mehr erwünscht.

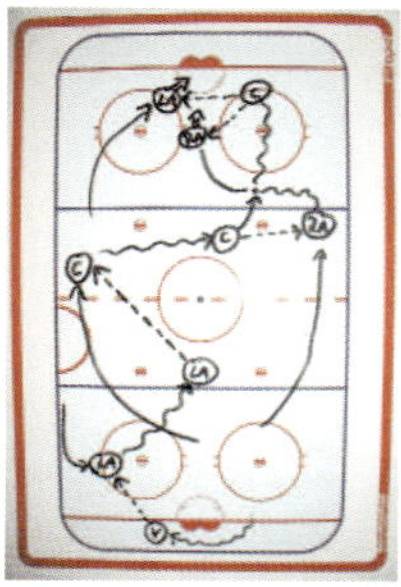

Drei Trainer in Hannover

1995/96, das zweite DEL-Jahr. Acht neue Trainer bei 17 Teams, dazu DEL-Neuling SC Riessersee, der nach dem Ausstieg der Maddogs München den Weg in die DEL fand, so ging die DEL im September 1995 an den Start. Es dauerte nicht lange, da hatte es sich der erste Trainer verscherzt. Chris Reynolds, nach der Vorjahressaison in Augsburg für Gunnar Leidborg gekommen, musste nach gut drei Wochen seinen Platz räumen. Ein 5:10 gegen die Kölner Haie zuhause sowie lediglich fünf Punkte aus insgesamt sechs Spielen brachten ihm die Kündigung ein. Sein Nachfolger wurde Gary Prior, der ihm bis dato als Assistent zur Seite gestanden hatte. Lustlos waren die Panther aufgetreten, nach dem Wechsel kletterte die Mannschaft aber vom Tabellenende bis auf Rang zwölf hoch und setzte sich sogar im Achtelfinale gegen die favorisierten Schwenninger Wild Wings durch. Ein folglich lohnenswerter Schritt der Panther-Klubführung. In Berlin hingen daür erneut die Laternen schief: Bei den Eisbären ging Helmut Bauer das Unternehmen „Weg vom Tabellenkeller" an, scheiterte aber früh und wurde durch Billy Flynn ersetzt. Dieser wollte dann flugs Cliff Stewart einsetzen. Nach einer Nacht in Berlin war der vermeintliche neue Eisbären-Coach aber so schnell wie er gekommen war wieder verschwunden. Flynn blieb bis Saisonende, konnte das Team aber nicht entscheidend nach vorne führen. Auch im zweiten Jahr in Folge durften die Ostberliner nach der Vorrunde nur zuschauen, wie 16 der 18 Teams die Play-Offs austrugen. Auch in Kassel dauerte es nicht lange, bis Ross Yates aufgrund mangelnden Erfolgs ausgetauscht wurde. Zunächst übernahm Uli Egen, ehe mit Hans Zach ein Meistertrainer verpflichtet werden konnte, der die Huskies tatsächlich

»Wer mit dem Druck in Berlin nicht klarkommt, sollte lieber in Schwenningen spielen.«

Eisbären-Manager Peter John Lee nach dem Play-Off-Aus seines Teams 2003.

»Da habe ich kein Problem. Erster DEL-Meister werden die Haie.«

Kölns Trainer Wladimir Wassiljew 1994 vor der Saison auf die Frage, wer seiner Meinung nach Meister wird. Tatsächlich wurden die Haie erster DEL-Meister - aber nicht mit Wassiljew, sondern mit Bob Murdoch an der Bande.

noch auf die Erfolgsspur führte. Auch bei den Star Bulls Rosenheim gab es einen Wechsel auf dem Trainerposten. Für Ernst Höfner kam kurz vor dem Jahreswechsel Gary Clark. Die Bilanz des ehemaligen Nationalspielers: 36 Spiele, 30 Punkte. Clark holte dann nach dem Jahreswechsel in 14 Partien noch elf Punkte - eine im Vergleich sogar leicht schlechtere Ausbeute als zuvor Höfner. In Hannover, beim finanziell in dieser Saison so gebeutelten Team vom Pferdeturm, wurden gleich drei Trainer in die Verantwortung genommen: Auf Hartmut Nickel folgte Ron Kennedy, am Ende der Saison übernahm schließlich Torwart Beppo Schlickenrieder den Trainerposten. Die erste und einzige DEL-Saison des SC Riessersee war ebenso nicht von Erfolg geprägt. Auf Peter Anholt folgte Mitte Januar 1996 Georg Kink. Nach der Spielzeit 95/96 blieben zudem die folgenden Coaches nicht mehr im Amt: Curt Lundmark (Preussen Berlin), Pjotr Vorobjev (Frankfurt), Hans Zach (Kassel Huskies), Jarmo Tolvanen (Kaufbeuren) und Bernie Johnston (Landshut).

Die „Finnen-Saison" der Frankfurt Lions

16 Mannschaften gingen in der ersten Saison nach dem Bosman-Urteil an den Start. Gegenüber dem Vorjahr neu dabei: die Wedemark Scorpions. Nicht mehr im Rennen: die ESG Füchse Sachsen, der EC Hannover sowie der SC Riessersee. Sechs neue Trainer versuchten sich in einer DEL, in der plötzlich die Importspieler die Mehrzahl stellten. Es war aber zunächst

„Hire&Fire" in der statistischen Übersicht

Die Statistik zeigt: In der DEL wird nicht lange gefackelt, wenn sich sportlicher Erfolg nicht einstellen will. Vor der Saison 2003/04 wurde nur ein Trainer ausgetauscht, so wenig wie nie zuvor. Die Hire-and-Fire-Statistik jeder der bisher zehn DEL-Saisons.

Saison	*Trainer zu Saisonbeginn*	*Wechsel während Saison**	*Wechsel nach Saison*
1994-95	18	7	6
1995-96	18	7	5
1996-97	16	6	4
1997-98	16	11	6
1998-99	14	4**	5
1999-00	15	5	6
2000-01	16	11	5
2001-02	16	8	5
2002-03	14	8	6
2003-04	14	7	1

*ohne Interimstrainer
**Mike Zettel (Revier Löwen) hatte um Vertragsauflösung aus privaten Gründen gebeten

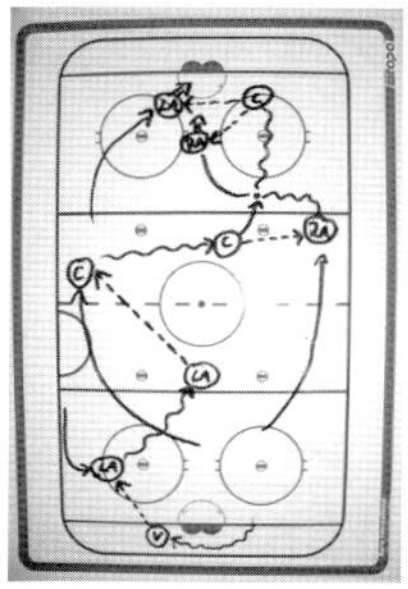

ein in Deutschland und international erfolgreicher Trainer, der seinen Hut nehmen musste. Hardy Nilsson, der Schwede, der 1995 bei der Düsseldorfer EG den geschassten Hans Zach ersetzte und prompt Meister wurde, wurde kurioserweise von seinem Vorgänger abgelöst. Nach nur elf Spieltagen war Schluss mit lustig bei der DEG, als es zuhause ein 0:4 gegen den EV Landshut setzte. Nur neun Punkte hatte Nilsson als amtierender Meister mit dem Team geholt, drei Niederlagen in Folge machten den Weg frei für Zach, der zu Beginn der Saison ohne Job geblieben war. Zach startete eine Aufholjagd, in den verbleibenden 37 Begegnungen schaffte die DEG noch 49 Punkte auf die Habenseite, für einen Play-Off-Platz reichte es nicht mehr. Woanders lief eine echte DEL-Posse ab. Noch heute erinnern sich die Fans der Frankfurt Lions mit Schmunzeln oder eher mit breitem Grinsen an die Saison 96/97 zurück. Für die Frankfurt Lions, im Jahr zuvor mit großen Ambitionen - immerhin mit NHL-Spieler Robert Reichel - angetreten, aber zum zweiten Mal in Folge im Achtelfinale an den Kassel Huskies gescheitert, sollte endlich eine Erfolgssaison kommen. Dazu wurde der finnische Trainer Pentti Matikainen geholt. Seit 1981 war er in der finnischen Spitzenliga tätig, coachte zwei Jahre die finnische U20-Nationalmannschaft und war von 1988 bis 1993 Chefcoach des finnischen Nationalteams. Matikainen brachte gleich sechs Landsleute mit und versicherte den Machern in Frankfurt, dass er die besten Finnen im Gepäck habe. Und dann begann, was als „Finnen-Saison" in Frankfurt bekannt ist. Zunächst ging es aber vielversprechend los, die Lions holten sieben Punkte aus den ersten fünf Spielen, doch in den folgenden fünf Partien blieb nur ein Pünktchen hängen. Danach wechselten sich Sieg und Niederlage ab, die Konstanz fehlte. Aber der Finne Matikainen hatte es bestens drauf, der Frankfurter Geschäftsführerin Gisela Thomas plausibel zu machen, woran es haperte, ohne dass er seinen Hut hatte nehmen müssen. Im Gegenteil: Er leierte der Geschäftsführerin weitere D-Mark aus dem Ärmel, mit Joni Letho, Dave Archibald, Brad Jones und Andrei Lomakin wurden vier teuere Spieler geholt, die das Ruder auch nicht mehr herumreißen konnten. Spät, viel zu spät, gab die Geschäftsführerin ihr Amt ab, sogleich wurde auch der Trainer entlassen. Peter Obresa, bis dahin Co-Trainer, übernahm am 31. Januar 1997. In zehn Spielen holte er noch zwölf Zähler. Matikainen hatte aber zuvor zuviel vergeigt: In den 38 Matches vor Obresas Einsatz hatte der Finne nur 35 Punkte ergattern können. Für die Play-Offs zu wenig. Ein weiterer Trainerwechsel fand in Landshut statt. Vor der Saison hatte der Finne Timo Sutinen den Kanadier Bernie Johnston nach

»Wir brauchen endlich einen Gegner, der uns Feuer unterm Hintern macht.«

Lions-Trainer Bernie Johnston im Januar 1999, als sein Team unangefochten auf dem ersten Tabellenplatz rangierte. Nach dieser Aussage setzte es Niederlagen in Serie.

Bob Murdoch startete 1994 mit den Maddogs München in die DEL-Ära, aber der Klub musste sich nach nur 27 Spielen vom Spielbetrieb zurückziehen. Murdoch wechselte nach Köln und wurde mit den Haien 1995 Meister.

dreijähriger Tätigkeit abgelöst. Aber die erfolgsverwöhnten Landshuter konnte Sutinen nicht befriedigen. Mit Wayne Fleming kam die Ablöse und die wahrscheinlich entscheidende Wende. Unter Sutinen hatte die Mannschaft in 32 Spielen lediglich 38 Zähler geholt und die Meisterrunde verpasst. Zwei Spieltage nach Beginn der Qualifikationsrunde (gesucht wurden zwei Teams, die in den Play-Offs zu den sechs Meisterrundenmannschaften stießen) übernahm Fleming und startete durch: In elf Spielen in Serie holte der Kanadier mit seinem Team Punkte, siegte dabei neunmal. 26 Punkte aus 16 Partien, nur zwei Niederlagen dabei, das konnte sich mehr als sehen lassen. Aber eine Vertragsverlängerung folgte nicht. Denn Fleming wechselte in die NHL und schloss sich dem Trainerstab der New York Islanders an.

Nicht gut lief es auch bei den Nürnberg Ice Tigers. Auf Jan Eysselt folgte zunächst Interimstrainer Richard Neubauer, ehe Wladimir Wassiljew am 14. November 1996 übernahm. Die Notbremse wurde zu spät gezogen. Bis dahin hatte der fränkische Klub lediglich sechs Punkte geholt in 14 Spielen. Mit Wassiljew lief es nicht besser: 19 Punkte waren es noch bis Saisonende, die die Ice Tigers einfuhren. Ganz abenteuerlich wurde es in Ratingen. Mit Bill Lochead ging der Klub in die Saison, aber es hagelte Niederlagen. Manfred Wolf wurde kurzzeitig als Interimstrainer eingesetzt, dann wurde Dan Hober „entdeckt": Angeblich soll Manager Stefan Dittmann Hober beim Durchblättern alter Eishockey-Magazine erspäht und für qualifiziert gehalten haben. Aber Hober war nicht qualifiziert für die DEL, was seine Ausbeute von einem Punkt aus 15 Spielen widerspiegelt. So kam es, dass tatsächlich Bill Lochead wieder das Traineramt übernehmen durfte. Am Ende standen 22 Zähler auf der Habenseite, was den letzten Platz bedeutete. Nach der Saison räumten dann noch die Kollegen Hans Zach (DEG), Bob Murdoch (Köln), Bill Lochead (Ratingen) und Bob Burns (Schwenningen) ihre Plätze.

Elf Trainer mussten 97/98 gehen

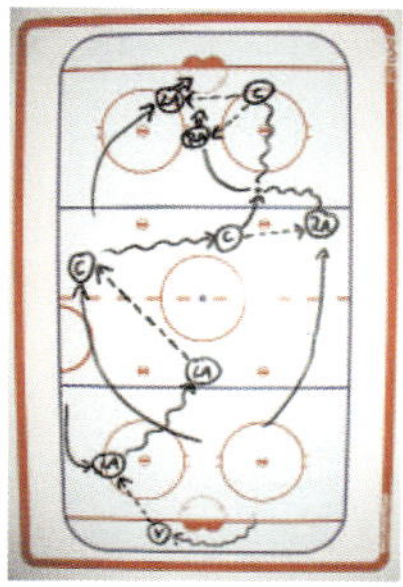

Mit Chris Valentine (Düsseldorf), Guy Charron (Landshut), Robert Barnes (Revier Löwen) und Ron Ivany (Schwenningen) gingen lediglich vier neue Trainer in der Saison 97/98 ins Rennen. Wie in jedem Jahr aber blieben nicht alle 16 Trainer im Sattel. Gary Prior, der über zwei Jahre die Geschicke der Augsburger Panther geleitet hatte, musste sich nach gut zwei Dritteln der Saison verabschieden. Sein Nachfolger Ricki Alexander gewann mit der Truppe von zwölf Begegnungen immerhin noch sieben. In Berlin bei den Capitals traf es Peter Ustorf, der durch Michael Komma ersetzt wurde. Zu spät, wie Torwart Klaus Merk anmerkte: „Zwei Wochen früher den Trainer getauscht und wir hätten sogar noch die Meisterrunde erreicht." Auch beim Nachbarn Eisbären Berlin wurde gehandelt: Ron Kennedy, im Vorjahr noch hoch gelobt, weil er die Eisbären von ganz unten nach ganz oben geführt hatte und erst im Halbfinale gescheitert war, wurde kurz vor Ende der Vorrunde gegen Peter John Lee ausgetauscht. Das Resultat: Erst im Finale mussten sich die Eisbären geschlagen geben. Spät handelten auch die Frankfurt Lions in der Saison. Nach einer herausragenden Vorrunde musste Trainer Peter Obresa in der Meisterrunde sein Amt niederlegen, weil die Mannschaft auswärts nicht punktete: Von den 20 Meisterrundenspielen wurden nur drei gewonnen, zwei davon unter der Regie des neuen Chefcoaches Bernie Johnston. Beim hessischen Rivalen der Lions, den Kassel Huskies, kam dagegen nach der vorjährigen Finalteilnahme gehörig Sand ins Getriebe. Der zweite Trainer, der in der Spielzeit 97/98 entlassen wurde, war Kassels Gerhard Brunner. Und das nach nur vier Spieltagen (vier Niederlagen, 11:25 Tore), dann kam Bill Lochead. Auch er konnte das Ruder nicht mehr herumreißen, die Huskies blieben erstmalig in ihrer DEL-Zugehörigkeit ohne Play-Off-Teilnahme. Ähnlich ging es in Kaufbeuren zu, wo allerdings schon nach 15 Spielen in der Saison Schluss war. Zwei Spiele nur stand Tom Coolen als Chef an der Bande (1:6 und 3:5), dann handelten die Gesellschafter. „Das waren beinahe Gestapo-Methoden", bemerkte Coolen, der nach 22 Uhr von zwei Adler-Verantwortlichen zuhause abgeholt und in die Geschäftsstelle gefahren wurde und dort die Entlassung überreicht bekam. Neuer Mann an der Bande wurde für die restlichen 13 Spiele Willie Desjardins. Auch relativ früh in der Saison wurde Nürnbergs Wladimir Wassiljew entlassen. Im November zog der Klub die Notbremse und ersetzte ihn durch Peter Ihnacak. Am 12. Dezember 1997 wurde Kevin Primeau von den Kölner Haien entlassen. In 23 Spielen hatte er mit den Haien zwölf Siege eingefahren und sieben Niederlagen bei vier Remis. Sein Nachfolger

»Glenn Williamson ist der beste Trainer, den die Eisbären je hatten.«

Eisbären-Marketingchef Billy Flynn vor der Saison 2000/01 über den neuen Coach des Klubs, der dann in der Saison schnell das Weite suchen musste.

wurde Timo Lahtinen, dessen Bilanz kaum besser war mit 14 Siegen, neun Niederlagen und zwei Remis. Folgerichtig schieden die Haie bereits im Viertelfinale in drei Spielen aus. Später, am 11. Januar 1998, kam es in Krefeld zu einer Neuerung. Miro Berek, gegen den sich angeblich bereits im Oktober zuvor die Mannschaft intern ausgesprochen hatte und der in den nachfolgenden Wochen und Monaten von Seiten der Medien starken Gegenwind zu spüren bekommen hatte, wurde gegen Gary Clark ausgetauscht. Bereks Bilanz: 15 Siege, drei Remis und 14 Niederlagen - ein positives Punktekonto. Clark hingegen konnte keine neuen Impulse setzen, im Gegenteil. Drei Siege, drei Remis und sechs Niederlagen sprangen noch in der Qualifikationsrunde heraus, in den Qualifikations-Play-Offs jedoch setzten sich die Pinguine gegen Kassel und Schwenningen durch, ehe sie dann in den Meister-Play-Offs sogleich rausflogen. Ganz und gar nicht lief es bei den Revier Löwen in Oberhausen. Viel hatten sie sich vorgenommen, der Kader war bestückt mit NHL-Legionären, die allerdings Trainer Robert Barnes schnell auf der Nase herumtanzten. Im Dezember 1997 knallte es an allen Ecken und Enden, den Spielern wurde freigestellt, den Klub zu verlassen, Barnes wurde gegen Mike Zettel ausgetauscht, die Revier Löwen beendeten die Saison schließlich als Vorletzter. Katastrophal verlief die Saison auch in Rosenheim. Nach der Vorrunde standen sieben Punkte aus 28 Spielen auf der Habenseite, am Ende der Gesamtsaison waren es 15 Zähler. Lange wurde an Coach Gary Clark festgehalten, der schließlich durch Gerhard Brunner ersetzt wurde.

»Wir besitzen die beste Mannschaft, die je Rosenheimer Eis betreten hat.«

Rosenheims Manager Walter Schlosser kurz vor Beginn der Saison 97/98. Die Star Bulls belegten Platz 15 nach der Vorrunde mit sieben Punkten, nach Ende der Qualifikationsrunde und 44 Spieltagen standen 15 Punkte zu Buche.

DEL-Bestmarke: Nur drei Trainer entlassen

Neue Saison, neues Glück. Vor der Spielzeit 98/99 wurden bei sechs Klubs die Trainer ausgetauscht bei den inzwischen 14 Teams. Kurz nach Saisonbeginn rappelte es bereits in Frankfurt, die mit Bob Manno einen neuen Trainer eingestellt hatten. Mitte Oktober 1998 hatte Manno die Lions plötzlich Hals über Kopf verlassen, dabei war seine Bilanz mit acht Siegen und drei Niederlagen sicherlich alles andere als schlecht. Offiziell ging er wegen Heimweh und familiärer Bande. Fakt aber war, dass Manno auch den Stars im Team mal die Meinung gegeigt hatte und er sich mit Manager Bernie Johnston nicht grün gewesen war. Johnston selbst übernahm das

»Cher hat zu mir gesagt: Das hebst du dir für später in meinem Hotelzimmer auf.«

Augsburgs Coach Gunnar Leidborg auf die Frage, warum er beim TV-Auftritt der Panther bei der Sendung "Wetten, dass...?" nicht mit seiner Mannschaft mitgestrippt hatte.

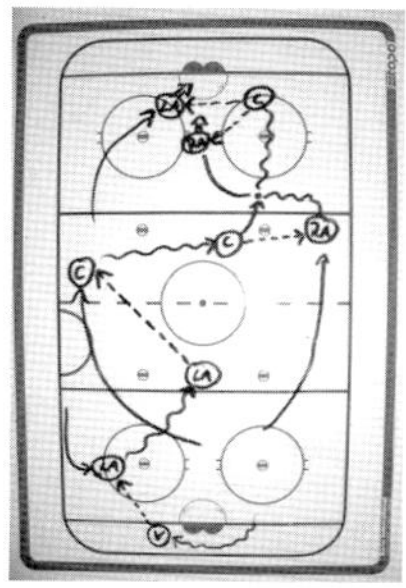

Ruder und tatsächlich spielte die Mannschaft fortan überragend und führte das Teilnehmerfeld zwischenzeitlich mit weitem Abstand an. Bereits im Dezember waren sich alle sicher: Die Lions werden Meister. Bis zum 8. Januar 1999 lief es noch rund bei den Lions, dann machten sich Verschleißerscheinungen bemerkbar und plötzlich setzte es bis Saisonende 13 Niederlagen aus 17 Spielen. Gegen Ende der Vorrunde wurde Johnston von Ricki Alexander abgelöst, unter dem zwar eine Steigerung zu erkennen war, aber im Halbfinale mussten sich die Lions glatt geschlagen geben. Rund ging es auch in Köln. Nachdem Sportdirektor Miro Sikora im Dezember sein Amt niederlegte, folgte schnell auch Trainer Timo Lahtinen, sein Nachfolger: Bob Leslie. Mit ihm lief es bedeutend besser, auch wenn die Haie in einer bemerkenswerten Viertelfinalserie in fünf Spielen in den Play-Offs gegen die Frankfurt Lions ausschieden. In Oberhausen trennten sich die Revier Löwen von Mike Zettel, allerdings auf dessen Wunsch, weil seine schwerkranke Frau verstorben war. Bereits vor der Saison hatte die Vorbereitung fast komplett ohne Zettel stattgefunden. Mit Jiri Kochta kam frischer Wind auf, auch wenn es dabei blieb: Die Revier Löwen holten auswärts in der Saison 98/99 nicht einen Punkt. Eine Rekordmarke, die noch heute Bestand hat. Insgesamt wurden nur drei Trainer in dieser fünften DEL-Saison entlassen, so wenige wie nie zuvor.

Ein Meistermacher wechselt den Klub

Die Saison 1999/2000 brachte bemerkenswerte Änderungen mit sich. Der EV Landshut hatte sich mit großem Schuldenstand aus der DEL verabschieden müssen, die Lizenz wanderte nach München, wo die Barons ihre

·mtswürden

ɔnstanz auf der Trainerposition wurde nicht gerade groß geschrieben in der bisher zehnjährigen DEL-ɘschichte. Immer wieder wurden Trainer ausgetauscht, keiner stand vom Beginn 1994 bis 2004 ununter-ochen an ein und derselben Bande. Dennoch, einige Trainer haben sich mit guter Arbeit auch mal nger halten können. Die Liste der Coaches mit der längsten Amtszeit bei einem Klub (nur DEL) ohne nterbrechung.

	Zeit	*Saisons*	*Meisterschaften*	*größter Erfolg*
nce Nethery (Adler Mannheim)	1994 bis 2000	6	3	Meister
ɪns Zach (Kassel Huskies)	1998 bis 2002	4	-	Halbfinale
ıl Stewart (Adler Mannheim)	2000 bis 01/2004	4	1	Meister
ɛvin Gaudet (Hannover Scorpions)	1996 bis 02/2000	4	-	Viertelfinale
an Simpson (München Barons/ ɪmburg Freezers)	1999 bis 2003	4	1	Meister
eg Poss (Iserlohn Roosters)	2000 bis 2003	3	-	Platz 9

Hardy Nilsson führte die DEG 1996 zur bislang einzigen DEL-Meisterschaft. Der Schwede wurde in der folgenden Saison von seinem Vorgänger Hans Zach hinter der Bande abgelöst.

erste Saison austrugen. Mit gingen zwar acht Spieler, aber nicht der Trainer. Sean Simpson übernahm, während der vorjährige Landshuter Coach Chris Valentine nach Mannheim wechselte. Dort war nach fünf Jahren die Amtszeit von Lance Nethery zu Ende gegangen, der mit den Adlern dreimal in Folge den Titel geholt hatte. Die Kölner Haie hatten Nethery gelockt, der die Mannschaft endlich zum zweiten DEL-Titel nach 1995 führen sollte. Einen Trainerneuling durfte die Liga begrüßen, der in den folgenden Jahren noch DEL-Geschichte schreiben sollte: Rich Chernomaz hatte seine Karriere als Spieler beendet und ging in Schwenningen als Chefcoach an den Start. Neu waren auch die Moskitos Essen, so dass die Liga aus 15 Teams bestand. Während der Saison mussten dann fünf der 15 Coaches ihren Hut nehmen. Am effizientesten war der Trainertausch bei den Revier Löwen Oberhausen, die mit Gunnar Leidborg für Jiri Kochta eine Aufholjagd hinlegten und noch die rote Laterne an Neuling Moskitos Essen abgaben, obwohl der Unterschied zwischenzeitlich 20 Punkte betragen hatte. In Wedemark bei den Hannover Scorpions ging dagegen eine Ära zu Ende: Kevin Gaudet wurde durch den Schweden Curt Lindström ersetzt. Gaudet stand fast neun Jahre an der Bande der Scorpions, die anhaltende Erfolglosigkeit jedoch forderte ihren Tribut. In Rosenheim ging die Ära von Gerhard Brunner mit seinem Wechsel mitten in der Saison nach Düsseldorf (Sportdirektor) zu Ende. Die Star Bulls waren in finanzielle Nöte geraten, Brunner verließ das sinkende Schiff vor dessen Untergang. Aus sportlichen Gründen wurden die Trainer in Nürnberg und Berlin entlassen. Peter Ihnacak musste kurz vor Weihnachten 1999 die Ice Tigers verlassen, persönliche Differenzen kamen ebenso ins Spiel. Ihnacak hatte bei einer Heimreise von einem Auswärtsspiel Nürnbergs Präsidenten Herbert Frey und Manager Otto Sykora beschimpft. Sein Nachfolger wurde Bob Murdoch. In Frankfurt wurde auch mal wieder getauscht: Im November 1999 übernahm Assistent Peter Obresa, löste Ricki Alexander ab. Bei den Eisbären Berlin wurde der Trainerwechsel erst Ende Januar 2000 vollzogen. Viel zu spät, wie das Management selbst später zugab. Mit Kent Forsberg wurde ein international erfahrener und höchst anerkannter Coach verpflichtet, der jedoch einen folgenschweren Fehler beging und in der Länderspielpause derart viel auf Kraft und Kondition trainierte, dass seine Truppe sich davon nicht mehr erholte - wie er auch später zugab.

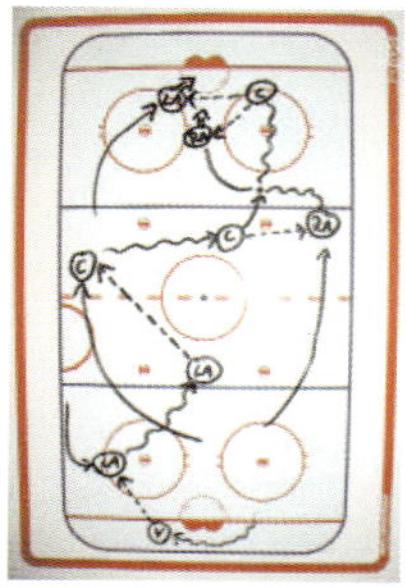

Kompetenzgerangel

Erneut wurde die DEL vor der Saison 2000/01 aufgestockt. 16 Teams nahmen den Kampf um die Meisterschaft auf. Neue Trainer hatten sich bei sechs Mannschaften eingefunden (zudem in Düsseldorf Gerhard Brunner für Czeslaw Panek, der mit der DEG den Aufstieg geschafft hatte), dazu kamen mit den Iserlohn Roosters und DEL-Rückkehrer Düsseldorfer EG zwei neue Teams, während sich die Star Bulls Rosenheim verabschiedet hatten. Am schnellsten ging es in Augsburg, wo Bob Manno nach 14 Spielen entlassen wurde. Nach einer 0:10-Schlappe ausgerechnet

Der erfolgreichste Traner der DEL: Lance Nethery und der Meisterpokal 1997. Zwei weitere Meisterschaften mit den Adler Mannheim sollten folgen, 2002 mit den Kölner Haien und 2004 mit den Frankfurt Lions wurde Nethery Meister in der Managerposition.

beim Lokalrivalen München Barons war die Zeit von Manno beendet; dessen Bilanz: vier Siege bei zehn Niederlagen. Danny Naud wurde neuer Chef an der Bande, rückte vom Assistenzposten auf den Chefsessel. Auch wenn er zunächst mit fünf Niederlagen keinen guten Einstand feierte, die Panther schlugen sich in der Folgezeit besser. 22 Siege standen 24 Niederlagen gegenüber, klar, dass die Play-Offs nicht erreicht wurden. Anfang November traf es in Berlin Michael Komma. Nicht etwa aus sportlichen Gründen, im Gegenteil, die Capitals standen zwischenzeitlich zwei Wochen lang auf Platz eins der Tabelle. Bis Ende Oktober und kurz vor der Entlassung Kommas hatten die Caps zwölfmal gewonnen und nur sechsmal verloren. Das Problem: Kompetenzgerangel zwischen den gleich drei Managern Roger Wittmann, Rob Cimetta und Lutz Schirmer, denen zudem mit Lorenz Funk ein Sportdirektor zur Seite gestellt worden war. Chris Valentine wurde verpflichtet, doch nach nur vier Monaten war dessen Amtszeit bereits wieder beendet. Pavel Gross und Karel Slanina übernahmen das Traineramt. Der Abschied von Valentine kam ausgerechnet, nachdem dieser sich öffentlich darüber beschwert hatte, dass Gehälter seiner Spieler ausstehen würden, so dass die gleichzeitig einhergehende sportliche Talfahrt nicht verwunderlich sei. Ein ähnliches Fiasko, wenn auch ohne die finanziellen Probleme, erlebten die Nachbarn Eisbären Berlin. Glenn Williamson war der neue Coach zu Saisonbeginn, der zuvor schon einmal in der DEL als Assistent tätig gewesen war (1996 beim EV Landshut). Der ehemalige Co-Trainer des NHL-Teams Winnipeg Jets hatte bei den Eisbären aber von Beginn an keinen guten Stand. Zehn Spiele dauerte es, da hätten die Fans der Eisbären den Bandenchef am liebsten verabschiedet. Es wurden sogar Flugblatt-Aktionen initiiert, Streiks organisiert und Protestschreiben veröffentlicht. Uli Egen wurde schließlich ins Amt befördert, die Eisbären-Saison endete ohne Play-Off-Teilnahme. Seit 1994 war Jan Benda im Amt des Cheftrainers bei den Moskitos Essen. Nach dem ersten Jahr, in dem die Moskitos auf Rang 15 nach der Vorrunde (Tabellenletzter) einliefen, hatte die Klubführung Benda noch zugestanden, als DEL-Neuling eben auch

»Wenn in der entscheidenden Saisonphase nicht ein paar Hosenscheißer in der Mannschaft gewesen wären, hätten wir durchaus die Meister-Play-Offs erreichen können.«

Nürnbergs Präsident Herbert Frey in der Saison 97/98 nach dem Ausscheiden gegen Schwenningen in den Quali-Play-Offs.

»Ich bin nicht gekommen, damit Frankfurt wieder im Achtelfinale ausscheidet.«

Der Frankfurter Trainer Pentti Matikainen vor der Saison 96/97 bei seinem Amtsantritt in Frankfurt. Die Lions erreichten die Play-Offs erst gar nicht. Ohnehin: Im dritten DEL-Spieljahr wurden die Play-Offs ohne Achtelfinale ausgetragen…

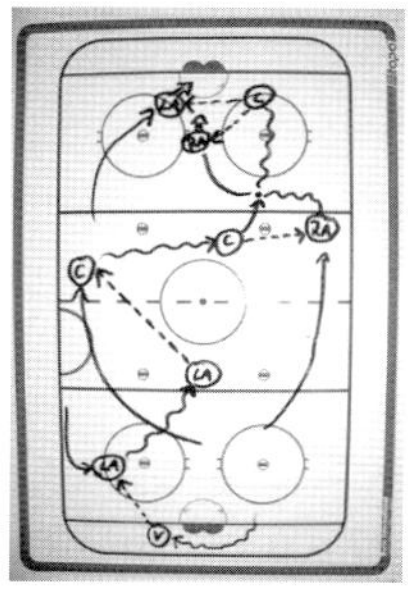

Fehler machen zu können. Im zweiten Jahr zog Benda selbst die Notbremse. Nach 28 Spielen warf er das Handtuch, bis dahin hatte er mit der Mannschaft zwölf Siege eingefahren, aufgrund solcher Spieler wie Esa Tikkanen, Scott Pearson oder Ralph Intranuovo den Fans aber viel zu wenig. Ein ehemaliger DEL-Coach übernahm prompt: Mike Zettel. Ihm gelangen jedoch zunächst aus den ersten zehn Spielen nur zwei Siege, in den insgesamt unter ihm ausgetragenen 32 Spielen feierten die Moskitos lediglich zehn Siege. Im Trainerkarussell mischten in dieser Saison auch wieder die Frankfurt Lions mit. Auf Peter Obresa folgte Anfang Januar Blair McDonald, mit dem die Mannschaft zwar erfolgreicher spielte, aber die falsche Personalpolitik vor der Saison konnte auch er nicht überwinden. Ebenso im Januar 2001 wurde ein Trainerwechsel in der Wedemark vorgenommen. Bei den dortigen Scorpions hatte Kevin Gaudet das Amt zu Saisonbeginn wieder übernommen, nachdem er während der Vorsaison abgesetzt worden war. Anfang 2001 übernahm der Schwede Olle Öst, dessen Engagement unter dem Motto „Aufschwung Öst" bekannt wurde. Mit ihm überwand die Mannschaft einen Acht-Punkte-Rückstand auf die Play-Off-Plätze und erreichte schließlich Rang sieben. Zum zweiten Mal in der DEL-Geschichte der Hannover beziehungsweise Wedemark Scorpions schaffte der Klub den Sprung in die Meisterrunde. Und schlug dort sensationell die Kölner Haie, um erst im Halbfinale auszuscheiden. Spät in der Saison hatten zuvor die Haie reagiert, als sie ihren Trainer Bob Leslie am 24. Januar aus dem Amt beförderten. 71 Punkte hatte Leslie mit den Haien aus 41 Partien geholt. Nachfolger wurde Manager Lance Nethery, der in den verbleibenden 19 Begegnungen zwölf Siege erreichte, in den sieben Niederlagen zudem noch fünfmal punktete, erst nach Penaltyschießen verlor. 41 Zähler aus 19 Partien - eine hervorragende Ausbeute. Das Aus gegen die Hannover Scorpions in den Play-Offs kam dann nach zuvor sechs Siegen in Folge am Ende der Vorrunde völlig überraschend. In Krefeld hatten die Verantwortlichen lange, bis Anfang März 2001, gewartet, bis sie Doug Mason raus warfen. Nachfolger Harald Vasilievs konnte so spät in der Saison nichts mehr ausrichten. In zehn Jahren DEL-Zugehörigkeit blieb die Saison 2000/01 die einzige, in der die Krefelder nicht die Play-Offs erreichten. Die beste Saison ihrer DEL-Zugehörigkeit als EC Ratingen sowie Revier Löwen Oberhausen feierte der Klub aus dem Ruhrpott. Kurzzeitig Spitzenreiter, erreichten sie später auf Rang sechs die Play-Offs. Das jedoch ging alles nicht ohne Querelen über die Bühne. Zunächst hatte Gunnar Leidborg im Januar 2001 darum gebeten, seinen Vertrag, der bis zum Ende

»Vor dem Spiel ging das Klo kaputt. Da wusste ich sofort, dass es ein Scheißspiel wird.«

Oberhausens Coach Gunnar Leidborg in der Saison 2000/01 nach einer 3:7-Schlappe seines Teams in Frankfurt.

der Saison 2001/02 gelaufen wäre, um ein Jahr zu verkürzen. Nach dem ersten Play-Off-Spiel im März, das die Revier Löwen 2:4 verloren hatten, feuerte Geschäftsführer Helmut Guth Leidborg und setzte Peter Draisaitl an dessen Stelle. Der ehemalige Nationalspieler konnte aber ebenso nur noch zwei Niederlagen und das Aus seines Teams quittieren.

Das Aus kam noch vor dem Saisonstart

Erneut nahmen in der Spielzeit 2001/02 16 Teams den Kampf um die Meisterschaft auf. Die Wechsellust vor der Saison war verhältnismäßig gering, nur vier neue Trainer wurden verpflichtet. Es kam jedoch zum schnellsten Rauswurf in der bisherigen DEL-Geschichte: Dieter Frenzel wurde von den Hannover Scorpions seines Amtes enthoben, noch bevor die Saison begann. Nur 21 Tage war Frenzel im Amt, die Mannschaft hatte sich gegen den Trainer ausgesprochen, dann sollte Peter Ihnacak die Scorpions zum Erfolg führen. Damit war das Hickhack in Hannover allerdings auch noch nicht beendet. Im November darauf wurde Ihnacak entlassen, es kam Christer Abrahamsson. Was durchaus einen positiven Effekt hatte: Nach Weihnachten legten die Scorpions los wie die Feuerwehr. Der Abstand auf die Play-Off-Ränge wurde von 22 auf nur noch vier Punkte verkürzt, am Ende aber standen die Scorpions dennoch ohne Play-Offs da, weil sie von den letzten fünf Saisonspielen keines mehr gewinnen konnten. Zuvor hatten sie während einer 18 Spiele anhaltenden Erfolgsstrecke 15 Partien für sich entscheiden können. Vor Ihnacak wurden im Oktober 2001 bereits drei weitere Coaches entlassen. Zunächst traf es Blair MacDonald in Frankfurt, der den hohen Erwartungen einfach nicht gerecht werden konnte. Acht Spiele währte seine Amtszeit, nur einen Sieg hatte er errungen. Für ihn kam Co-Trainer Doug Bradley auf den Chefsessel. Kurioser ging es bei den DEG Metro Stars zu. Mit Gerhard Brunner als Trainer und Michael Komma als Manager war der Klub in die Saison gestartet. Es kam zum Rollentausch: Komma wechselte auf den Trainerstuhl, Brunner wurde zum Sportlichen Leiter ernannt. Brunners Bilanz: acht Punkte aus zehn Spielen (sieben Niederlagen). Komma holte in den folgenden 50 Begegnungen 80 Punkte und verpasste um lediglich drei Zähler die Play-Offs. Bei den Moskitos Essen lief es auch im dritten DEL-Jahr nicht. Die Mannschaft hatte sich gegen Mike Zettel ausgesprochen, der Mitte Oktober Platz machen musste für Paulin Bordeleau. Im Dezember 2001 folgte auf die bisherigen vier Trainerentlassungen wäh-

»Seit fast 50 Jahren vertrete ich immer meine Meinung. Meine Erfahrung lehrt mich aber diesmal, zu diesem Thema keine Meinung zu haben.«

Kassels Trainer Hans Zach nach einem Spiel seiner Huskies im Januar 2001 in Hannover über die Leistung der zwei eingesetzten Hauptschiedsrichter.

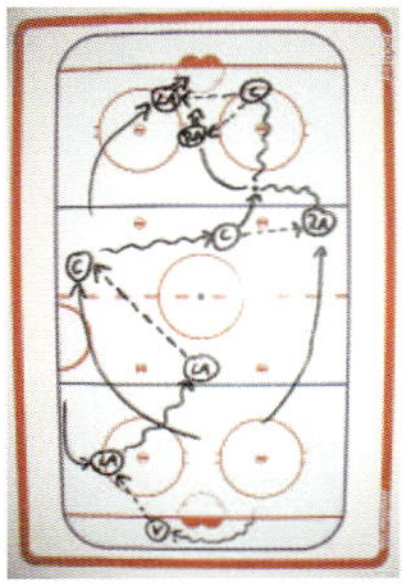

rend der Saison in Oberhausen mit Peter Draisaitls Rausschmiss die fünfte. Kopfschüttelnd mussten die Fans die Entscheidung des Klubs am 17. Dezember hinnehmen, denn zu diesem Zeitpunkt rangierten die Revier Löwen auf Platz acht. Die Nachfolge trat der im Oktober zuvor rausgeworfene Mike Zettel an. Der Klub wäre gut beraten gewesen, hätte er die Trainer nicht getauscht. Draisaitl hatte in 34 Partien 47 Punkte eingefahren, befand sich auf Play-Off-Kurs. Mit Zettel holten die Revier Löwen in den verbleibenden 26 Begegnungen noch 23 Zähler und fielen zurück auf Rang 13. Mitte Januar folgte die Entlassung von Lance Nethery in Köln als Trainer bei den Haien. Manager blieb er - zunächst. 75 Punkte hatte Nethery geholt in 50 Spielen, vor allem aber die zwölf Heimniederlagen wurmten die Klubführung. Daraufhin wurde Rich Chernomaz vom Assistenten zum Chefcoach ernannt, weil sich im Januar 2002 kaum Alternativen anboten. Chernomaz griff durch, holte noch 18 Zähler aus den letzten zehn Spielen und spornte die Mannschaft in den Play-Offs zur Höchstleistung an - die Haie wurden Meister. Ebenso im Januar wurden in Berlin und Frankfurt Trainer nach Hause geschickt. Uli Egen musste bei den Eisbären gehen, es kam Pierre Pagé. In Frankfurt tauschten Doug Bradley und Butch Goring die Plätze.

Hans Zach feierte seine vorerst letzte Meisterschaft 1993 mit der Düsseldorfer EG. Zuvor war der ebenso sechs Jahre als Bundestrainer tätige Zach bereits Meister 1991 und 1992, ebenso mit der DEG. Mit den Kölner Haien, bei denen er seit 2002 beschäftigt ist, erreichte er gleich im ersten Jahr als Trainer das Finale, verlor aber mit seinem Team gegen die Krefeld Pinguine.

Ein Spiel - ein Sieg

Nach dem Aus der Moskitos Essen und Berlin Capitals begannen 14 statt 16 Teams die Saison

Butch Goring wurde mit den Krefeld Pinguinen 2003 sensationell Deutscher Meister, dann aber folgte die frühzeitige Entlassung in der Anschlusssaison. In der NHL absolvierte er als Spieler über 1200 Spiele, gewann viermal den Stanley Cup und stand nach seiner Spielerkarriere vier Jahre als Chefcoach in der NHL hinter der Bande.

2002/03. Neue Trainer hatten die Klubs aus Frankfurt, Kassel, Köln, Schwenningen und Nürnberg aufgeboten. Kaum vier Wochen waren in der Spielzeit absolviert, da musste der erste Trainer gehen. Neun Niederlagen in zehn Spielen, das war selbst den ohne große Ansprüche in die Saison gestarteten Schwenninger Wild Wings zu hart. Für Tom Pokel kam Bederich Pastyrik, ein Trainer aus dem Nachwuchs des SERC. Für mehr hatte das Geld einfach nicht gereicht. Später, im Dezember, ersetzte Danny Held den DEL-Neuling. Nur wenig später erwischte es in Hannover Christer Abrahamsson, Paulin Bordeleau wurde engagiert. 15 Spiele hatte Abrahamsson geleitet, die Scorpions standen auf Platz sieben mit 21 Zählern. Sein Nachfolger blieb für 30 Partien (zehn Siege, 32 Punkte), ehe Siggi Reiss übernahm. Dessen Bilanz: ein Spiel - ein Sieg. Denn nur kurz nach seinem Amtsantritt wurde Reiss krank und musste sein Amt ablegen. Mats Weiderstal wurde zum Chef ernannt und holte immerhin noch 13 Punkte aus den verbleibenden sechs Spielen, womit sich die Scorpions vor einem drohenden Abstiegsplatz retteten. Am 18. November wurde in Augsburg Dany Naud entlassen. Zunächst hatte die Saison so gut begonnen für die Panther, die zwischenzeitlich Tabellenführer waren. Ende September aber begann eine fatale Niederlagenserie mit elf Pleiten (sowie dem Aus im DEB-Pokal) und die Panther rutschten immer weiter ab in der Tabelle. Für Naud kam Rich Chernomaz, der Meistermacher der Kölner Haie aus der Saison zuvor. Für die Play-Offs reichte es nicht mehr. Gehandelt wurde auch in Krefeld: Am 5. Dezember wurde Butch Goring als Coach engagiert. Zuvor, am 20. November, hatten ihn die Pinguine bereits als Sportdirektor eingestellt. Wohl wissend, dass es nur eine Frage der Zeit sein würde, bis Coach Chris Valentine Platz machen müsse. Nicht, dass der neue Mann an der Bande viel bewegt hätte in den verbleibenden Partien der Vorrunde. Es blieb dabei, die Pinguine spielten inkonstant, Sieg und Niederlage lösten sich ab. In den Play-Offs jedoch setzten sie sich durch, bis der erste Titelgewinn einer Krefelder Mannschaft nach 51 Jahren dingfest gemacht wurde. Eine Ära ging zudem in

»Wir sind vom Scheißhaus ins Penthouse umgezogen.«

Eisbären-Manager Lorenz Funk 1998, nachdem das Team zweimal auf Platz 17 in der DEL landete und dann das Halbfinale sowie 1998 das Finale erreichte.

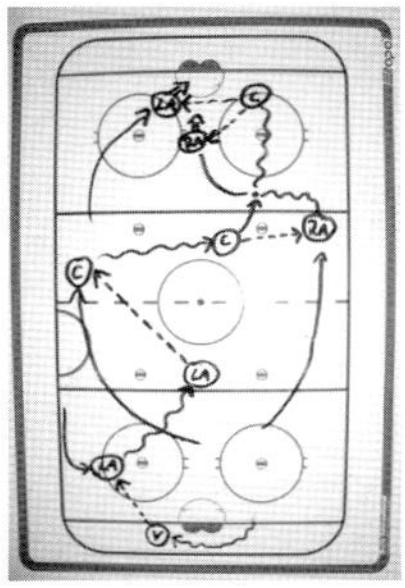

Ingolstadt zu Ende. Jim Boni trat im Januar als Trainer zurück, Olle Öst wurde engagiert. In den 16 noch verbleibenden Partien der Vorrunde holte Öst noch 33 Punkte, nur fünf Niederlagen gab es zu verzeichnen, davon nur drei ohne Punktgewinn. Boni hatte in 36 Spielen zuvor 32 Punkte geholt. So rettete Öst die Ingolstädter vor den drohenden Play-Downs.

Nur ein Wechsel nach der Saison 2003/04

Bevor die zehnte DEL-Saison ihren Spielbetrieb aufnahm, wurden sechs neue Trainer eingestellt. Mit den Wölfen Freiburg kam ein neues Team in die Liga, die Schwenninger Wild Wings hatten sich aus finanziellen Gründen verabschiedet. Lediglich neun Spieltage dauerte es, ehe ein DEL-Neuling gehen musste. Dave Whistle konnte bei den Iserlohn Roosters in neun Spielen lediglich zehn Punkte einfahren und wurde mit Co-Trainer Teal Fowler für zwei Spiele als Interimslösung ersetzt. Dann folgte Doug Mason als neuer Bandenchef. 48 Punkte konnte er noch mit dem Team aus 41 Partien holen. Im Dezember 2003 traf es gleich drei Trainer. Zunächst war Butch Goring in Krefeld in Ungnade gefallen. Am 11. Dezember musste der Meistermacher aus dem Vorjahr seine Koffer packen. 35 Punkte aus 28 Spielen waren für einen amtierenden Meister einfach viel zu wenig. Für sechs Wochen stand Herbert Vasilievs als Chef an der Bande, mal wieder. In Freiburg hatte falsche Personalpolitik dazu geführt, dass der Aufsteiger im Dezember seinen langjährigen Coach Thomas Dolak entließ. 18 Niederlagen in Folge hatte das Team hinnehmen müssen, ehe Horst Valasek übernahm. In Hannover wurde ebenso im Dezember Olle Öst als Teamchef entlassen, Gunnar Leidborg erhielt das alleinige Sagen, nachdem beide zuvor zusammen die Mannschaft gebaut hatten. Im Januar 2004 wurde Bill Stewart in Mannheim mitgeteilt, dass er in der folgenden Saison nicht mehr bei den Adlern trainieren werde. Der Kanadier räumte daraufhin von selbst seinen Stuhl und machte Platz für Helmut de Raaf. Kurz später ersetzte Stewart Herbert Vasilievs in Krefeld. Im Februar, viel zu spät, hatten die Kassel Huskies genug gesehen von Axel Kammerer. Die Huskies hatten sich immer weiter von ihrem Ziel Platz acht entfernt, Mike McParland jedoch hatte nicht wirklich die Chance, das Team noch auf einen Play-Off-Platz zu führen. Es war die letzte Trainerentlassung während der DEL-Saison. Erst nach der Saison sowie der WM folgte dann der Rücktritt von Hans Zach als Bundestrainer.

»Ich werde alle Spieler mit dem Bulldozer in den Main schieben und wer die Kraft hat, wieder herauszukommen, bekommt einen neuen Vertrag.«

Bernie Johnston, Manager der Frankfurt Lions, vor der Saison 97/98, was ihm den Spitznamen Bulldozer-Bernie einbrachte.

Patrick Bernecker

DEL und Nationalmannschaft: Eine ambivalente Beziehung

Die DEL und die deutsche Eishockey-Nationalmannschaft - das ist eine ambivalente Beziehung. Fast angelehnt an die Zwistigkeiten zwischen Liga und Verband, schwankte sie während des zehnjährigen Bestehens der Liga zwischen Himmel und Hölle.

Dabei war es in den Anfangsjahren der Liga ja durchaus salonfähig, das neue Konstrukt für die Talfahrt der DEB-Auswahl mit-, wenn nicht hauptverantwortlich zu machen. Die auf 18 Mannschaften aufgeblähte DEL verwässere die Leistungsdichte, speziell die Spitzenkräfte könnten nicht dauerhaft gefordert werden, hieß es damals. Das hatte etwas für sich, denn Ende der 80er und Anfang der 90er Jahre hatte das Nationalteam ordentliche Erfolge zu verzeichnen und spielte dazu auch ansehnliches Eishockey. Die WM 1987 in Wien oder die starken Leistungen bei den Weltmeisterschaften 1992 (Prag) und 1993 (Deutschland) seien als Beispiele genannt, als nach guten Vorrundenspielen das Viertelfinale erreicht wurde. Auch Olympia 1988 in Calgary und 1992 in Albertville boten durchaus bemerkenswerte Auftritte der DEB-Auswahl. Das aber ist nur die halbe Wahrheit. 1989 und 1990 schaffte das Nationalteam auf den letzten Drücker den Klassenerhalt bei der WM, 1991 sogar nur durch die Aufstockung des Tur-

Dieter Hegen nahm an 13 Weltmeisterschaften, fünf Olympischen Spielen sowie dem World Cup teil.

niers von acht auf zwölf Teilnehmer. Vor der ersten DEL-Saison 1994 hatte das Nationalteam eine Enttäuschung hinter sich, Platz neun in Bozen, Viertelfinale verpasst. Auf den Tschechen Ludek Bukac folgte der charismatische Kanadier George Kingston als Trainer, der sein Heimatland in Südtirol zum ersten WM-Titel seit 32 Jahren gecoacht hatte. Unter dem Gentleman mit dem gezwirbelten Schnurrbart, der zum Jackett gerne Cowboystiefel aus Schlangenleder trug, sollte ein Neuanfang stattfinden. Dieser ging in die Hose, denn 1995 wurde ein Punkt weniger geholt und die Relegation nur knapp verhindert. Im Jahr darauf wähnte sich der Stab dann auf dem richtigen Weg angekommen. Die deutsche Mannschaft spielte in Wien eine gute WM, bei der der Stern des jungen Jochen Hecht aufging, der ebenso wie Marco Sturm eine große Zukunft in Übersee vor sich haben sollte. Auch wenn es gegen den späteren Weltmeister Tschechien im Viertelfinale mit 1:6 eine erwartungsgemäße Niederlage setzte.

Diese hatte insofern eine besondere Bedeutung, als sich beide Teams im Spätsommer erneut treffen sollten, beim World Cup of Hockey. Die Veranstaltung der nordamerikanischen NHL und ihrer Spielergewerkschaft wurde als Nachfolger des Canada Cups ins Leben gerufen. Die großen Nationen boten ihre Superstars auf, Deutschland durfte in diesem Konzert aufgrund der guten Platzierung bei der WM mitspielen und schaffte eine der größten Sensationen dieser Zeit. Ein Sieg, nein, ein 7:1-Erdrutsch in Garmisch gegen den amtierenden Weltmeister Tschechien, der sogar gegenüber der WM noch auf Stars wie Jaromir Jagr zurückgreifen konnte. Ein sensationelles Ergebnis, das auch durch die Mithilfe der Tschechen zustande kam. Denn intern waren sie mit ihrem Trainer Ludek Bukac heillos zerstritten und hatten zudem nach dem deutlichen Sieg bei der WM die DEB-Auswahl unterschätzt.

WM 1997 in Finnland: Peter Draisaitl wird vom Finnen Mika Nieminen verfolgt.

Auf Optimismus folgt ein Tiefpunkt

Der großartige Sieg ließ einmal mehr die Öffentlichkeit aufhorchen, zumal das deutsche Team anschließend im Viertelfinale ein weiteres gutes Spiel folgen ließ: Eine ehrenvolle 1:4-Niederlage gegen die Kanadier um Superstar Wayne Gretzky. Ein starkes Turnier der DEB-Auswahl folglich, das den Optimismus im Lande weiter schürte. Bis zur nächsten Weltmeisterschaft: Finnland 1997 war einmal mehr ein Tiefpunkt. Zwar konnte George Kingston mit Olaf Kölzig erneut auf den Goalie zurückgreifen, dessen Stern in der NHL gerade aufgegangen war, aber selbst er ging mit seinem Team unter. Tiefpunkt war das 0:8-Debakel gegen Lettland. Der Klassenerhalt wurde wie so oft durch einen Sieg im Kellerduell gegen einen gleichwertigen Gegner geschafft, diesmal ein 4:2 gegen Norwegen.

Die Zeiten für die Nationalmannschaft und den Bundestrainer sollten aber noch härter werden, das deutete sich an. Nicht nur, dass die Aufhebung der Ausländerbeschränkungen für Europäer in der DEL im Zuge des Bosman-

Daniel Nowak beschäftigt vor dem Tor die Russen Sergei Shendelev, Alexei Cherviakov und Andrei Skopintsev (v.l.n.r) bei der WM 1995 im schwedischen Gävle. Endstand: 3:6.

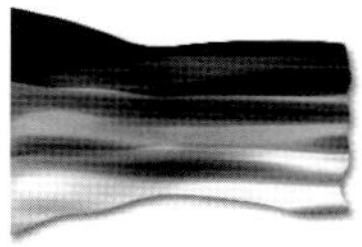

Urteils für gehörige Bewegung auf dem Spielermarkt zu Ungunsten deutscher Spieler sorgte. Für das Olympiajahr 1998 hatte schon eine ganze Spielergeneration ihren internationalen Abschied angekündigt. Cracks wie Dieter Hegen, Mike Heidt, Benoit Doucet, Thomas Brandl oder Brad Bergen wollten dem DEB-Team Lebewohl sagen. Andere, wie die Torhüter Peppi Heiß und Klaus Merk, wollten nur noch kurzfristig zur Verfügung stehen. So war George Kingston früher als er wollte zum Umbruch gezwungen. Dass der nicht geräuschlos vonstatten gehen konnte, zeigte sich bereits beim Deutschland-Cup, bei dem der Gastgeber alle drei Spiele gegen die Slowakei, Schweiz und Kanada verlor. Bei Olympia in Nagano, zu dem erstmals die NHL während der Finalrunde pausierte, damit die Teilnehmer mit ihren Dream Teams antreten konnten, konnte der Coach zwar auf seine Bestbesetzung zurückgreifen, aber auch diese präsentierte sich nicht in Bestform. Weil die deutsche Mannschaft eine Qualifikationsrunde bestreiten musste und die NHL-Profis Uwe Krupp (Colorado), Marco Sturm (San Jose) und Olaf Kölzig (Washington) keine vorzeitige Freigabe bekommen hatten, standen diese in den beiden ersten Spielen gegen Japan und Weißrussland noch nicht zur Verfügung. Dem wenig überzeugenden 3:1 gegen den Gastgeber folgte der Schock gegen das im Jahr zuvor noch zweitklassige Weißrussland. Mit

»Wir haben früher mehrmals beim Deutschen Eishockey-Bund angefragt, ob man nicht mal ein Länderspiel gegen uns austragen könne. Doch das war unerwünscht, da wir nicht gut genug seien. Heute haben wir Deutschland mit 6:1 geschlagen.«

Ejvind Olesen, Präsident des dänischen Eishockeyverbandes, nach der Klatsche bei der B-WM 1999 in Odense.

Die Bilanz des Nationalteams während 10 Jahren DEL

Die Spiele/Turniere im einzelnen:

British-Columbia-Cup	7:11 Tore	1 S	0 U	2 N
Deutschland-Cup	45:53 Tore	9 S	0 U	14 N
Länderspiele (Tests)	183:235 Tore	22 S	16 U	43 N
Olympia-Qualifikation	42:16 Tore	7 S	2 U	0 N
Olympische Spiele	26:37 Tore	6 S	0U	5 N
Rimi-Hockeycup	7:15 Tore	0 S	0 U	3 N
Swiss-Cup/Skoda-Cup	23:22 Tore	3 S	2 U	4 N
Slovakia-Cup	2:7 Tore	0 S	1 U	2 N
World Cup of Hockey	12:19 Tore	1 S	0U	3 N
A-WM	209:228 Tore	15 S	7 U	30 N
B-WM	49:32 Tore	11 S	0 U	3 N
WM-Qualifikation	3:6 Tore	0 S	1 U	2 N
Gesamtbilanz	*510:617 Tore*	*75 S*	*29 U*	*111 N*

Harter Einsatz von Daniel Kreutzer bei der WM 2001 in Deutschland gegen den Kanadier Kris Draper. 3:3 hieß es am Ende der spannenden Partie.

2:8 wurde die DEB-Auswahl gedemütigt. Bester Mann bei den Osteuropäern war im übrigen Ruslan Salei. Der NHL-Profi aus Anaheim hatte sich in der Liga eine gut getimte Sperre abgeholt und konnte so mit von der Partie sein, während das deutsche NHL-Trio eine Stunde nach Abpfiff dem Flieger aus Übersee entstieg und davon erfuhr, dass die Finalrunde verpasst war. Es hatte sich gerächt, dass der Verband Kingston eine Nordamerika-Reise im Herbst aus Kostengründen nicht genehmigte. Vor Ort wollte der Bundestrainer um die Freigabe der Spieler verhandeln. So aber konnten die Drei nur noch mithelfen, den neunten Platz zu erreichen. Das war nur eines von zahlreichen Missverständnissen zwischen Kingston und dem Verband. Die Chemie stimmte nur selten, der kaum deutsch sprechende Kingston konnte trotz aller positiver Ausstrahlung die Kräfte nicht bündeln. Weder in der öffentlichen Darstellung, noch in der Verbandspolitik und am Ende auch nicht mehr bei den deutschen Spielern.

Relegation nach schwacher WM

Nach dem Highlight Olympia war die Lust auf die Weltmeisterschaft in der Schweiz bei vielen Cracks eher begrenzt. Nur noch 15 Mann, die in Nagano dabei waren, standen im erweiterten 31-köpfigen WM-Kader aus dem wiederum 13 Spieler 23 Jahre und jünger waren. Am Ende summierte sich die Anzahl der Absagen auf 18. Zudem wurde es versäumt, einen Platz für Uwe Krupp im Kader frei zu halten. Die Organisatoren hatten nicht damit gerechnet, dass er mit den Colorado Avalanche in den Play-Offs in der ersten Runde ausscheiden würde und an der WM hätte teilnehmen

können. Klar, dass die deutsche Rumpftruppe in der Vorrunde nur den Pflichtsieg gegen Japan schaffte und auch keine Überraschung, dass Platz zwölf am Ende zwar noch nicht den Abstieg, wohl aber den schwierigen Gang in die Relegation im folgenden November bedeutete. George Kingston war da schon nicht mehr mit dabei. Aus Kostengründen wollte sich der Verband keinen hauptamtlichen Bundestrainer mehr leisten. Kingston hätte als Honorartrainer zwar weitergemacht, aber die Verbandsoberen hatten schon eine andere Lösung im Auge: Hans Zach, der nach einem Kurzgastspiel bei den Zürich Lions gerade die Kassel Huskies in der DEL übernommen hatte, wurde Nachfolger des Kanadiers. Zu diesem Zeitpunkt kam das einem Himmelfahrtskommando gleich. Nach der völligen Öffnung der Grenzen waren deutsche Spieler nur noch Randfiguren in einer Liga, die eine ihrer schwächsten Spielzeiten hinter sich gebracht hatte. So war es auch kein Wunder, dass die Ära Zach mit einem Misserfolg begann, obwohl er zumindest Torjäger Didi Hegen zu einem letzten Turnier bewegen konnte. Bei der Qualifikation in Ljubljana bedeutete ein Unentschieden gegen Gastgeber Slowenien sowie Niederlagen gegen Frankreich und die Ukraine den Abstieg nach 24 Jahren Erstklassigkeit.

»Realistisch gesehen, wäre alles andere als der letzte Platz eine Überraschung.«

Bundestrainer Hans Zach vor den Olympischen Spielen 2002, wo die deutsche Mannschaft erst im Viertelfinale ausschied.

WM 1997 in Finnland: Torwart Peppi Heiss mit einem Shutout beim 1:0-Sieg der deutschen Mannschaft über die Slowakei.

Daniel Kunce gab seinen Einstand in der Nationalmannschaft bei einem internationalen Turnier 1996 beim World Cup. Danach nahm der Verteidiger an jeder folgenden WM sowie zweimal an den Olympischen Spielen teil.

„Dabei sind wir eher dritt- als zweitklassig", stellte Zach fest, der befürchtete, dass die Nationalmannschaft noch nicht am Tiefpunkt angekommen sei. Es folgte die B-Weltmeisterschaft in Dänemark. Alleine die Tatsache, dass Zach mit Josef Lehner, Terry Campbell und Craig Streu drei Spieler aus der Zweiten Bundesliga nominieren musste, um eine einigermaßen schlagkräftige Truppe zusammen zu bekommen, sprach Bände. Von sieben Spielen gewann das deutsche Team zwar fünf, war aber gegen Dänemark und Kasachstan chancenlos und verpasste die Aufstiegsspiele. In der Weltrangliste belegte die deutsche Nationalmannschaft Rang 20.

Der Erfolg stellt sich allmählich ein

Immerhin gaben bei diesem Turnier die späteren Leistungsträger Robert Müller (18 Jahre), Daniel Kreutzer (19), Klaus Kathan (22), Tino Boos (23) und Andreas Renz (21) ihr internationales Debüt. Kreutzer, Boos und auch Niki Mondt spielten auch unter Zach in Kassel. Der Bundestrainer fuhr bei den Huskies ein Konzept mit jungen deutschen Spielern, verpflichtete Cracks mit Perspektive, die anderswo ignoriert wurden. In seiner ersten Saison verpasste er mit den Nordhessen nur knapp die Play-Offs, in den Jahren darauf reiften die Huskies zu einem überdurchschnittlichen Team, das zudem immer wieder die Nationalmannschaft mit Spielern belieferte, die in ihrem Klub mehr als nur Wasserträger waren. „Man muss den jungen Spielern Vertrauen schenken", lautete Zachs Credo, das von anderen leicht belächelt wurde. Der Erfolg (zwei Halbfinalteilnahmen) gab ihm allerdings Recht und dem Nationalteam Schwung. Da wuchs eine Gemeinschaft heran und sammelte wichtige Erfahrungen. Ebenso wichtig war dabei: Mit Kapitän Jürgen Rumrich, Jan Benda, Mark MacKay, Jörg Mayr, Mirko Lüdemann und Martin Reichel stand auch ein Stamm von erfahrenen Leadern im Team, der ein Jahr später um

»Ich wünschte, die Zeit würde stehen bleiben.«

Jürgen Rumrich bei der WM 2001 in Deutschland nach dem Sieg über die Schweiz im Eröffnungsmatch vor 18.500 Zuschauern in der Kölnarena.

den Deutschkanadier Len Soccio erweitert wurde. Die Erfolge stellten sich allmählich ein. In der Olympia-Qualifikation setzte sich das deutsche Team dank vier Toren von Klaus Kathan gegen Norwegen durch, bei der B-WM 2000 in Kattowitz, bei der mit dem hochtalentierten Thomas Greilinger (18 Jahre) sogar ein Oberliga-Spieler debütierte, stieg die DEB-Auswahl ungeschlagen auf. Die sportliche Rückkehr in die Erstklassigkeit passend zur WM 2001 in der Bundesrepublik - wobei die Mannschaft aber ohnehin als Ausrichter qualifiziert gewesen wäre. Hans Zach hatte ein Team geformt, das enorm hart arbeitete, gemäß seines Leitsatzes „Wille schlägt Talent". Dazu kam dann auch etwas Glück, etwa bei der zweiten Olympia-Qualifikationsrunde Anfang des Jahres 2001. Erst acht Sekunden vor Schluss des entscheidenden Spiels gegen Italien löste Mirko Lüdemann mit seinem Treffer das Ticket für Salt Lake City 2002.

Highlight: Die WM in Deutschland

Der Optimismus für die WM war dennoch gedämpft, schließlich hießen die Vorrundengegner Schweiz, Titelverteidiger Tschechien und Weißrussland. Auch die Vorbereitung lief alles andere als rund: kein Sieg in sechs Spielen, nach der verletzungsbedingten Absage von Olaf Kölzig nur die Ersatztorhüter Robert Müller (Mannheim) und Christian Künast (München) in einem Kader mit elf WM-Debütanten und nach wenigen Minuten des Eröffnungsspiels fiel zu allem Überfluss Leitfigur Mark MacKay mit einem Schlüsselbeinbruch aus. Aber dann kam Martin Steinegger. Der Schweizer Verteidiger spielte unbedrängt einen Pass direkt auf den Schläger von Marco Sturm, der Deutschland gegen die Eidgenossen in Führung brachte. Ein Tor vor 18.500 Zuschauern in der ausverkauften Köln-

WM 2004 in Tschechien: Martin Reichel siegt mit dem Nationalteam gegen Kasachstan 4:2 und stellt den Einzug in die nächste Runde sicher.

»In der DEL gibt es 50 bessere ausländische Verteidiger als deutsche. Wenn ich genauer nachrechne, dann sind es vermutlich sogar 70.«

Bundestrainer Hans Zach während der B-WM 1999 in Dänemark.

»Hätte unser Nachwuchs den Stellenwert wie in der Schweiz seit 20 Jahren - dann könnten wir längst Weltmeister sein.« *Der damalige Bundestrainer Hans Zach vor der WM 2001.*

arena, das die deutsche Mannschaft, ja die gesamte WM, ins Rollen brachte. Mit 3:1 rangen die Zach-Schützlinge die favorisierten Schweizer nieder, schafften durch ein 2:2 gegen die Tschechen bereits den Klassenerhalt und durch ein weiteres hochdramatisches 3:3 gegen Kanada sogar die Viertelfinalteilnahme. Das Ausscheiden dabei gegen Finnland war Nebensache, Eishockey-Deutschland feierte die Wiedergeburt der Nationalmannschaft. NHL-Crack Marco Sturm war der Leader der Mannschaft, in der beide Torhüter überragten und sich der junge Verteidiger Dennis Seidenberg sowie Stürmer Marcel Goc in die Notizbücher der NHL-Scouts spielten. Aber dieser Erfolg war auch ein Verdienst der DEL: Die sportliche Leistungsdichte der Liga hatte inzwischen zugenommen, die Zahl der Ausländer wurde sukzessive reduziert und die Anzahl junger deutscher Spieler gefördert. Diesem Stahlbad entsprang eine Generation leistungsorientierter Sportler, die mit großem Mannschaftsgeist immer öfter höher eingeschätzte Gegner aufs Kreuz legten. So zum Beispiel die Slowaken beim Olympischen Turnier von Salt Lake City. „Eins zu 99", hatte der stets tiefstapelnde Bundestrainer die Chancen auf das Erreichen der zweiten Runde, in der erneut die NHL-Profis antraten, beziffert. Nach dem 3:0-Sieg musste sich Zach mit einem Lächeln Schwächen im Prozentrechnen nachsagen lassen. Einziger Wermutstropfen: Verteidiger Jörg Mayr, kämpferisches Vorbild für viele, musste nach einem Schuss ins Gesicht und einem komplizierten Kieferbruch seine Karriere beenden. Für seine Mitspieler endete das Turnier erneut erst im Viertelfinale. Deutschland hatte sich eine enorme internationale Reputation erspielt. Als unangenehmer Gegner, der aber nicht nur kämpferisch, sondern auch spielerisch etwas zu bieten hat.

Marco Sturm war bei der WM 2001 in Deutschland der herausragende Akteur und feierte mit dem Nationalteam den Einzug ins Viertelfinale.

Kleiner Rückschritt nicht überraschend

Und das sollte bei den nächsten beiden Weltmeisterschaften so bleiben: Bei der WM 2002 in Schweden (der internationale Durchbruch von Christian Ehrhoff) kam das Team trotz zehn Ausfällen, ein Jahr später in Finnland trotz zwölf Absagen und vier verletzter Spieler während des Turniers unter die besten Acht. Gerade in Finnland endete die WM dramatisch: Deutschland verlor nach großem Kampf erst in der Verlängerung in Unterzahl gegen den späteren Weltmeister Kanada mit 3:4. Ist es da verwunderlich, wenn nach drei Jahren Aufstieg und Konstanz in der Spitzengruppe ein kleiner Rückschritt kommt? Sicher nicht. Die Weltmeisterschaft 2004 in Prag endete für das deutsche Team in der Zwischenrunde. Enttäuschung machte sich in Deutschland breit, hatte Hans Zach diesmal doch nahezu das beste Aufgebot seit langem am Start. Das konnte aber nie an seine vorhergehenden Turnierleistungen anknüpfen und verlor das entscheidende Spiel gegen die Schweiz mit 0:1. Die Kritik war den Erwartungen entsprechend groß, manche Spieler hatten den Zenit ihres Könnens wohl auch überschritten. Nach sechs Jahren der Aufbauarbeit und des Aufstiegs hatte dann auch der teilweise unter der Gürtellinie kritisierte Hans Zach genug und trat als Bundestrainer zurück. Im Oktober 2004 beginnt die Ära Greg Poss. Er tritt in große Fußstapfen, weiß aber den Vorteil auf seiner Seite, dass DEL und Nationalmannschaft längst eine glänzende Beziehung zueinander haben.

Marc Hindelang

WM 2003: Gegen Kanada mit vielen NHL-Profis (hier Ryan Smyth) schieden Jan Benda und das Nationalteam im Viertelfinale erst in der Verlängerung aus.

Torhüter in der DEL:
Deutsche Goalies hatten's lange schwer

Torhüter im Eishockey, das ist eine ganz besondere Spezies. Wer lässt sich schon freiwillig mit einer Hartgummischeibe von gut 160 Gramm Gewicht beschießen? Geschwindigkeiten von 140, 150 oder auch mal 160 Stundenkilometern kann der Puck annehmen. Und längst nicht immer kommt er direkt aufs Tor, in freier Sichtbahn. Oft wird er abgefälscht, landet an einem Schläger, einem Schlittschuh oder prallt von einem Beinschützer ab und jagt unkontrolliert, oft flatternd in der Gegend umher, nicht selten auf Kopf- oder Halshöhe.

Karl Friesen wurde in Winnipeg (Kanada) geboren, spielte aber seit 1980 in Deutschland, wo er auch die Staatsbürgerschaft annahm und insgesamt 109 Länderspiele bestritt. In der Saison 86/87 stand er für 130 Minuten im Tor der New Jersey Devils in der NHL. In der DEL spielte er nur eineinhalb Saisons mit den Maddogs München und Star Bulls Rosenheim, ehe er seine Karriere 1996 beendete.

Nicht, dass die Torhüter nicht ausreichend geschützt wären. Dennoch, blaue Flecken sind an der Tagesordnung. Und die Rüstung beschränkt sich größtenteils auf den vorderen Bereich des Körpers. Hinten, am Rücken, in den Kniekehlen, den Waden, den Rückseiten der Oberschenkel, am Nacken ist der Goalie nahezu ungeschützt. Dabei hat er nur eines im Sinn: Mit aller Macht verhindern, dass die kleine Hartgummischeibe an ihm vorbei im Tor einschlägt. Wer jemals in eine Torhüterausrüstung geschlüpft ist und sich den auf ihn zustürmenden Spielern gegenüber sah, der weiß: Ein wirklich guter Torwart muss bis zur Selbstaufgabe gehen, um seinen Job hundertprozentig zu erledigen. Keine Angst haben, alles riskieren, sich mitten ins Getümmel werfen, mit angreifenden Spielern zusammenprallen, sich umfahren lassen, alles Menschenmögliche unternehmen für das Unternehmen Pucksicherung.

Dass die Torhüter im Eishockey mindestens 50 Prozent einer Mannschaft ausmachen, ist ausgemachte Sache unter Eishockeyspielern, eine Hommage an die Männer mit den Masken. Auch in der DEL spielen die Goalies seit zwei, drei Jahren eine immer wichtigere Rolle. Und es hat in den zehn Jahren seit der Gründung der Liga zwei auch für das deutsche Eishockey entscheidende Wendepunkte gegeben. Zehn Jahre DEL, das ist auch die Geschichte der Torhüter.

Peppi Heiß spielte in der 1. Bundesliga und DEL zwischen 1980 und 2001 für den SC Riessersee (sechs Saisons), die Düsseldorfer EG (zwei) sowie die Kölner Haie (13).

Nationalteam: Qual der Wahl

Als die DEL 1994 laufen lernte, da waren die deutschen Schlussmänner tonangebend. Karl Friesen und Klaus Merk, Peppi Heiß und Helmut de Raaf, Josef Schlickenrieder und Bernhard Englbrecht - Namen, die zu den bekanntesten im deutschen Eishockey gehören. Torhüter, die jahrelang nicht nur die klare Nummer eins bei ihren Klubmannschaften in der 1. Bundesliga waren, sondern die auch etliche Einsätze im Nationaltrikot absolvierten. In den 80er Jahren und bis zur ersten Hälfte der 90er hatten die verschiedenen Bundestrainer die Qual der Wahl, wen sie zu den Weltmeisterschaften oder Olympischen Spielen mitnehmen sollten. So ist es keine Überra-

schung, dass von den 40 in der ersten DEL-Saison 94/95 eingesetzten Torhütern lediglich vier nicht mit deutschem Pass ausgestattet waren: Petr Briza spielte als einziger ausländischer Stammtorwart der DEL im Gehäuse des EV Landshut, Eduard Hartmann aus der Slowakei absolvierte einen Einsatz bei den Eisbären Berlin und Karel Lang sowie Ian Wood verfügten sogar über deutsche Pässe, waren aber nicht für die deutsche Nationalmannschaft spielberechtigt. Von deutscher Torhüterproblematik keine Spur. Auch im zweiten DEL-Jahr dominierten die deutschen Schlussleute. Von den 44 eingesetzten Goalies spielten nur sieben mit einer Importspielerlizenz: Briza, Pavel Cagas (Kassel Huskies), Vincent Riendeau (SC Riessersee), Claus Dalpiaz (Star Bulls Rosenheim) sowie Roman Turek (Nürnberg Ice Tigers), die beiden Finnen Pasi Raitanen (Star Bulls Rosenheim) sowie Mika Manninen (ESV Kaufbeuren) feierten nur wenige Einsätze und sind daher zu vernachlässigen. Eine im Vergleich zum Vorjahr zwar steigende Tendenz, jedoch ohne Bedenken zu quittieren.

Chris Rogles kam 1997 in die DEL und hat seitdem für die Düsseldorfer EG, Kassel Huskies und Kölner Haie gespielt. Jahr für Jahr gehörte der US-Amerikaner zu den besten Goalies der Liga, gewann 2002 mit den Haien die Meisterschaft.

Bosman drängt Goalies ins Abseits

Dann aber kam 1996 das Bosman-Urteil, das im Vergleich aller Sportligen Deutschlands vielleicht die fatalsten Folgen für das Eishockey und vor allem die DEL mit sich brachte. Denn plötzlich waren die Spieler aus den Nachbarstaaten in der Europäischen Union keine Ausländer mehr, sie waren plötzlich frei in der Auswahl ihres Arbeitsplatzes. Tür und vor allem die Tore öffneten sich und während noch im Vorjahr die deutschen Goalies gut genug waren für die oberste Klasse, so mussten sie nun ihre

Arbeitsplätze teilen mit Franzosen, Schweden, Finnen, Österreichern, Italienern, Engländern und mit doppelter Staatsbürgerschaft ausgestatteten Nordamerikanern. Findige Manager hatten ihre Fühler ausgestreckt und entdeckt, dass Kanadier wie Jim Hrivnak oder Wayne Cowley unmittelbare Vorfahren in Europa besaßen, was ihnen zu Pässen verhalf, mit denen sie in der DEL nicht unter das Ausländerkontingent fielen. War die Situation bei den Torhütern noch vergleichsweise harmlos, wurde das Ausnutzen des „Doppelpass-Vorteils" bei den Feldspielern in der DEL auf die Spitze getrieben. So brach für die deutschen Torhüter in der DEL eine schwere Zeit an. Auch, weil die Stammtorhüter Heiß, Merk, Matthias Hoppe und Co. bereits in die Jahre gekommen waren, manche ihre Karrieren beendeten oder kurz davor standen. Beste Voraussetzungen also für den Nachwuchs, in die entstandenen und entstehenden Lücken zu stoßen. Frische Kräfte mussten her - aber das sollten nicht die jungen Deutschen sein. Im Gegenteil, sie wurden durch das Bosman-Urteil und die Öffnung der Grenzen noch weiter abgedrängt. Das hatte zur Folge, dass von den 36 in der Saison 96/97 eingesetzten Goalies nur noch 18 einen deutschen Pass besaßen. Schlimmer noch: Unter den 19 Torhütern, die mehr als 25 Prozent aller Spiele absolvierten, befanden sich lediglich noch fünf in der deutschen Nationalmannschaft einsetzbare Kandidaten. Schlussmänner wie Rupert Meister, Joachim Appel, Peter Franke, Udo Döhler oder Marc Pethke, die noch im Vorjahr die Nummer eins bei ihren Teams waren, rückten ins zweite Glied. Und die

Von Düsseldorf nach Köln und zurück: Helmut de Raaf spielte zwischen 1980 und 1983 für die DEG, war dann bis 1988 für die Kölner Haie aktiv (viermal Meister), ehe er wieder zur DEG wechselte (fünfmal Meister). Mit den Adler Mannheim wurde er in der DEL zudem noch zweimal Meister.

Sinuhe Wallinheimo hält nach wie vor den Shutout-Rekord in der DEL: Neun Spiele in der Vorrunde blieb der Finne in der Saison 2000/01 ohne Gegentreffer. Trotz der hervorragenden Bilanz blieb er nur drei Spielzeiten in der Liga.

jungen, aufstrebenden Goalies des Vorjahres wie Ingo Schwarz und Timo Mayer (beide Frankfurt Lions), Marc Gronau (Preussen Devils), Ambrosius Fichtner (EC Hannover), Markus Nachtmann (EV Landshut) oder Stefan Lahn (EHC Nürnberg) wurden aus der Liga gedrängt und nicht mehr ausreichend gefördert. Von den Neuzugängen blieben aber zudem noch die wenigsten längerfristig in der DEL. Von den in der Saison 96/97 eingesetzten Torhütern waren in der Spielzeit 2003/04 nur noch Christian Künast (Hamburg Freezers) und Leonardo Conti (ERC Ingolstadt) aktiv. Auch das zeigt, wie wild, wahllos und wenig zukunftsorientiert die Klubs damals handelten. Die Suche nach kurzfristigem Erfolg dominierte über den vernünftigen Weg der langfristigen Planung.

Die Liga wird überschwemmt

Was schlimm für den deutschen Nachwuchs begann, wurde noch schlimmer im Jahr darauf. Die DEL entschied sich, die Grenzen für Spieler aller Nationalitäten weltweit zu öffnen. Begründung: Die Europäer könnten nicht bevorzugt werden und Spieler aus anderen Ländern wie Kanada, USA, Russland oder Tschechien ausgegrenzt werden. Die verheerende Folge: Nur noch vier Klubs setzten auf deutsche Goalies als Nummer eins. Und selbst diese hatten noch mit ausländischer Konkurrenz innerhalb des Teams zu kämpfen. Peppi Heiß (Kölner Haie) saßen der Italiener David Delfino und der Finne Iiro Itämies im Nacken, bei den Revier Löwen musste sich Marc Seliger gegen NHL-Goalie Vincent Riendeau behaupten, lediglich bei den Berlin Capitals - mit Klaus Merk und David Berge - standen ausschließlich Torhüter mit deutschem Pass, die auch für die Nationalmannschaft spielberechtigt gewesen wären, zwischen den Stangen. Einige Teams - die Düsseldorfer EG, Frankfurt Lions, Kassel Huskies und Nürnberg Ice Tigers - setzten sogar auf ausländische Goalie-Duos. Die Liga quoll über mit ausländischen Profis, keine Grenzen waren gesetzt, es wurde verpflichtet, was das Zeug hielt. Und das Zeug hielt nicht

immer, denn es - das Geld - war gar nicht in dem Maße vorhanden, wie es ausgegeben wurde. Da konnten zum Beispiel die Kaufbeurer Adler nicht mehr mithalten. Mit 17 Importspielern war nach 15 Spielen Schluss, kein Erfolg, kein Geld, keine DEL. Auch in dieser Spielzeit reicht ein Blick auf die Liste der damals aktiven Torhüter aus, um zu erkennen, dass kurzfristiges wie kurzsichtiges Denken der Klubs das Handeln bestimmte: Von den 41 eingesetzten Goalies der Saison 97/98 spielten nur sechs Jahre später in der DEL noch vier mit Leonardo Conti und Christian Künast sowie Chris Rogles (Kölner Haie) und Marc Seliger (Adler Mannheim). Wirkliche Klasse, so wie sie in der jüngeren DEL-Zeit von Andrei Trefilov (DEG Metro Stars), Jimmy Waite (ERC Ingolstadt), Boris Rousson (Hamburg Freezers) oder Ian Gordon (Frankfurt Lions) gezeigt wurde, hatten nur wenige der damaligen Nummer eins-Torhüter. Was zählte, waren in erster Linie Namen und zurückliegende Erfolge. Einhergehend mit der Zurückdrängung der deutschen Torhüter in der DEL wurde die deutsche Nationalmannschaft international zurückgedrängt und stieg 1998 in die Zweitklassigkeit ab.

Der Torhüter: Eine austauschbare Spezies?

Zunächst setzte sich der Trend in der DEL aber fort, die Klubs setzten lieber auf ausländische Torhüter, Erfolg statt Förderung war weiterhin das Motto. Nur zwei Teams setzten auf ein rein deutsches Torhüterduo in der Saison 98/99: Die Augsburger Panther mit Klaus Merk und Leonardo Conti sowie die Revier Löwen mit Marc Seliger und Marc Pethke. Von den damaligen vermeintlichen Top-Torhütern wie Parris Duffus (Berlin Capi-

Die Shutout-Statistik jeder DEL-Saison

Saison	*Spiele Vorrunde*	*Shutouts Vorrunde*	*Shutouts Play-Offs*
1994-95	379	28	8
1995-96	450	57	5
1996-97	390	35	1*
1997-98	363	32	2
1998-99	364	30	2
1999-00	420	44	6
2000-01	480	53	1
2001-02	480	77	4*
2002-03	364	61	4
2003-04	364	59	9**

*je ein zusätzlicher Shutout wurde in den Play-Downs erzielt
**zwei zusätzliche Shutouts wurden in den Play-Downs erzielt

tals), Mario Brunetta und Jason Muzzatti (beide Eisbären Berlin) oder Danny Lorenz (Adler Mannheim) spielt heute keiner mehr in der DEL. Durchgesetzt haben sich Chris Rogles und Boris Rousson (spielte zunächst für die Kölner Haie, wechselte dann zu den München Barons und zog mit dem Klub schließlich nach Hamburg), auch Marc Seliger und Christian Künast konnten sich behaupten. Und einer machte erstmalig im Oberhaus von sich reden: Robert Müller. Bei den Star Bulls Rosenheim verdrängte der kurz vor der Saison 18 Jahre gewordene Deutsche den Österreicher Claus Dalpiaz.

Müllers Kollegen fehlte aber im Jahr darauf noch immer die Unterstützung seitens der DEL-Klubs, um auch einmal die Chance zu erhalten, DEL-Luft schnuppern zu können. Noch immer waren in der Saison 99/00

Spektakulärster DEL-Transfer des Jahres 2000: Der Russe Andrei Trefilov unterschrieb einen Vertrag bei der DEG und wurde gleich in seiner ersten Saison zum Spieler des Jahres gekürt. Er absolvierte Einsätze bei drei Weltmeisterschaften, zwei Olympischen Spielen und dem World Cup of Hockey sowie 55 Spiele in der National Hockey League.

die Grenzen offen, ein Pflichtkontingent gab es lediglich, was die deutschen Spieler betraf. Und wieder wurden neue Torhüter in die Liga geholt, die kaum besser waren als ihre Vorgänger, die bereits wieder verschwunden - weil austauschbar - waren. Ob Jan Lundell in Augsburg, Jaroslav Kames bei den Eisbären, Oldrich Svoboda in Essen, Ildar Mukhometov in Hannover, Petr Franek in Nürnberg, Francois Gravel in Oberhausen, Hakan Algotsson in Rosenheim oder Stéphane Beauregard in Schwenningen: Sie alle blieben nicht sehr lange in der DEL und wurden nie zu erhofften Stars. Immerhin: Bereits während der Saison entschieden die Gesellschafter der damals 15 Klubs, die Importspielerlizenzen für die Spielzeit 2000/01 auf 16 zu beschränken. Ein erster Schritt, dem in der Zukunft weitere folgten und noch folgen sollen. Und eine weitere Saison, in der der junge Deutsche Robert Müller für Furore sorgte.

Klaus Merk gehört zu den besten deutschen Torhütern aller Zeiten. Von 1986 bis 1987 spielte er in Rosenheim, ehe er zu den BSC Preussen Berlin wechselte. Dort blieb er bis 1998, ehe er bis ins Jahr 2000 für die Augsburger Panther spielte, seine Karriere beendete er 2002 bei den Eisbären Berlin. Kurios: In der Saison 97/98 stand er für ein Spiel als Back-Up in den Play-Offs bei den Adler Mannheim im Kader, die dann die Meisterschaft holten.

Jimmy Waite gilt als bester DEL-Keeper seit der Jahrtausendwende. Er ist der einzige, der in der DEL bislang in zwei Saisons die meisten Shutouts holte (2002/03 zusammen mit Rich Parent (Kassel)). In der NHL absolvierte er 112 Partien.

Abschied von den letzten Großen

Die Spielzeit 2000/01 war die letzte von Peppi Heiß und Karel Lang. Mit dem Abschied von Heiß trat der letzte große deutsche Torwart der 80er und 90er Jahre von der Bühne ab. Zeitgleich war es eigentlich auch die letzte Saison vom nicht minder herausragenden Torwart Klaus Merk, der zwar noch einen gültigen Vertrag für die Spielzeit 2001/02 besaß, später aber nur drei Partien absolvierte, ehe er sich verabschiedete. Eine Torhüter-Generation großer Namen sagte Ade, während durch die neue Importspielerregulierung langsam junge deutsche Torhüter wieder Aufnahme in der DEL fanden. Alexander Jung (Eisbären Berlin), Leonard Wild (Moskitos Essen), Jan Münster (Hannover Scorpions) oder Markus Janka (Schwenninger Wild Wings) kamen zu ersten Einsätzen.

Junge Deutsche beeindrucken

Vor der Saison 2001/02 wurden die Importspielerplätze auf 14 gesenkt.

Die Shutout-Könige jeder Saison

Saison	*Torwart*	*Shutouts*
1994-95	Joachim Appel (Mannheimer ERC)	4
1995-96	Klaus Merk (Preussen Devils)	7
1996-97	Mike Rosati (Adler Mannheim)	6
1997-98	Klaus Merk (Berlin Capitals)	7
1998-99	Andrei Mezin (Nürnberg Ice Tigers)	5
1999-00	Chris Rogles (Kassel Huskies)	5
2000-01	Sinuhe Wallinheimo (Revier Löwen Oberhausen)	9
2001-02	Andrei Trefilov (DEG Metro Stars)	7
2002-03	Rich Parent (Kassel Huskies)	6
	Jimmy Waite (Iserlohn Roosters)	6
2003-04	Jimmy Waite (ERC Inolstadt)	8

Die Folge: Weitere junge deutsche Goalies machten erste Erfahrungen in der höchsten Spielklasse. Patrick Koslow in Augsburg, Oliver Jonas bei den Eisbären, Patrick Ehelechner in Hannover, Dimitri Kotschnew in Iserlohn oder Dimitri Pätzold in Köln. Und siehe da: Plötzlich fanden sich deutsche Nachwuchstorhüter, die doch gar nicht so schlecht waren. Sicherlich fehlte den Youngsters noch die Erfahrung, aber gute Ansätze waren erkennbar, da stellten sich ausbaufähige Goalies in der DEL vor. Für einen jedoch markierte die Saison 2001/02 einen deutlichen Rückschritt: Robert Müller, der bereits im Jahr 2000 zu den Adler Mannheim gewechselt war und der dort die Nachfolge des großen Mike Rosati einmal hätte antreten sollen, stand zu sehr im Schatten des dreimaligen Deutschen Meisters, hatte Differenzen mit dem Mannheimer Trainer Bill Stewart und absolvierte insgesamt weniger als elf komplette Partien in der Saison. Ein verlorenes Jahr für den Wunderknaben von Rosenheim.

Deutsche Torhüter: Chronik einer Beinahe-Katastrophe

Aufgezählt sind alle deutschen Torhüter und ihre Einsätze. Dazu zählen nur die Goalies, die auch für die deutsche Nationalmannschaft spielberechtigt sind. Aufgeführt sind die Einsätze der Vorrunde, der Play-Offs und Play-Downs. Aus der Tabelle ist klar zu erkennen, wie sehr die deutschen Torhüter unter dem Bosman-Urteil 1996 zu leiden hatten: Von einer Saison auf die nächste halbierte sich ihre Anzahl beinahe, während sich die der Import-Goalies verdoppelte. Zwar hat sich das zahlenmäßige Verhältnis zwischen deutschen und ausländischen Torhütern in den vergangenen beiden Jahren zugunsten der deutschen Schlussleute gewendet, auch die durchschnittliche Anzahl an Einsätzen ist seit drei Spielzeiten angestiegen, andererseits aber verzeichnet auch die durchschnittliche Anzahl an Einsätzen bei den ausländischen Keepern seit drei Jahren wieder ansteigende Tendenz.

Saison	*Deutsche Torhüter*	*Einsätze*	*Einsätze Schnitt*	*Import-Torhüter**	*Einsätze*	*Einsätze Schnitt*
1994-95	36	821	22,81	4	127	31,75
1995-96	35	710	20,29	9	301	33,44
1996-97	18	255	14,17	18	626	34,78
1997-98	19	223	11,74	22	651	29,59
1998-99	16	329	20,56	21**	514**	24,48
1999-00	17	241	14,18	21	746	35,52
2000-01	19	258	13,58	18	841	46,72
2001-02	19	232	12,21	22	877	39,86
2002-03	18	240	13,33	15	606	40,40
2003-04	16	227	14,19	14	623	44,50

*inklusive der Torhüter, die zwar einen deutschen Pass hatten, aber nicht für die deutsche Nationalmannschaft spielberechtigt waren
**der Stürmer Sylvain Couturier wurde in einem Spiel als Torwart eingesetzt.

Robert Müller wechselte zur Spielzeit 2002/03 nach Krefeld und feierte eine herausragende Saison, in der er durch überragende Leistungen in den Play-Offs entscheidend mithalf, den Meistertitel nach Krefeld zu holen. Müllers Aufstieg steht stellvertretend für eine neue deutsche Torhüter-Generation, die zu Beginn des neuen Jahrtausends endlich mehr Chancen erhielt, die endlich aus ihrem Schattendasein heraustreten durfte. Zwar sind nach wie vor in erster Linie die ausländischen Torhüter gefragt, aber allerorten erhalten junge deutsche Goalies ihre Chancen. So hat dann auch die Nationalmannschaft wieder mehr Auswahl: Neben Müller stehen mit Marc Seliger, Oliver Jonas, Dimitri Kotschnew oder Alexander Jung vier weitere hervorragende Schlussmänner bereit. Mit Patrick Ehelechner und Dimitri Pätzold hätten es sogar noch weitere sein können. Beide jedoch zog es nach Nordamerika. Zum einen, weil die NHL auf sie aufmerksam geworden war, zum anderen aber auch, weil sie in Deutschlands höchster Spielklasse zu wenig Spielpraxis sammeln konnten oder besser: durften. Schließlich wurde den jungen deutschen Spielern schon einmal die Zukunft verbaut, das ist gar nicht so lange her. Und noch immer ist die Situation alles andere als ideal für deutsche Torhüter. Die

Robert Müller ist der beste in der DEL spielende deutsche Schlussmann der Neuzeit. Obwohl erst 1980 geboren, hat er bereits sieben Spielzeiten in der Liga mitgemacht und an fünf WMs sowie den Olympischen Spielen teilgenommen.

meisten Klubs setzen auf einen ausländischen Spitzenmann - so wurden für die Saison 2004/05 mit Jean-Francois Labbé (Augsburg) oder Jamie Storr (Mannheim) erneut weitere Top-Torhüter in die DEL gelotst - sowie einen jungen deutschen Spieler auf der Back-Up-Position. Damit stieg zwar das zahlenmäßige Verhältnis der Deutschen gegenüber den Importspielern in den vergangenen Jahren wieder an, umgekehrt ist aber, was die Einsätze im Vergleich zueinander betrifft, kaum Besserung eingetreten. Daher fordert der ehemalige Bundestrainer Hans Zach auch immer wieder, dass die Klubs in der DEL sich Richtlinien auferlegen sollen, die besonders die deutschen Torhüter betreffen. Förderung und Zukunftsdenken eben statt kurzfristiger Suche nach Erfolg.

Bleibt zu hoffen, dass die ganz jungen Torhüter wie Patrick Koslow in Augsburg, Thomas Greiss in Köln oder Lukas Lang in Nürnberg auch durch eine verbesserte Zusammenarbeit der DEL-Klubs mit den Vereinen aus der 2. Bundesliga, Oberliga und Regionalliga stärker gefördert werden als ihre noch immer jungen Kollegen vor ihnen.

Patrick Bernecker

Der Tscheche Petr Briza war sechs Saisons beim EV Landshut in Deutschlands höchster Spielklasse tätig, fünf Jahre davon in der DEL, ehe er 1999 zurück in seine Heimat wechselte.

Die DEL und die NHL: Magische Anziehungskraft

Das Kräfteverhältnis im Eishockey ist geklärt. International dominieren seit Jahren die Top-Nationen Finnland, Kanada, Russland, Schweden, Tschechien, die USA dann, wenn sie mit NHL-Profis zu den großen Turnieren anreist und die Slowaken seit wenigen Jahren. Die besten Spieler dieser Länder sind in der NHL aktiv. Hier gibt es das meiste Geld zu verdienen und unumstritten ist, dass die NHL die beste Liga der Erde ist.

Für die Nordamerikaner war sie das schon immer, für Europäer unter Vorbehalt: Erst mit der Öffnung der Grenzen der ehemaligen UdSSR zu Beginn der 90er Jahre und der damit verbundenen Möglichkeit auch für russische Spieler, den Arbeitsplatz frei zu wählen, ist die NHL tatsächlich die nationale Eishockeyliga, in der die weltweit besten Cracks spielen. Die National Hockey League, die eher einer internationalen Liga gleicht und in der es keinerlei Ausländerbeschränkungen gibt, ist das große Ziel aller Eishockeyspieler. Umgekehrt machen sich aber auch viele NHL-Cracks auf den Weg nach Übersee, um wieder in ihrer Heimat zu spielen, um den „alten Kontinent" kennen zu lernen oder einfach nur für ein Abenteuer. Die DEL übt dabei seit jeher eine besondere Anziehungskraft aus, auch, weil die Klubs in Deutschland immer auf der Suche nach klangvollen und bekannten Namen sind. Etliche in der NHL tätige Akteure sind bereits in der DEL aufgelaufen. Manche haben überragt, manche enttäuscht. Immer aber haben sie den Hauch von NHL auch in Deutschlands höchste Spielklasse getragen.
Gleich in der ersten DEL-Saison wurden fette Schlagzeilen produziert. Denn zeitgleich mit dem Start der neuen Liga in Deutschland legte die NHL in Nordamerika eine Pause ein, zwangsweise. Die Liga und die Spielergewerkschaft NHLPA hatten sich mal wieder in den Haaren, konnten sich über den Sommer 1994 nicht auf einen neuen Rahmentarifvertrag einigen, so wurde die Saison 94/95 nicht wie gewohnt im Oktober begonnen. Ob Spielerstreik oder Ausschluss der Spieler von Seiten der Klubbesitzer - viele NHL-Cracks stellten den Kontakt nach Europa her und meldeten Interesse an für ein

Engagement. So kam es dazu, dass einige Klubs der DEL gleich im ersten Jahr, in den ersten Monaten der neuen Spielzeit, Sensationelles vermelden konnten. So lief bei den Augsburger Panthern Glenn Anderson auf. Der damals 33-Jährige hatte seit 1980 in der NHL für die Edmonton Oilers, Toronto Maple Leafs und New York Rangers in 1269 NHL-Partien gespielt und sechsmal den Stanley Cup gewonnen. Noch heute kommen die Augsburger Fans, die seine wenigen Auftritte (fünf Spiele) miterlebten, ins Schwärmen über den Spieler und Menschen Glenn Anderson. Klar, dass die Heimspiele der Panther restlos ausverkauft waren. Ein weiterer Star lief bei der Düsseldorfer EG auf: Brendan Shanahan absolvierte drei Partien. Seit 1987 hatte er in der NHL für die New Jersey Devils und St. Louis Blues 559 Spiele absolviert und eine Saison mit 52 Toren und 102 Skorerpunkten hinter sich gebracht. Innig war die Beziehung Haie-Shanahan aber nicht: Der NHL-Stürmer moserte an Trainer Hans Zach herum und verabschiedete sich schließlich nach Differenzen. Die Frankfurt Lions hatten sich unterdessen den Tschechen Robert Reichel geangelt. Immerhin 21 Spiele bestritt er, ehe er zurück nach Nordamerika wechselte, weil sich die NHL und die NHLPA im Januar 1995 geeinigt hatten und der Spielbetrieb wieder losging. Ein Schock für die Fans, die Reichel vergötterten. Richtig zugelangt hatten 1994 die Kölner Haie. Mit Jeremy Roenick und Jozef Stümpel kamen gleich zwei NHL-Spieler in die Domstadt. Dazu spielte mit Sergei Berezin ein Topstürmer bei den Haien, der sich auf dem Weg in die NHL befand. Roenick, damals bereits ein Star in der NHL mit 489 Spielen für die Chicago Blackhawks, blieb im Dezember 1994 für drei Partien in Köln. Der in der NHL kaum eingesetzte Slowake Stümpel, der bis 1994 lediglich 89 Spiele für die Boston Bruins bestritten hatte und erst später zu einem Topspieler in Nordamerika werden

Beinahe 1000 Spiele in NHL und DEL zusammen: Tony Tanti (Mitte) im Dress der Preussen Berlin, bei denen er vier Jahre blieb.

Einer der besten Spieler, der je in der DEL gespielt hat: Corey Millen blieb von 1997 bis 2002 fünf Jahre in der DEL bei den Kölner Haien, hatte zuvor 382 NHL-Einsätze absolviert.

sollte, absolvierte bei den Haien 25 Begegnungen. Stümpel stand bei den Haien schon einmal in der Saison 91/92 unter Vertrag. Auch beim EV Landshut wurde zusätzliches Geld locker gemacht, um den Fans NHL-Spieler präsentieren zu können. Uwe Krupp gab für fünf Spiele sein Stelldichein, nachdem er zuvor 552 Partien in der NHL seit 1986 bestritten hatte. Imposanter aber war der Auftritt von „Russian Rocket" Pavel Bure: Der Russe blieb nur für ein Spiel, schoss drei Tore und zog wieder von dannen. Obwohl er zuvor längst nicht so lange in der NHL gespielt hatte (273 Partien seit 1991) wie die Kollegen, die in der DEL ein kurzes Gastspiel abgaben, beeindruckte der wieselflinke Außen am meisten von allen damals flugs über den großen Teich gekommenen NHL-Cracks. Mit Scott Young stand ein weiterer NHL-Akteur kurzzeitig in Diensten des EVL. Für fünf Spiele kam Young, der zuvor 436 Partien in der NHL abgeleistet hatte. Dennoch, Youngs DEL-Auftritt war nicht auf den EVL beschränkt: Nachdem bei den Frankfurt Lions einige Spieler nach Spieldauerdisziplinarstrafen gesperrt waren, wurde Young mal eben für ein Spiel an die Hessen ausgeliehen. Freitags hatte Young somit für Landshut gespielt, sonntags ging er für die Lions auf Punktejagd. Damit hätte sein Gastspiel beendet sein sollen, doch nur zwei Tage später holte der EHC 80 Nürnberg Young für eine Partie und schließlich lief Young dann nochmals für den EV Landshut auf. 708 NHL-Spiele hatte Vincent Damphousse bis zu seiner Ankunft in Ratingen bestritten. Der Center blieb sogar einige Zeit länger in der DEL als die meisten seiner Kollegen, absolvierte elf Partien für die Ratinger Löwen. Bei den Star Bulls Rosenheim gab Doug Weight seinen Einstand. Er konnte allerdings weniger Akzente setzen als die anderen NHL-Gastspieler in der DEL. Mit damals erst 223 Einsätzen in der NHL war der Center selbst dort ein Jungspund mit erst 23 Jahren. Auch Frantisek Musil, der tschechische Abwehrmann von den Calgary Flames, blieb blass, was die Punkteproduktion anging. Ein Spiel leistete er für die Füchse Sachsen.

Robert Reichel hält noch immer einen DEL-Rekord

Der Einsatz der NHL-Cracks hatte für Aufsehen gesorgt, jedoch auch für

Kritik. Wettbewerbsverzerrung lautete das Argument, zudem sei das Geld besser bei der Nachwuchsarbeit angelegt. Nahezu alle NHL-Gastspieler wurden jedoch von Sponsoren gesondert finanziert. Vor allem aber waren die wenigen Einsätze der NHL-Profis eine willkommene, weil für die Liga werbeträchtige Kampagne zum Auftakt bei all den Unruhen, die noch hinter den Kulissen brodelten. Ohnehin: Die Kurzauftritte blieben in der zehnjährigen Geschichte der Liga bislang einmalig, weil die NHL und die NHLPA sich schließlich bis 2004 auf einen neuen Rahmentarifvertrag geeinigt hatten. Was wiederum nicht bedeutete, dass damit Kurzauftritte von vermeintlichen neuen DEL-Stars, die aus der NHL nach Deutschland wechselten, in Zukunft nicht mehr vorkamen. Denn Fehlgriffe gab es in den weiteren Saisons ebenso wie Glücksgriffe. Schon vor dem ersten DEL-Jahr standen einige ehemalige NHL-Spieler bei Klubs unter Vertrag, die in Deutschland längst zu Stars avanciert waren. Bei den Preussen Devils etwa John Chabot oder Tony Tanti, in Düsseldorf Kevin LaVallee und Chris Valentine, in Krefeld Peter Ihnacak, Greg Johnston in Kassel oder in Landshut Mike Bullard. Das Gros der Spieler aber bildeten die deutschen Athleten - bis das Bosman-Urteil im Dezember 1995 die DEL quasi über Nacht verwandelte. Und einer kam für kurze Zeit sogar zurück: Auch während der zweiten DEL-Saison 95/96 hatte Glenn Anderson die Augsburger Fans in Verzückung versetzt, nachdem er sich für neun Spiele den Panthern angeschlossen hatte. Bei den Eisbären war mit Peter John Lee ein 450-facher NHL-Crack auf Torejagd gegangen, der bereits in der Bundesliga zuvor ein Star war, auch Andrei Lomakin (215 NHL-Einsätze) lief in Ostberlin auf. In Düsseldorf kam mit Mikko Mäkelä ein weiterer ehemaliger NHL-Veteran (441 Spiele), in Frankfurt lief ein echter NHL-Star auf: Thomas Steen. Der Schwede hatte seit 1981 für die Winnipeg Jets gespielt und kam kurz vor dem Play-Off-Start für vier Spiele in die Mainmetropole, es folgten drei Saisons bei den Eisbären Berlin. In Köln leisteten sich die Haie die Dienste von Luciano Borsato (210 NHL-Einsätze) und Nikolai Borschevsky (193) und in Mannheim begann die DEL-Zeit von Paul Stanton (339 NHL-Spiele). In Ratingen spielte Jeff Lazaro (130), einige weitere ehemalige NHL-Spieler liefen auf, sie alle hatten jedoch nur wenige Einsätze in der besten Liga absolviert wie etwa Jose Charbonneau (Landshut), Peter Andersson und Pat Lebeau (beide DEG), Stephane Richer (Mann-

Der berühmte „Tikki-Talk" war nur eine Saison in der DEL zu hören, der fünffache Stanley Cup-Sieger Esa Tikkanen enttäuschte mit den Moskitos Essen 2000-01 maßlos.

heim), Bob Reynolds, Brian McReynolds und Paul Beraldo (alle Ratingen) sowie Gord Hynes und Rich Chernomaz (beide Schwenningen). Sensationell war die Rückkehr von Robert Reichel: Die Frankfurt Lions hatten den Tschechen tatsächlich dazu überreden können, eine Saison in der DEL zu absolvieren und der NHL den Rücken zu kehren. Angeblich soll Reichel damals für eine Summe von einer Million Mark gespielt haben. Und immerhin: In 46 Spielen schoss er 47 Tore und holte 101 Skorerpunkte. Es ist bis

Die DEL-Spieler mit den meisten NHL-Einsätzen

Aufgeführt sind die Spieler mit den meisten NHL-Einsätzen, die seit 1994 bis 2004 in der DEL aufgelaufe sind. Als Maßstab wurden mindestens 30 DEL-Spiele angesetzt, Spieler, die weniger Einsätze in der DE absolviert haben, sind gesondert aufgeführt. Bei den NHL- sowie DEL-Spielen wurden alle Partie zusammen genommen, also Vorrunde inklusive Play-Offs und Play-Downs. Ebenso wurden nur di Einsätze in der NHL bis zum Engagement in der DEL gelistet. Nachträglich absolvierte Partien (etwa be Robert Reichel) wurden nicht mit eingerechnet.

Spieler	NHL-Spiele	DEL-Spiele	DEL-Saison
S Brian Bellows (Berlin Capitals)	1331	31	1 (97-98)
S Greg Adams (Frankfurt Lions)	1137	50	1 (02-03)
S Esa Tikkanen (Moskitos Essen)	1063	46	1 (00-01)
S Thomas Steen (Frankfurt Lions/Eisbären Berlin)	1006	165	4 (95-99)
S Petr Klima (Kefeld Pinguine)	881	38	1 (97-98)
S Derek King (München Barons)	877	69	1 (01-02)
V Joe Cirella (Kölner Haie)	866	53	1 (96-97)
S Dean Evason (EV Landshut)	858	101	2 (97-99)
V Michel Petit (Frankfurt Lions)	846	48	2 (99-01)
S Sergio Momesso (Kölner Haie/Nürnberg Ice Tigers)	829	198	4 (97-01)
S Adam Creighton (Augsburger Panther)	769	31	2 (97-99)
S Mike Bullard (EV Landshut/Eisbären Berlin/SERC Wild Wings)	767	449	(94-03)
S Bob Sweeney (Revier LöwenFrankfurt Lions/München Barons)	742	194	4 (97-01)
S Tony Tanti (Preussen Berlin/Berlin Capitals)	727	193	4 (94-98)
S Sylvain Turgeon (Wedemark Scorpions/Revier Löwen/Kassel Huskies)	705	202	5 (96-01)
S Gary Leeman (Hannover Scorpions)	703	58	2 (97-99)
S Gino Cavallini (EV Landshut)	667	109	2 (96-98)
S John Druce (Hannover Scorpions/Augsburger Panther)	584	51	2 (98-00)
V Darryl Shannon (Krefeld Pinguine/Eisbären Berlin)	573	166	3 (01-04)V Cl
V Chris Joseph (Adler Mannheim)	541	108	2 (02-heute
S John Chabot (Preussen Berlin/Frankfurt Lions/Eisbären Berlin)	541	366	7 (94-01)
Spieler mit weniger als 30 DEL-Einsätzen (ohne die nur aufgrund des Streiks 1994 gekommenen Spieler)			
S Glenn Anderson (Augsburger Panther)	1311	14	2 (94-96)
S Bob Bassen (Frankfurt Lions)	858	14	1 (99-00)
S Randy Burridge (Hannover Scorpions)	813	14	1 (98-99)
V Zarley Zalapski (München Barons)	685	23	1 (00-01)

heute das einzige Mal, dass die 100-Punkte-Marke in der DEL übertroffen worden ist. Insgesamt ein überschaubares Feld an NHL-Spielern, nur wenige auch in der NHL verdiente Stars hatten sich in der DEL eingefunden.

Aus Nordamerikanern wurden Europäer

Das Bosman-Urteil und sehr viel mehr die Entscheidung der Liga im Jahre 1997, die Grenzen komplett zu öffnen, änderte den Einfluss der NHL-Cracks auf die DEL vehement. Zunächst aber waren die Manager der DEL-Klubs auf Ahnenforschung. Wer für die Saison 96/97 nicht auf Europäer aus Schweden, Finnland oder etwa Frankreich setzen, sondern sich nordamerikanischer Mentalität bedienen wollte, der musste in die Trickkiste greifen. Denn die Liga hatte entschieden, den Eishockeyspielern aus Staaten der Europäischen Union freien Eintritt zu gewähren: Sie besetzten ab sofort keine Ausländerplätze mehr. Tatsächlich funktionierte es bei einigen nordamerikanischen Akteuren, sie mit europäischen Pässen zu bestücken. So wurde aus dem Kanadier Chris Govedaris der erste Grieche in der DEL und aus dem 866-fachen NHL-Verteidiger Joe Cirella ein Italiener, dessen Teamkollege bei den Kölner Haien Luciano Borsato nun auch einen italienischen EU-Pass besaß. In Krefeld konnte Peter Ihnacak (Italien), in Mannheim Paul Stanton (Irland), in Schwenningen Gord Hynes (Irland) und in Landshut Mike Bullard (Irland) nun einen europäischen Ausweis vorzeigen und keiner von ihnen belastete das Ausländerkontingent. Weitere Neuzugänge wie Gino Cavallini (667 NHL-Spiele) wurden flugs mit EU-Pässen bestückt. Vergleichsweise wenige „echte" Europäer, die bereits länger in der NHL gespielt hatten, landeten in der DEL. Patrick Carnbäck (Kölner Haie, 154 NHL-Einsätze) bildete die einzige Ausnahme. Und auch nur wenige Neulinge, die in der NHL gespielt hatten und die noch eine „harte" Auslän-

Die DEL-Torhüter mit den meisten NHL-Einsätzen

Aufgeführt sind die Torhüter mit den meisten NHL-Einsätzen, die seit 1994 bis 2004 in der DEL aufgelaufen sind. Bei den NHL- sowie DEL-Spielen wurden alle Partien zusammen genommen, also Vorrunde inklusive Play-Offs und Play-Downs. Ebenso wurden nur die Einsätze in der NHL bis zum Engagement in der DEL gelistet. Nachträglich absolvierte Partien wurden nicht mit eingerechnet.

Spieler	NHL-Spiele	DEL-Spiele	DEL-Saisons
Vincent Riendeau (SC Riessersee/Revier Löwen)	209	65	2 (95-96/97-98)
Dominic Roussel (Star Bulls Rosenheim/Frankfurt Lions)	206	52	2 (97-98/02-03)
Frank Pietrangelo (Kaufbeurer Adler)	153	14	1 (97-98)
Pokey Reddick (Frankfurt Lions)	136	156	3 (99-02)
Jimmy Waite (Moskitos Essen/Iserlohn Roosters/ERC Ingolstadt)	112	168	3 (01-04)
Eric Fichaud (Krefeld Pinguine)	95	12	1 (01-02)

derlizenz benötigten, kamen. Dwayne Norris und Jim Montgomery (beide Köln), Andre Faust (Augsburg), Vitali Karamnov (Berlin Capitals) und Shawn Anderson (Wedemark Scorpions) bildeten damals Ausnahmen.

Grenzen offen für Fehleinkäufe

Die Saison 96/97 war jedoch nur die Ruhe vor dem Sturm, schon ein Jahr später sollte die NHL weitaus präsenter in der DEL werden. Die Entscheidung der Ligenleitung, die Grenzen generell für alle Spieler weltweit zu öffnen, zog eine Verpflichtungswelle sondergleichen nach sich. „Super-Schau oder Super-GAU" fragte damals vor der Spielzeit das Fachblatt Eishockey Magazin, weil zum einen hochkarätige Neuzugänge die Liga bevölkerten, zum anderen aber auch der deutsche Nachwuchs mehr und mehr in den Hintergrund gedrängt wurde. Plötzlich waren sie da, die NHL-Cracks, aber nicht alle entpuppten sich als die vermeintlichen Heilsbringer. Erfahrene Spieler wie Dean Evason, Mark Lamb, Chris Luongo und Dave McLlwain (alle Landshut), Bob Sweeney, Sylvain Turgeon, Chris Kontos, Tim Sweeney, Vincent Riendeau (alle Revier Löwen), Sergio Momesso, Bryan Glynn, Corey Millen (alle Köln), Yvon Corriveau (Eisbären Berlin), Daniel Marois (Mannheim), Gary Leeman (Wedemark), Petr Klima (Krefeld), Phil Bourque (Rosenheim), Mike Hudson (Augsburg) oder Frank Pietrangelo (Kaufbeuren) enterten die Liga. Aber: Die wenigsten waren echte NHL-Stars, eher Spieler der dritten oder vierten Reihe, Ergänzungsspieler, mit Defensivaufgaben betraute Cracks, Back-Up-Goalies. Und so kam es, dass so mancher Klub feststellen musste, dass viele Einsätze in der NHL noch lange kein Beweis für einen Spitzenspieler sind. Denn reihenweise floppten die vermeintlichen neuen Leistungsträger. Greg Hawgood wurde nach vier Spielen in Köln entlassen, Darren Rumble absolvierte 21 Partien für die Adler Mannheim, Tim Sweeney verließ die Revier Löwen, bevor er eingesetzt worden war. Kurios: Nach seiner Rückkehr in die USA leistete er sogar noch 56 Spiele bei den New York Rangers mit elf Toren und 18 Assists. In Augsburg war Stürmer Mike Hudson in Ungnade gefallen, bei Mannheim war es Denis Chasse. Die beiden Klubs tauschten die Spieler schnell untereinander, Hudson wurde immerhin mit den Adlern Meister, blieb ein weiteres Jahr. Auch der Fall Daniel Marois zeigt, dass nicht jeder NHL-erprobte Crack in der DEL wirkungsvoll sein muss. Nach 19 Spielen mit mäßigem Erfolg (drei Tore, sechs Assists) wurde der Stürmer freigegeben und wechselte in die Schweiz zum SC Bern. In 21 Partien kam der 369-fache NHL-Spieler dort auf 16 Tore und vier Assists und wurde ein weiteres Jahr unter Vertrag genommen. In Kassel wurde auch auf NHL-Spieler gesetzt, aber die Huskies hatten sich vergriffen. Mark Ferner blieb neun Spiele, Robert Burakovsky 17 Partien. Etwas später traf es Petr Klima in Krefeld: 38 Partien hatte der ehemalige NHL-Stürmer

(881 Spiele) bestritten, wegen Alkoholproblemen wurde er entlassen. Es war ein erstes Aussieben von Spielern, die in der DEL nicht Fuß fassen konnten. In der folgenden Saison gab die Liga ein ähnliches Bild ab wie im Vorjahr. Viele neue Gesichter kamen, wer auf eine NHL-Vergangenheit zurückblicken konnte, hatte durchaus bessere Karten. Neue Saison, neues Glück: Der Verpflichtungs-Marathon ging weiter. Dale Craigwell in Augsburg - nach 16 Spielen wieder weg. Paul Broten in Berlin bei den Capitals: 360 NHL-Spiele, bei den Caps zwar ein Leader, aber auf dem Eis ohne Fortune. Oder Gary Leeman in Hannover: In der Vorsaison noch auf Rang zehn der Skorerliste, im November 1998 rausgeworfen. Aber es war auch die Zeit großer Namen in der DEL. Sergio Momesso etwa, der bereits in der Vorsaison zu den Kölner Haien gekommen war, spielte nun für die Nürnberg Ice Tigers und war dort der „Königstiger", führte sein Team bis ins Finale. Und erst recht Brian Bellows: 31 Begegnungen leistete der auch in der NHL als Star bekannte Stürmer, schoss 15 Tore und gab 17 Vorlagen. Er ist auch heute noch der DEL-Spieler mit den meisten NHL-Einsätzen. Bereits im Vorjahr war auch Corey Millen gekommen, der dann im zweiten DEL-Jahr brillierte. In den Folgejahren blieb die DEL auf der NHL-Fährte. Wenn auch nicht mehr nur auf Namen und Statistiken geschaut wurde. Flops waren dennoch ebenso dabei wie neue Stars. Zunächst gingen die DEL-Teams die Spielzeit 99/00 vorsichtiger an, da waren plötzlich auch wieder europäische Cracks gefragt. Vergleichweise wenige neue Spieler, die in der NHL gedient hatten, wurden geholt. Alexander Godynyuk (223 NHL-Spiele) etwa, der zu den Eisbären Berlin wechselte oder der spektakuläre Wechsel von NHL-Haudrauf Enrico Ciccone. Der Tough Guy aus der NHL mit 1517 Strafminuten in nur 387 Spielen kam für 14 Partien zu den Moskitos Essen - und holte satte 101 Strafminuten. Ein Protestschrei ging durch die Liga, spielerisch jedoch war der Verteidiger wertlos. Auch heute noch ist dagegen Michel

Michel Petit bei den Frankfurt Lions: Nach über 800 NHL-Einsätzen war beim Verteidiger in der DEL nicht immer die erwartete Souveränität zu erkennen.

Der umgekehrte Weg

Die NHL-Cracks kommen - seit Jahren schon strömen NHL-Spieler in die DEL, aber es gab auch einige Fälle, in denen der Weg in die umgekehrte Richtung gegangen worden ist. Von der DEL in die NHL, das haben nicht nur junge Deutsche Spieler wie Jochen Hecht, Marco Sturm, Dennis Seidenberg oder Christian Ehrhoff gepackt. Über Österreich und die DEL empfahl sich etwa Marty Murray. 19 Spiele hatte der Center lediglich in der NHL absolviert, als er 1998 nach Österreich und im Jahr darauf zu den Kölner Haie wechselte. Starke Leistungen brachten ihm wieder ein NHL-Angebot ein, zunächst wurde er nur sieben Mal in der NHL eingesetzt, aber bereits im Jahr darauf fand er einen Stammplatz und absolvierte bis zum Ende der Saison 2003-04 225 Partien. Dass Sergei Berezin in die NHL wechseln würde, war schon nach seinen ersten Auftritten in der DEL 1994 sicher. Immerhin blieb der Russe zwei Saisons in Deutschland (94 Tore in insgesamt 106 Spielen), ehe er sich den Toronto Maple Leafs anschloss. 554 Begegnungen hat er inzwischen absolviert, wechselte aber 2003 wieder in sein Heimatland. Zwischen DEL und NHL tingelte auch Verteidiger Greg Andrusak hin und her. Zwölf Spiele leistete er bis 1996, dann kam er zu den Eisbären Berlin, blieb zwei Spielzeiten, absolvierte dann sieben Begegnungen in der NHL und drei in der IHL, kam wieder nach Europa, um für Servette Genf und erneut die Eisbären (19 Partien) zu spielen und ging 1999 wieder zurück nach Nordamerika, wo er nochmals neun NHL-Einsätze absolvieren durfte. 2001 wechselte er dann wieder in die DEL, in der er zwei Spielzeiten blieb. Erstaunlich ist auch die Geschichte von Verteidiger Kari Haakana. 1998 kam der Finne in die DEL, blieb für zwei Spielzeiten bei den Star Bulls Rosenheim mit mäßigem Erfolg. Groß und kräftig, aber eher hölzern wirkte der Blueliner. Für die DEL eher untauglich. 2001 jedoch wurde er von den Edmonton Oilers gedraftet und absolvierte in der Saison 2002-03 tatsächlich 13 Spiele für die Oilers. Über den Umweg DEL hatte sich auch der Frankfurter Publikumsliebling Len Barrie für die NHL empfohlen. 68 NHL-Partien hatte der Center vor seinem Wechsel nach Deutschland 1997 bestritten. 1999 verabschiedete er sich wieder, betrieb Vertragspoker und hatte tatsächlich nach herausragenden Leistungen in der DEL ein NHL-Angebot vorliegen, das die Lions nicht übertrumpfen konnten. Barrie kam bis zu seinem Karriereende 2001 noch 124-mal in der NHL zum Einsatz. Zuletzt wechselte Christoph Brander über die DEL in die NHL. Drei überaus erfolgreiche Jahre in Deutschland mit der Meisterschaft brachten ihm ein Engagement für 35 Partien in der NHL ein. Ein weiterer DEL-Crack, der erst nach seinem Deutschland-Auftritt in der NHL landen konnte, war Verteidiger Alan Letang. 1997 kam er nach Kaufbeuren, wechselte nach der Pleite der Adler zu den Augsburger Panthern, dann ging es 1998 zurück in die Heimat. 1999 folgte dann sein erster NHL-Auftritt bei den Dallas Stars (acht Spiele), 2001 bei den Calgary Flames der zweite (zwei) und im Jahr darauf der dritte bei den New York Islanders mit vier Matches. Interessant: Für die Saison 2004-05 wird sich Letang wieder in der DEL versuchen bei den Hamburg Freezers. Phänomenal war auch die Entwicklung von David Oliver. 191 NHL-Spiele hatte er bis zu seinem DEL-Engagement 2001 gezeigt, aber aus dem vermeintlichen Topspieler war nie ein echter NHL-Spitzenspieler geworden, wie die NHL-Scouts orakelt hatten. Nach 68 Partien bei den Barons zog es ihn wieder nach Nordamerika, wo er zwölf Einsätze für die Dallas Stars in der Saison 2002-03 absolvierte und 2003-04 weitere 37. Jim Montgomerys Laufbahn verlief ähnlich. Als er 1996 bei den Kölner Haien anheuerte, hatte er 93 NHL-Spiele absolviert. Nach der einen Saison in der DEL folgten bis 2003 weitere 37 Matches. Auch zwei Torhüter fanden den Weg über die DEL in die NHL: Mike Rosati von den Adler Mannheim absolvierte 98-99 ein Spiel in der NHL, kehrte aber schnell wieder in die DEL zurück. Roman Turek dagegen weilt noch immer in Nordamerika. 1995-96 zeigte er eine phantastische Saison bei den Nürnberg Ice Tigers, wurde dann in die NHL gelockt. Seitdem hat er für die Dallas Stars, St. Louis Blues und Calgary Flames 349 Spiele bestritten.

Petit einer der Spieler, die mit den meisten absolvierten NHL-Einsätzen in der DEL aufliefen. 846 NHL-Matches hatte der Verteidiger bestritten, für die Frankfurt Lions wechselte der Veteran zwischen Genie und Wahnsinn. Bei den Lions war in dieses Saison ohnehin das NHL-Fieber ausgebrochen: Mit Bob Bassen (858 NHL-Partien) und Torwart Pokey Reddick (sechs NHL-Spielzeiten mit 136 Einsätzen) kamen weitere NHL-Cracks nach Hessen. Eine bemerkenswerte Saison und einen ebenso bemerkenswerten Werdegang hatte der 705-fache NHL-Stürmer Sylvain Turgeon. Bereits 96/97 stand er für nur zehn Spiele im Kader der Wedemark Scorpions (vier Tore, sechs Assists), kam im Jahr darauf für 27 Partien zu den Revier Löwen (26 Punkte), ehe er nach der Hälfte der Saison in die Schweiz wechselte, 98/99 holten ihn die Kassel Huskies, bei denen er bis 2001 blieb. 99/00 hatte er 30 Tore erzielt, dabei konnte er läuferisch kaum mithalten und wirkte oftmals fehl am Platze. Seinen Torinstinkt aus der NHL mit 273 Treffern hatte er aber nicht verloren. Dagegen lief es bei Brent Fedyk (486 NHL-Einsätze) in Kassel gar nicht und nach 24 Partien war die Partnerschaft beendet. Wie auch in Mannheim mit Dmitri Kvartalnov (116 NHL-Spiele mit 42 Toren und 49 Assists): Der Russe kam für 15 Einsätze und erntete viel Kopfschütteln, weil er sich der DEL nicht gewachsen zeigte. Während sich der 533-fache NHL-Veteran Yves Racine bei den Adlern prächtig einführte. Stark auf NHL-Erfahrung hatten die München Barons gesetzt, die Meister im Jahr 2000 wurden. Während der Saison komplettierte NHL-Veteran und -Goon Brent Severyn (336 NHL-Einsätze) das Team, bei dem mit Peter Douris, Bob Sweeney, Chris Luongo, Mike Kennedy und Bob Joyce bereits mehrere langjährige NHLer spielten. Reinfälle dagegen bei den Nürnberg Ice Tigers: Russ Romaniuk (104 NHL-Spiele) und Sergei Bautin (138) enttäuschten auf ganzer Linie, auch Alain Cote (130) war kein Volltreffer. Es waren in dieser DEL-Saison die Spieler, die in der NHL bislang nur einzelne Einsätze absolviert hatten, in ihrer Karriere zwischen 50 und 150 Spielen in Nordamerikas Spitzenliga geleistet hatten, die hauptsächlich nach Deutschland kamen. Scott Levins (Revier Löwen), Stephane Beauregard, Iain Fraser, Todd Harkins oder Daniel Laperriere (alle Schwenningen) waren weitere dieser Akteure. Auch in der Saison danach wurde mit Vorsicht und Bedacht verpflichtet. Immerhin kamen so die in der DEL überzeugenden Akteure Alex Hicks (273 NHL-Einsätze) und Gary Shuchuk (162) in die Liga. Scott Pearson (302) war dagegen keine längerfristige Zukunft in der DEL beschieden. So wie auch Esa Tikkanen, vielleicht der größte NHL-Star, der sich bis heute über einen längeren Zeitraum in der DEL engagiert hatte. 1063 Matches hatte er in der NHL geleistet, war fünffacher Stanley Cup-Sieger und international berühmt. Bei den Moskitos Essen jedoch war von dem einstigen Schlagschussspezialisten und emotionsgeladenen Kämpfer nicht mehr viel zu sehen.

Sergio Momesso: Mit 103 Kilo und 1,92 Meter Körpergröße war der 829-fache NHL-Spieler eine imposante Erscheinung auf dem Eis und wusste sich in Szene zu setzen. In 199 Spielen für die Kölner Haie und Nürnberg Ice Tigers erzielte der Hüne 71 Tore und gab 93 Vorlagen bei 684 Strafminuten in der Vorrunde sowie den Play-Offs.

Private Probleme machten dem Finnen zu schaffen, der eine enttäuschende Saison hinlegte. Einen dicken Fisch hatten auch die München Barons an Land gezogen: Zarley Zalapski kam für 23 Spiele mit 685 NHL-Partien auf dem Buckel. Viel konnte er jedoch in der für ihn zu schnellen und technisch versierten DEL nicht ausrichten.

Manager achten auf Leistung statt Namen und Statistiken

In den folgenden Jahren blieb zwar das Interesse der Manager an der NHL weiterhin hoch, es kam jedoch nur noch selten zu spektakulären Verpflichtungen. Mit Bedacht wurden Spieler ausgewählt, die bereits über Europa-Erfahrung verfügten oder vor Ort gesichtet worden waren und von denen sich die Verantwortlichen direkt ein Bild machen konnten, ob sie für die größere Eisfläche geeignet sein würden. Zu oft war zuvor auf die bloße Empfehlung von Spielervermittlern oder Scouts gehört worden, die oftmals auch ein Eigeninteresse (Geld) mitbrachten, den ein oder anderen Spieler zu transferieren. Trotzdem kam es noch zu manch interessantem Wechsel. Evgeny Davydov etwa, der Russe, der 2001/02 bei den Berlin Capitals spielte. Der technisch versierte Außen hatte 166 NHL-Partien absolviert und immerhin 42 Tore und 41 Vorlagen geleistet. In der DEL kam er auf sechs Tore und neun Assists in 37 Partien - ein klarer Fehlgriff. Auch Capitals-Verteidiger Francois Leroux (282 NHL-Einsätze) zeigte in der DEL lediglich körperliche Härte. Die Moskitos Essen lotsten Jimmy Waite in die DEL. Der Torwart zählt auch heute noch zu den Besten der Liga, 112 Einsätze in der NHL sind für einen Goalie ein beachtlicher Wert. Bei den Frankfurt Lions stellte sich Alexander Selivanov vor. Der Schwiegersohn von NHL-Star Phil Esposito war eine Bereicherung für die Liga, weil er technisch überragte. Jedoch fehlte es an Mitspielern, die der 472-fache NHL-Spieler in Szene hatte setzen können und umgekehrt hatten sie seine oftmals komplizierten Passwege nicht verstanden. Es waren nach wie vor die nur sporadisch in der NHL zum Einsatz gekommenen Spieler, die sich in der DEL dauerhaft durchsetzen konnten. Gilbert Dionne (262 NHL-Spiele) blieb nur zwei Saisons in Krefeld und Hannover, Torwart Eric Fichaud (95) blieb nur für zwölf Spiele. Aber es setzten sich auch NHL-Veteranen in Szene. Darryl Shannon (573) gelang das in Krefeld, Rene Corbet (415) in Mannheim, Derek Plante (491) und Derek King (877) in München. Waren in den ersten acht Jahren der DEL noch Fehleinkäufe an der Tagesordnung, weil zu oft auf wohlklingende Namen und NHL-Vergangenheit geschaut wurde, kamen in den Saisons 02/03 und 03/04 mehr und mehr Spieler, von denen sich die Manager sicher sein konnten, dass sie in der DEL bestehen würden. Nur wenige können dabei auf eine längere NHL-Karriere zurückblicken, etwa der Schwede Ricard Persson (255 Einsätze) oder Jesse Belanger (258), Ted Drury (428) und Chris Joseph (541). Erneut präsentierte sich auch ein langjähriger NHL-Veteran in der DEL: Greg Adams. Bei den Frankfurt Lions zeigte er eine ansprechende Saison, konnte aber trotz 1137 NHL-Einsätzen seine Mannschaft auch nicht in die Play-Offs hieven. An Teamkollege Dominic Roussel im Tor mit 206 NHL-Partien hatte es ebenso nicht gelegen, dass die Lions erfolglos waren. Prominent wurde es dann nochmals zur Saison 2003/04. Denis Pederson wechselte nach 462 NHL-Spielen zu den Eisbären Berlin, in Hamburg folgten dem Lockruf der Freezers Darren Van Impe (444) und Mark Greig (130), in Ingolstadt hatte Verteidiger Ken Sutton (420) zunächst Probleme mit der großen Eisfläche, stabilisierte sich aber und empfahl sich für eine Weiterverpflichtung, die auch folgte und in Iserlohn kam mit James Black (365) ein weiterer NHL-Veteran in die Liga. Nach wie vor übt die NHL also einen großen Reiz für die DEL-Klubs aus. Schließlich war die Liga selbst ja 1994 nach NHL-Vorbild gegründet worden: eigenständige GmbHs statt gemeinnützige Vereine. Auch für die elfte DEL-Saison haben sich bereits mehrere NHL-Spieler angekündigt und könnten die Liga bereichern - oder eben enttäuschen, wie so viele vor ihnen. Zeigen wird sich das immer erst während der Saison. Somit ist und bleibt die Verpflichtung eines NHL-Spielers keine Garantie für Erfolg.

Patrick Bernecker

Derek King blieb nur für eine Saison in der DEL bei den München Barons, den Umzug des Klubs nach Hamburg hat der ehemalige NHL-Spieler nicht mitgemacht und zog wieder nach Nordamerika.

Zehn DEL-Champions: Der Weg zur Meisterschaft

Deutscher Meister 1995
Kölner Haie

Ausgelassene Stimmung nach dem entscheidenden fünften Finalspiel 1995: Die Kölner Haie in der Kabine mit dem DEL-Pott, der nach der Saison 97/98 gegen einen größeren Pokal ausgetauscht wurde.

Gemessen an den Erwartungen erfüllte der Titelgewinn der Kölner Haie genau das, was in der Domstadt an vorsaisonalen Ansprüchen formuliert wurde. Allein: Der Weg dorthin war beschwerlich. Kein Team hatte sich so namhaft verstärkt wie die Haie, die schon Liga-Stars wie Kapitän Jörg Mayr, Thomas Brandl und Andreas Lupzig sowie den kommenden Star-Verteidiger Mirko Lüdemann unter Vertrag hatten. Neben den Rückkehrern Peter Draisaitl und Andreas Pokorny wurde das Team unter anderen mit dem russischen Supertalent Sergei Berezin (22) und Austria-Verteidiger Herbert Hohenberger verstärkt. Veredelt wurde die Startruppe während des NHL-Lockouts bis Mitte Januar durch Jozef Stümpel (Boston, 39 Punkte in 25 Spielen) und Kurzgastspieler Jeremy Roenick. Der Star der Chicago Blackhawks erzielte in drei Spielen im Dezember drei Tore. Quasi als Weihnachtsgeschenk holten die Haie aus der Konkursmasse der

Maddogs München Mike Schmidt und Tobias Abstreiter, dazu im Januar Trainer Bob Murdoch. Denn unter dem lange kritisierten und gestrengen Russen Wladimir Wassiljew kam das Starensemble in der neuen Liga nicht wirklich zurecht. Platz sechs nach der Vorrunde bildete eine eher ungünstige Ausgangsposition für die Play-Offs, hatten die Rheinländer doch nur in der ersten Runde Heimrecht. Aber: Mit Murdoch an der Bande und dem immer besser werdenen Sergei Berezin als Top-Torjäger steigerte sich die Mannschaft von Spiel zu Spiel. Das wurde schon zum Ende der Vorrunde deutlich, als die Kölner fünfmal in Serie gewannen. Achtelfinalgegner Kaufbeuren war anschließend kein Prüfstein, Mannheim wurde nach Anlaufschwierigkeiten im Anschluss in den ersten drei Spielen ebenso deutlich besiegt wie im Halbfinale Vorrundenmeister Preussen Berlin nach einer Niederlage im ersten Spiel. Großes Plus der Kölner: Sie waren körperlich topfit, eine Hinterlassenschaft der Ära Wassiljew. Das machte sich im Finale gegen Bernie Johnstons EV Landshut und den überragenden Mike Bullard (er erzielte drei Tore im ersten Drittel des ersten Finalspiels), sowie die Ex-Kölner Lieblinge Udo Kießling und Helmut Steiger bemerkbar. Die Niederbayern führten mit 2:1, ehe ihnen die Luft ausging. Nach dem 8:2 in Köln dauerte es im dramatischen fünften Spiel in Landshut bis zur 42. Minute, ehe Sergei Berezin die Weichen auf Meisterschaft stellte. Sein phantastisches Solo zum 1:0 ist eines der schönsten Tore der DEL-Geschichte. Insgesamt brachte es der Russe auf unglaubliche 55 Saisontreffer. Der 4:0-Sieg durch ein weiteres Tor von Berezin sowie Treffer von Andi Lupzig und Thomas Brandl waren eine besondere Genugtuung für Haie-Goalie Peppi Heiß, der sich fortan nie mehr die „Wer wird niemals Meister"-Sprechchöre anhören musste, die vornehmlich die Düsseldorfer Fans jahrelang angestimmt hatten. Dementsprechend konnten er und die Mannschaft sich am Abend des 9. April 1995 von 5000 Fans am Kölner Flughafen feiern lassen.

Finale: So haben sie gespielt

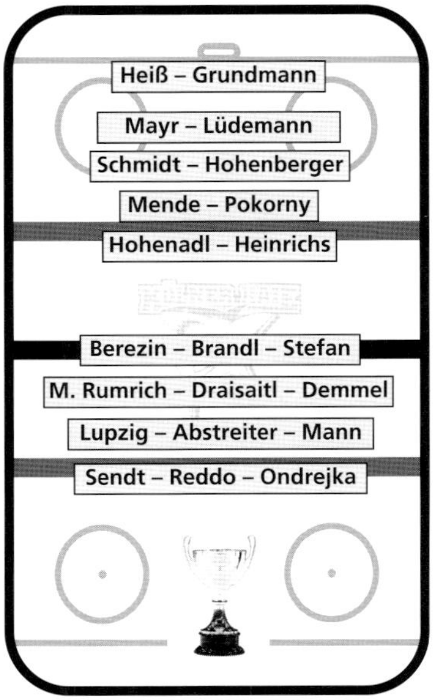

Meisterehren

Tor Joseph Heiß, Olaf Grundmann **Verteidigung** Mike Schmidt, Jörg Mayr, Mirko Lüdemann, Andreas Pokorny, Karsten Mende, Frank Hohenadl, Marco Heinrichs, Herbert Hohenberger **Sturm** Thomas Brandl, Stefan Mann, Ronny Reddo, Leo Stefan, Peter Draisaitl, Ralf Dobrzynski, Andreas Lupzig, Michael Rumrich, Jeremy Roenick, Jozef Stümpel, Martin Ondrejka, Thorsten Sendt, Thorsten Koslowski, Tobias Abstreiter, Franz Demmel, Sergei Berezin

Deutscher Meister 1996
Düsseldorfer EG

Die Spieler der Düsseldorfer EG reihen sich auf, um die Medaillen verliehen zu bekommen.

Auf die Enttäuschung folgte überschwängliche Freude: Die DEG war im ersten DEL-Jahr 94/95 an den eigenen Vorgaben gescheitert. Nur Rang fünf nach der Vorrunde, dann das Aus im Viertelfinale gegen den Nachbarn Krefelder EV. Ein herber Rückschlag nach den erfolgreichen sechs Jahren zuvor, als die Düsseldorfer immer im Finale standen und viermal Meister wurden. Für 95/96 erfolgte ein Wechsel auf der Trainerposition: Für Hans Zach kam der Schwede Hardy Nilsson, der sein Amt als Coach der Schweizer Nationalmannschaft niederlegte. Spiel eins in der Vorrunde ging dann ausgerechnet gegen die schwachen Kaufbeurer Adler zuhause verloren, bei den Fans machte sich Pessimismus breit. Doch dann legten die Spieler von Nilsson los: Aus den folgenden 13 Partien gingen sie zehnmal als Sieger hervor (bei drei Remis) und eilten dem Feld davon. Das Sahnestück der Mannschaft: die Defensivabteilung. Helmut de Raaf stand im Tor, davor eine enorm stark besetzte Abwehr mit den international erfahrenen Brad Bergen, Andreas Niederberger, Uli Hiemer, Sergei Sorokin, Rick Amann und dem spät in der Saison verpflichteten, aber überragenden Schweden Peter Andersson. Im Sturm reihten sich ebenso klangvolle Namen ein, der kurz vor dem Ende der Vorrunde mit Patrick Lebeau sowie dem starken Russen Alexei Kudashov nochmals entscheidend verstärkt worden war. Besonders auswärts hatte sich die DEG als stärkstes Team der Liga präsentiert, verlor nur fünfmal (ein Spiel in der Verlängerung) auf fremdem Eis in 25 Begegnungen. Platz drei sprang nach der

Vorrunde heraus, in den Play-Offs ging es zunächst gegen den SC Riessersee, der schnell in drei Spielen „verputzt" wurde. Im Viertelfinale schmiss die DEG die KEV Pinguine mühelos aus dem Rennen und revanchierte sich für die Niederlage im Vorjahr. Die Tormaschine lief auf Hochtouren: In den sechs Partien hatte die DEG 31 Treffer eingeschenkt, über fünf Tore im Schnitt pro Spiel. Und auch im Halbfinale wurde die Mannschaft nicht wirklich vor eine ernsthafte Probe gestellt: Nur in Spiel eins der Serie gegen die Preussen Berlin war die DEG gefordert, denn die Berliner hatten sich zuvor ausgepowert. Erneut blieb die DEG ohne Niederlage und zog ins Finale ein. Dort warteten die Kölner Haie, der Meister des Vorjahres. Bereits 1986 sowie 1991 und 1993 trugen die Erzrivalen die Endspielserie in der 1. Bundesliga aus, einmal nur hatten sich die Haie dabei durchsetzen können. Das erste Aufeinandertreffen im April 1996 jedoch entschieden die Haie spektakulär für sich. 3:1 hatte die DEG bereits in Köln geführt, ehe die Haie drei Treffer in Überzahl und einen in Unterzahl erzielten und sich am Ende mit 7:4 durchsetzten. Im zweiten Spiel reagierte die DEG wütend auf die Niederlage, setzte auf Angriff und stürmte die Haie in Grund und Boden. Ein Drittel lang wehrten sie sich nach Kräften, aber letztlich hielten sie nicht stand. Mit 41:23-Schüssen war die DEG drückend überlegen und siegte verdient mit 5:1. Nach zwei Minuten im dritten Spiel in Köln lag die DEG dann bereits in Führung und drei weitere Tore in Überzahl machten den verdienten Sieg der DEG (5:0) komplett. Spiel vier wanderte zurück nach Düsseldorf und für dieses hatten sich die Haie viel vorgenommen. Tatsächlich markierte Sergei Berezin den ersten Treffer und die Haie bestimmten das Spiel. Zudem fiel DEG-Goalie Helmut de Raaf ausgerechnet nach 24:32 Minuten verletzt aus. Die Haie brachten sich schließlich selbst um einen Sieg durch viele Strafzeiten, die die DEG ausnutzte: Dreimal trafen sie in Überzahl und kurz vor dem Ende des zweiten Drittels versetzte ihnen Pat Lebeau mit einem Unterzahltreffer einen entscheidenden Schlag zum 4:1 (Endstand 4:2) für die Gastgeber.

Finale: So haben sie gespielt

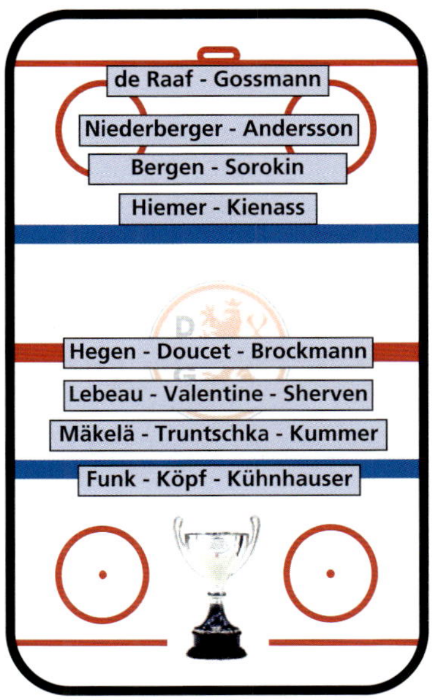

Meisterehren

Tor Helmut de Raaf, Carsten Gossmann **Verteidigung** Torsten Kienass, Christoph Kreutzer, Brad Bergen, Andreas Niederberger, Uli Hiemer, Sergei Sorokin, Robert Sterflinger, Peter Andersson **Sturm** Lorenz Funk, Chris Valentine, Gordon Sherven, Benoit Doucet, Bernd Kühnhauser, Dieter Hegen, Andreas Brockmann, Bernd Truntschka, Wolfgang Kummer, Mikko Mäkelä, Ernst Köpf, Patrick Lebeau, Boris Lingemann, Niki Mondt

Deutscher Meister 1997
Adler Mannheim

Die erste DEL-Meisterschaft für die Adler Mannheim. Gleich in den folgenden beiden Jahren sollten zwei weitere Meisterschaften folgen, 2001 dann die vierte, was den Klub zum erfolgreichsten der DEL-Geschichte macht.

25.000 Kilometer bis zum ersten Titel nach 17 Jahren. Es war ein langer Weg, den Mannheims Manager Marcus Kuhl und Trainer Lance Nethery auf sich genommen hatten. Nach Verkündung des Bosman-Urteils reisten sie quer durch Europa, um nach Verstärkungen zu suchen. Fündig wurden sie in Österreich, Italien und Frankreich. Kein anderer Klub hatte sich derart konsequent auf die neue Situation eingestellt wie die Adler. Starke Spieler zu bezahlbaren Preisen, das war das Ergebnis der Einkaufstour. So war es dann auch kein Wunder, dass die neuformierten Kurpfälzer, die sich erstaunlich schnell fanden, die Liga dominierten. Von Anfang an lieferten sie sich an der Spitze der DEL ein Kopf an Kopf-Duell mit den Kölner Haien. Italiens Nummer eins Mike Rosati avancierte zu einem der besten Torhüter der Liga, die Nordamerikaner Stephane Richer und Paul Stanton - ohnehin zwei der besten Verteidiger aller Zeiten in der DEL - bekamen mit dem Belgier Mike Pellegrims, dem Österreicher Martin Ulrich und dem Italokanadier Bob Nardella weitere überragende Abwehrspieler an ihre Seite gestellt. Im Sturm sorgten neben „Play-Off Monster" Dave Tomlinson die Italokanadier Rob Cimetta und Paul Beraldo sowie Dieter Kalt (Österreich) und Christian Pouget (Frankreich) für Tore. Dazu mit Spielmacher Pavel Gross, dem jungen, aufstrebenden Jochen Hecht und Alexander Serikow weitere wichtige Akteure im Team, die das Starensemble abrundeten. Den wichtigsten Baustein aber verpflichteten die Mannheimer erst im Januar. Fündig wurden sie diesmal in Lausanne in der Schweizer Nationalliga B: Philippe Bozon, zuvor erster Franzose in der NHL, feierte seinen Einstand mit drei Toren gegen den Erzrivalen Frankfurt Lions und sollte fortan drei Jahre lang herausragende Leistungen im Friedrichspark bringen. Ein stiller Star, der durch harte Arbeit und Disziplin glänzte, gleichzeitig aber im Duett mit seinem Landsmann Christian Pouget ein großartiger Vorbereiter und Vollstrecker war. Sechs Tore erzielte er allein beim Durchmarsch in den Play-Offs, dem bis heute einzigen eines DEL-Meisters: Neun Siege in neun Spielen gegen Krefeld (4:1, 4:1, 8:4), Landshut (7:5, 4:2, 4:3) und Überraschungsfinalist Kassel (5:4, 5:2, 4:2). Gerhard Brunners Huskies um den Spieler des Jahres Roger Öhmann und Torjäger „Mörser-Mike" Millar waren lediglich im hart umkämpften ersten Spiel der Finalserie nahe dran an einer Sensation. Immerhin durften sie nach dem entscheidenden dritten Finale an einem magischen Moment teilhaben. Mannheims 38-jährige Verteidiger-Legende Harold Kreis stand mit dem Schlusspfiff tränenüberströmt im Mittelpunkt der Ovationen. Er hatte die komplette Zeitspanne seit 1980, dem ersten MERC-Titel, in der Kurpfalz verbracht und beendete nach 17 Jahren Wartezeit auf den zweiten Erfolg seine Karriere. Sein Trikot mit der Nummer drei hängt seither in der Hallendecke des Mannheimer Friedrichsparks.

Finale: So haben sie gespielt

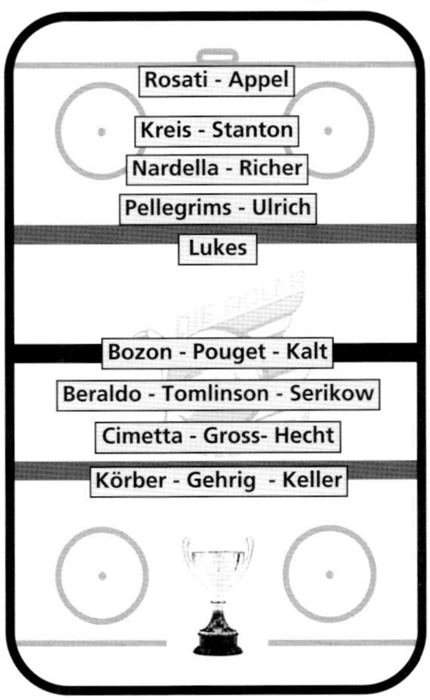

Meisterehren

Tor Mike Rosati, Joachim Appel **Verteidigung** Harold Kreis, Paul Stanton, Christian Lukes, Robert Nardella, Stephane Richer, Martin Ulrich, Mike Pellegrims, Alexander Erdmann **Sturm** Mario Gehrig, Pavel Gross, Dave Tomlinson, Daniel Körber, Robert Cimetta, Jochen Hecht, Florian Keller, Philippe Bozon, Alexander Serikow, Christian Pouget, Dieter Kalt, Paul Beraldo, Steven Thornton, Francois Guay, Till Feser, Thomas Hartogs

Deutscher Meister 1998
Adler Mannheim

Schon wieder Meister: Die Adler Mannheim 1998 nach der erfolgreichen Titelverteidigung.

Schöner und spektakulärer hatten in dieser Saison andere Teams gespielt. Die neuformierten Frankfurt Lions etwa, die, angeführt von Len Barrie, zum Teil hinreißendes Eishockey boten. Meister aber wurden wieder die Adler. Weil sie erneut die notwendigen Zutaten hatten, als es darauf ankam: in den Play-Offs. Nervenstärke, Kampfgeist, Disziplin und viel Charakter. „Noch im März hätte ich nicht auf uns gewettet", gab Trainer Lance Nethery nach der erfolgreichen Titelverteidigung zu. Dabei waren die Adler stark gestartet und nach der Hauptrunde noch Erster. In der Meisterrunde der besten sechs Teams schwächelten sie aber gerade zuhause bedenklich. Überraschend. Denn nach der Komplettöffnung der Liga für ausländische Spieler hatten die Kurpfälzer auf dem Transfermarkt noch einmal zugeschlagen und das Meisterteam weiter verstärkt. So schien es. Es stellte sich aber heraus, dass sie sich dabei etwas „verkauft" hatten: Darren Rumble, Denis Chassé, Dan Marois - Spieler mit großer Reputation und kleiner Leistung - waren bald wieder weg. Ein wirklich guter Griff war nur der elegante Verteidiger

Gord Hynes. Wieder aber war es eine Verpflichtung während der laufenden Spielzeit, die sich zu einem wichtigen Baustein im Meisterteam entwickelte: NHL-Veteran Mike Hudson, der zuvor in Augsburg überhaupt nicht zurecht kam, kam im Tausch gegen Chassé und wurde speziell in den Play-Offs zu einer Leitfigur: Einsatzbereitschaft, starkes Bullyspiel und erfolgreiches Penaltykilling - die Zutaten, die Siegerteams brauchen. Als Vierter waren die zeitweise unter Formschwächen und Verletzungen leidenden Adler in die Endrunde gegangen. Nun begannen sie erneut zu marschieren. Jungstar Jochen Hecht stand in seiner letzten DEL-Saison zwar vor dem vielbeachteten Absprung in die NHL, er wurde aber klar von einem anderen deutschen Nationalspieler ausgestochen: Alexander Serikow wurde mit neun Treffern Torschützenkönig der Play-Offs und übertraf damit sogar Leistungsträger wie Dave Tomlinson und Phillippe Bozon. Viertelfinalgegner Düsseldorfer EG, das ohnehin vor dem Ausstieg aus der Liga stand, wehrte sich zu Beginn der Endrunde kaum gegen das Aus. Gegen die hoch eingeschätzten Frankfurt Lions war in nur drei Spielen überraschend im Halbfinale die bessere Disziplin ausschlaggebend. Spannend war diese Serie nur im dritten Spiel, das die Adler im Penaltyschießen (Dieter Kalt und Mike Pellegrims trafen) 3:2 gewannen. Gegen die Eisbären war der Sieg im ersten Finale im Wellblechpalast richtungsweisend: Der in der Vorrunde oftmals heftig kritisierte Mike Rosati (Klaus Merk wurde deshalb zur Sicherheit im Frühjahr als Back-Up geholt) spielte zu Null und der aus der Konkursmasse von Kaufbeuren geholte Ergänzungsspieler Chris Felix erzielte beim 2:0 den Siegtreffer - sein einziges Saisontor. Es brachte den Heimvorteil nach Mannheim, den sich die Adler nicht mehr nehmen ließen, obwohl sie in der Finalserie wegen einer Schulterverletzung auf ihren besten Verteidiger Stephane Richer verzichten mussten. Schwacher Trost für die Eisbären: Sie gewannen das bis dato torreichste Finalspiel der DEL-Geschichte mit 8:7 - ihr einziger Sieg in der Serie.

Finale: So haben sie gespielt

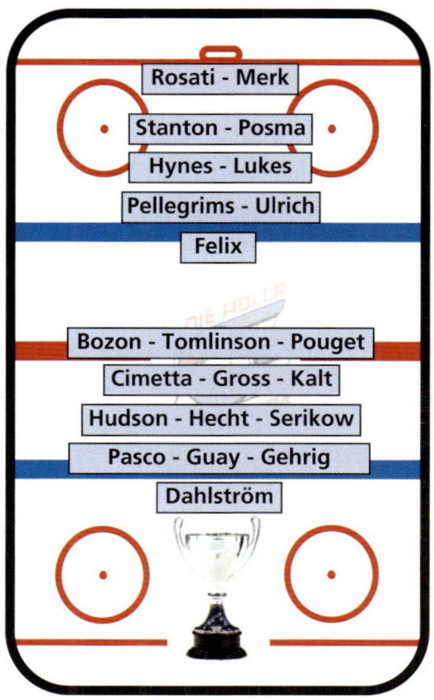

Meisterehren

Tor Mike Rosati, Christian Künast, Klaus Merk **Verteidigung** Paul Stanton, Christian Lukes, Stephane Richer, Martin Ulrich, Mike Pellegrims, Gord Hynes, Christopher Felix, Mike Posma, Alexander Erdmann **Sturm** Mario Gehrig, Pavel Gross, Dave Tomlinson, Robert Cimetta, Jochen Hecht, Philippe Bozon, Alexander Serikow, Christian Pouget, Dieter Kalt, Francois Guay, Ole Dahlström, Mike Hudson, Ron Pasco, Philipp Schumacher

Deutscher Meister 1999
Adler Mannheim

Aller guten Dinge sind drei: Trotz einer durchwachsenen Vorrunde wurden die Adler Mannheim zum dritten Mal in Folge Meister.

Dass es überhaupt zum Titelhattrick der Mannheimer Adler kommen konnte, hatten diese Dietmar Hopp zu verdanken. Der Gründer der Weltfirma SAP rettete die Kurpfälzer im Sommer 1998 mit einer Finanzspritze vor dem drohenden Konkurs. Diese Sanierung ermöglichte es dem Erfolgsduo Nethery/Kuhl erneut, eine schlagkräftige Mannschaft zusammen zu stellen. Mit „Rocketman" Jackson Penney, nach Gord Hynes und Mike Stevens eine weitere Verstärkung vom kleinen Landesrivalen Schwenninger Wild Wings, und dem eleganten Jan Alston hatten sie ein unwiderstehliches Skorerduo an Bord. Dumm nur, dass gleichzeitig ein anderes Tandem Sorgen machte: Weder die kurzfristig geholten Torhüter Danny Lorenz noch Sven Rampf konnten den späten Abgang von Mike Rosati in die NHL kompensieren. „Pannen-Danny" verunsicherte die Mannschaft derart, dass die Kurpfälzer viele Punkte unnötig verloren und handeln mussten. Am Jahresende verpflichteten sie quasi aus dem Ruhestand heraus die 37-jährige Torwartlegende Helmut deRaaf, heute Cheftrainer der Mannheimer und kurz darauf den nur ein Jahr jüngeren Pavel Cagas, der noch zwei Jahre zuvor das Finale mit Kassel gegen Mannheim verloren hatte, der vom tschechischen Opava ausgeliehen wurde. Mit ihnen und Paul Stanton, der nach einer schweren Virusinfektion im Handgelenk wieder zu seiner Form fand, stand dann auch die Abwehr. Rechtzeitig zur Endrunde, in der die Adler erneut ihre Klasse ausspielten. In der Abwehr überragte das Abwehrduo Hynes/Richer, bei denen jeder mit 52 Skorerpunkten in der gesamten Saison einen neuen Verteidiger-Klubrekord aufstellte. Vorne zeigte neben Alston und Penney erneut Dave Tomlinson seine Play-Off-Qualitäten. Über Landshut und Vizemeister Eisbären Berlin, der unter anderem mit 6:0 und 9:3 gedemütigt wurde, zogen die Adler ins Finale gegen Nürnberg ein. Die Ice Tigers mit dem überragenden Torhüter Andrei Mezin und ihrer Top-Reihe mit Sergio Momesso, Jason Miller und Martin Jiranek waren die Überraschung der Saison. Dementsprechend eng ging es im Finale zu. 2:1 führten die Franken in der Serie und im vierten Spiel in Mannheim bereits mit 2:0, ehe zweimal Alston sowie Serikow und Tomlinson Spiel fünf erzwangen. Hochspannung im wieder überfüllten Linde-Stadion in Nürnberg. Und wieder war es ein Indianer, der ein wichtiges Tor erzielte: Der Franzose Denis Perez, als überzähliger Verteidiger von Nethery in den Sturm gestellt, traf mit seinem erst zweiten Saisontreffer zum 1:0 für sein Team. Dreimal gingen die Adler in Führung durch Jason Young und zuletzt Jan Alston nach 31 Minuten. Ausgleichen konnte Nürnberg nur zweimal, denn der in den Play-Offs überragende Pavel Cagas war nicht mehr zu überwinden. In drei Monaten Mannheim hatte der Tscheche auf höchstem Niveau gehalten und nicht einen Fehler gemacht. Trainer Lance Nethery verabschiedete sich danach als dreifacher Meister in Richtung Köln.

Meisterehren

Tor Pavel Cagas, Danny Lorenz, Helmut de Raaf, Sven Rampf **Verteidigung** Paul Stanton, Christian Lukes, Stephane Richer, Mike Pellegrims, Gord Hynes, Denis Perez, Brian Tutt, Reid Simonton, Mike DeAngelis **Sturm** Dave Tomlinson, Philippe Bozon, Alexander Serikow, Christian Pouget, Mike Hudson, Ron Pasco, Philipp Schumacher, Jan Alston, Jackson Penney, Pavel Gross, Jason Young, Mike Stevens, Kevin Miehm, Mark Etz

Finale: So haben sie gespielt

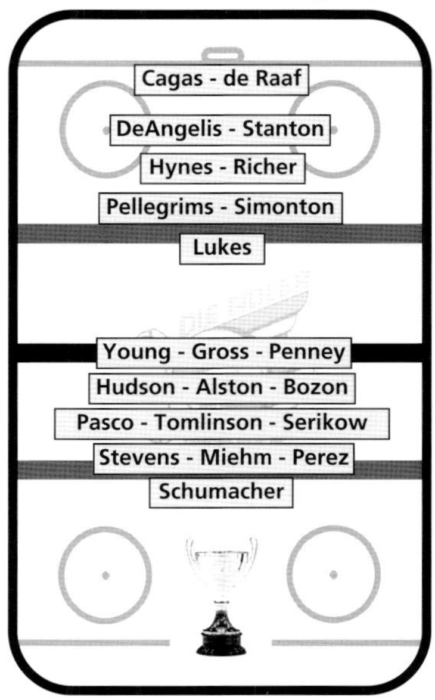

Deutscher Meister 2000
München Barons

Sensation: Nachdem der EV Landshut 1999 seine DEL-Lizenz an die Anschutz-Gruppe verkauft hatte und diese in München einen neuen DEL-Standort aufmachte, wurde die neue Mannschaft gleich im ersten Jahr Meister. Nach der Saison 2001/02 jedoch mussten die München Barons aufgrund schwacher Zuschauerzahlen nach Hamburg umsiedeln.

Aus dem Nichts zum Meister: Die Geschichte der München Barons in der Saison 1999/2000 liest sich wie ein Märchen. Der Retortenklub aus der bayrischen Hauptstadt übernahm vor der Saison die DEL-Lizenz des EV Landshut. Die Anschutz Entertainment Group, die die Initiative zur Gründung des neuen DEL-Klubs ergriffen hatte, übertrug die Verantwortung für die Mannschaft auf Max Fedra. Als Mitbringsel aus Landshut zogen zehn Spieler der Niederbayern in die Landeshauptstadt um. Ziel der amerikanischen Anschutz-Gruppe war es, langfristig erstklassiges und erfolgreiches Eishockey neben dem in München dominanten Fußball zu etablieren. Um das ehemalige Landshuter Spielergerüst stellte Fedra mit dem von ihm verpflichteten Trainer Sean Simpson ein funktionierendes Kollektiv aus charakterstarken Spielern mit viel Erfahrung zusammen. Den Barons wurde Leben eingehaucht, doch die Gunst der Münchner eroberten sie zunächst nicht. Nur 2578 Zuschauer im Schnitt wollten die Spiele der Barons in der Hauptrunde verfolgen. Dabei mischten die Barons von Beginn an im Konzert der Großen mit und sorgten für positive sportliche Schlagzeilen. Trainer Simpson verpflichtete sogar noch zwei Spieler nach, um die Mannschaft weiter zu verstärken. Im November 1999 stieß Bob

Sweeney zu den Barons, im Januar lockten die Barons Brent Severyn nach München. Beide verfügten über langjährige NHL-Erfahrung und gaben dem Team noch mehr Tiefe. Negativ-Highlight war der Dopingfall Bill McDougall: Der kanadische Stürmer hatte wissentlich unerlaubte Substanzen zu sich genommen, der exzentrische Stürmer wurde vor die Tür gesetzt, die Barons verloren die Punkte aus der siegreichen Partie gegen die Augsburger Panther am grünen Tisch. Als Zweiter nach der Hauptrunde und heimstärkstes Team der Liga ging die Mannschaft um Kapitän Simon Wheeldon in die Play-Offs. Im Viertelfinale warteten die Frankfurt Lions. Erst in fünf umkämpften Spielen setzten sich die Barons gegen die aufopferungsvoll kämpfenden Hessen durch. Endlich herrschte aber Stimmung: Zu den Play-Offs strömten die Fans in die Münchner Olympiahalle und sorgten für die passende Atmosphäre zur fünften Jahreszeit. Gegner im Halbfinale waren die Kassel Huskies. Das erste Duell entschieden die Bayern souverän für sich, Spiel zwei und drei gingen, obwohl die Huskies den Barons alles abverlangten, dank der eiskalten Chancenverwertung ebenso an die Barons. Aufgrund der B-WM im polnischen Kattowitz, an der die deutsche Nationalmannschaft teilnahm, vergingen mehr als zwei Wochen, ehe das Finale gegen die Kölner Haie beginnen konnte Für Barons-Goalie Boris Rousson sollte die Serie zur persönlichen Genugtuung werden, hatten die Haie dem Kanadier doch vor der Saison keinen neuen Vertrag gegeben. Mit einer Weltklasseleistung avancierte der Torhüter der Barons zum Sieggaranten in den Play-Offs. Das erste Aufeinandertreffen mit den Rheinländern verloren die Bayern noch knapp, aber in der Folge fuhren die Barons drei Siege ein. Höhepunkt war der dramatische 4:3-Sieg in Spiel vier, in deren Verlauf die Haie zweimal den Pfosten trafen. Sogar der Videobeweis musste herangezogen werden. Doch die München Barons trotzten dank einer starken Defensivleistung sowie einer effektiven Chancenverwertung dem Druck der Haie und wurden in ihrem Gründungsjahr sensationell aber verdient Deutscher Meister.

Finale: So haben sie gespielt

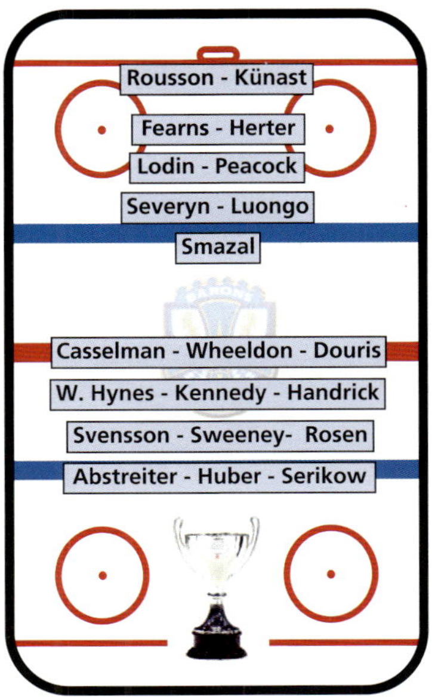

Meisterehren

Tor Boris Rousson, Christian Künast **Verteidigung** Shane Peacock, Hans Lodin, Kent Fearns, Jason Herter, Chris Luongo, Heiko Smazal, Brent Severyn, Markus Jocher **Sturm** Peter Abstreiter, Mike Casselman, Peter Douris, Thomas Greilinger, Jörg Handrick, Phil Huber, Wayne Hynes, Robert Joyce, Mike Kennedy, Jari Korpisalo, Bill McDougall, Johan Rosén, Alexander Serikow, Bob Sweeney, Pelle Svensson, Simon Wheeldon, Svend Wiele

Deutscher Meister 2001
Adler Mannheim

Die vierte Meisterschaft der Adler Mannheim 2001: In sieben DEL-Spielzeiten hatten die Adler bis dato bereits viermal den Titel geholt.

Als Meisterschaftsfavorit starteten die Adler Mannheim in die Saison 2000/01. Die Mission von Neu-Trainer Bill Stewart war klar definiert: Eine erfolgreiche Mannschaft aus den hochkarätigen Neuzugängen und den verbliebenen Cracks des Vorjahres zu formen, um die Schmach des enttäuschenden Viertelfinal-Aus der Vorsaison vergessen zu machen. Zu Beginn der Spielzeit gelang den Kurpfälzern wenig. Die spielerische Linie fehlte, die Konstanz ließ zu wünschen übrig. Das Starensemble schien nicht zueinander zu finden und patzte in unangenehmer Regelmäßigkeit vor allem gegen die Kellerkinder der DEL. Die ersten Monate von Bill Stewarts Amtszeit bei den Mannheimern glichen einer Achterbahnfahrt. Schnell erhöhte sich der Druck auf den neuen Übungsleiter und seine Mannschaft. Doch der Coach behielt die Ruhe und ließ sich von seinem Konzept, die Mannschaft auf den Punkt genau vorzubereiten, nicht abbringen. Zum Jahreswechsel steigerten sich die Adler und eroberten nach und nach die Tabellenspitze. Zum Start der Play-

Offs hatte Bill Stewart ein Zwischenziel erreicht, die Adler präsentierten sich in Top-Form. Dennoch hatte der dreifache Titelträger große Probleme, sich gegen die Berlin Capitals, die als Achter nach der Hauptrunde ins Rennen gingen, durchzusetzen. In der Viertelfinalserie gegen die Hauptstädter kam es angeblich zu einer Prügelei zwischen Adler-Trainer Bill Stewart und dem ehemaligen Mannheimer Spieler Pavel Gross, Coach der Berlin Capitals. Auslöser war Stewarts Annahme, Gross hätte seine Spieler vorsätzlich zu unlauterem Wettbewerb aufgefordert. Wütend stürmte der Adler-Trainer auf die Bank der Capitals. Dabei sollen die Fäuste zwischen beiden Übungsleitern geflogen sein. TV-Beweise gab es nicht. Der Auftritt Stewarts hatte ein Nachspiel: Die Berliner forderten eine lebenslange Sperre für den Kanadier, während die Mannheimer den Vorfall herunterspielten. Stewart wurde zwar durch das DEL-Schiedsgericht gesperrt, aber erst kurz vor der Finalserie und nur für ein Spiel. Nachdem sich die Hauptgesellschafter beider Klubs entschieden für eine Fortsetzung der Serie einsetzten, zogen die Mannheimer schließlich nach fünf Spielen in die nächste Runde ein. Im Halbfinale angekommen, erlegte Jan Alston die Hannover Scorpions, die zuvor die Kölner Haie sensationell aus dem Rennen warfen, im Alleingang. In drei Spielen erzielte der Adler-Stürmer satte 13 Punkte. Im Finale traf der dreifache DEL-Meister auf die München Barons, den Meister der Vorsaison. In einer von defensiver Taktik geprägten Serie folgte der zweite umstrittene Auftritt von Bill Stewart: Im vierten Spiel gegen die München Barons - die Adler lagen mit zwei Siegen in Front - griff der Coach in die Trickkiste und spielte einen Kreislaufzusammenbruch vor. Mit der Spielunterbrechung verschaffte er seinem Topskorer Jan Alston Zeit, die neuen Schlittschuhe einzufahren, nachdem das eingelaufene Paar Skates zuvor während des Spiels unbrauchbar geworden war. In der an Dramatik nicht zu überbietenden Verlängerung bereitete Alston schließlich nicht nur den Ausgleichstreffer durch Stephane Richer vor, sondern auch das entscheidende 2:1-Siegtor von Mike Stevens.

Finale: So haben sie gespielt

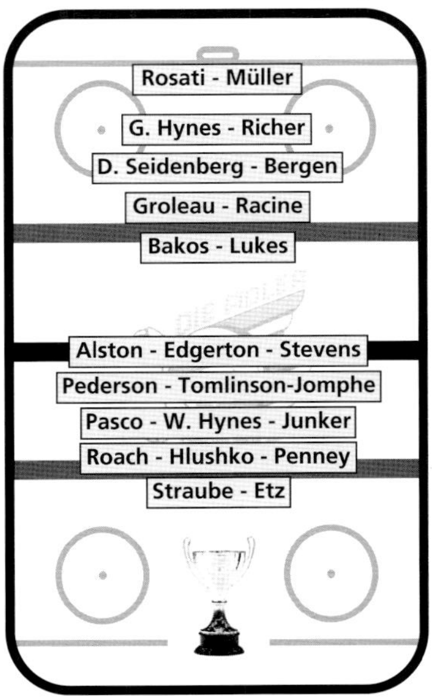

Meisterehren

Tor Mike Rosati, Robert Müller, Helmut de Raaf **Verteidigung** Michael Bakos, Bradley Bergen, Francois Groleau, Gord Hynes, Christian Lukes, Yves Racine, Stephane Richer, Andy Roach, Dennis Seidenberg **Sturm** Jan Alston, Devin Edgerton, Mark Etz, Georg Hessel, Daniel Hilpert, Todd Hlushko, Wayne Hynes, Jean-Francois Jomphe, Steve Junker, Ron Pasco, Mark Pederson, Jackson Penney, Mike Stevens, Christopher Straube, Dave Tomlinson

Deutscher Meister 2002
Kölner Haie

Die Finalserie 2002 war eine der besten der DEL-Geschichte. Mannheim gegen Köln, die Spannung war kaum zu überbieten. Am Ende behielten die Haie die Oberhand und wurden zum zweiten Mal Meister in der DEL.

Mit einem Rekordetat von 15,5 Millionen Euro gingen die Kölner Haie als einer der Topfavoriten auf den Meistertitel ins Rennen. Zu Beginn der Saison konnten sie überzeugen und setzten sich im oberen Tabellendrittel fest. Ende Oktober 2001 stand die Mannschaft von Trainer Lance Nethery, der in Personalunion als Manager der Rheinländer alle Fäden in der Hand hielt, an der Spitze der DEL. Von da an ging es jedoch stetig bergab. Es setzte unerwartete Niederlagen und der Druck aus dem Umfeld nahm zu. Mit den schwachen Leistungen der Haie wuchs die Kritik an Lance Nethery, der bei den Haien einen Vierjahresvertrag erhalten hatte. Der angestrebte Play-Off-Platz war in ernsthafter Gefahr und die Saison 2001/02 drohte als schwächste DEL-Runde bei den Haien bisher einzugehen. Am 26. Januar 2002 zog Klubchef Heinz-Herrmann Göttsch nach einer bitteren 2:4-Heimniederlage gegen die Augsburger Panther die Reißleine und entließ Lance Nethery, den alleinigen Herrscher der Kölner Haie. Damit war die Mission des ehemaligen Meistermachers der Adler Mannheim, den Kölner Haien langfristigen Erfolg zu verschaffen, schon in Jahr zwei seiner Amtszeit gescheitert. Alternativen für den Job hinter der Bande gab es kaum, so dass Netherys Assistent Rich Chernomaz zum

Cheftrainer befördert wurde. Als erste Aktion strich der ehemalige DEL-Profi Alexander Kuzminski aus dem Kader. Einen gelungen Einstand feierte der neue Coach beim 3:0-Auswärtssieg im prestigeträchtigen Derby gegen die DEG kurz vor der Olympia-Pause. Noch vor dem Beginn der Winterspiele verkündete Bundestrainer Hans Zach, einen Zweijahresvertrag bei den Haien unterzeichnet zu haben. Aus Salt Lake City selbst erreichte eine Hiobsbotschaft die rheinische Eishockeygemeinde: Für Verteidiger Jörg Mayr war die Saison nach einer Verletzung beendet. Doch die Olympia-Pause wirkte sich trotz der schlechten Nachricht um Mayr positiv aus. Wie verwandelt traten die Haie auf. Besonders Corey Millen lief zu Topform auf und führte die Haie als Tabellensechster in die Play-Offs. Und die begannen mit einem Paukenschlag, denn die Domstädter machten im Viertelfinale mit dem rheinischen Rivalen aus Krefeld kurzen Prozess und fegten die Pinguine in nur drei Spielen vom Eis. Beflügelt von der überraschenden Deutlichkeit des Ergebnisses wuchs das Selbstvertrauen und die noch in der Hauptrunde kritisierte Mannschaft wurde zu einer verschworenen Einheit. Im Halbfinale eliminierten die Haie den Hauptrundenersten München Barons im fünften Spiel nach Penaltyschießen und zogen ins Finale gegen die Adler Mannheim ein. Die Serie gegen die Kurpfälzer ging als eine der besten in der Geschichte der Play-Offs ein. In Spiel vier hatten die Rheinländer vor der Europarekordkulisse von 18.700 Zuschauern in der Kölnarena die Chance, mit einer 2:1-Führung nach Siegen die Serie zu entscheiden. Doch die Adler gewannen mit 3:1. Erst im fünften und letztmöglichen Duell machten die Haie mit einem 2:1-Sieg den Sack zu. Den entscheidenden Treffer schoss dabei Dwayne Norris, der schon in Spiel zwei und drei die Game-Winning-Goals markiert hatte. Die Haie, mit dem zweiten DEL-Meistertitel nach 1995, waren wie sieben Jahre zuvor vom sechsten Platz nach der Hauptrunde aus zum Meister geworden.

Finale: So haben sie gespielt

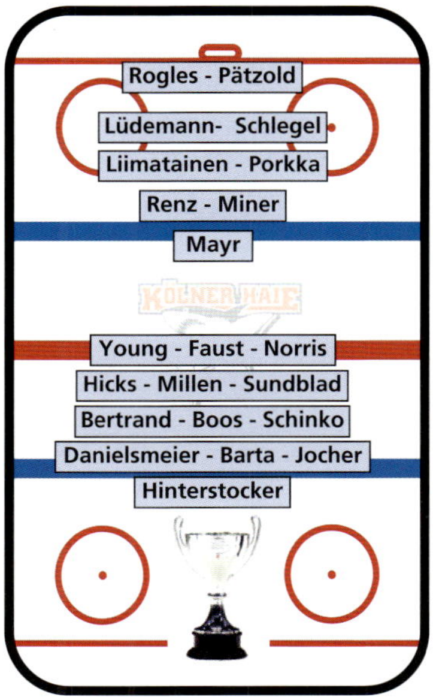

Meisterehren

Tor Chris Rogles, Dimitri Pätzold, Michel Hirt **Verteidigung** Markus Jocher, Jörg Mayr, Petri Liimatainen, Mirko Lüdemann, John Miner, Toni Porkka, Andreas Renz, Brad Schlegel **Sturm** Björn Barta, Eric Bertrand, Tino Boos, Collin Danielsmeier, André Faust, Alex Hicks, Benjamin Hinterstocker, Dave McLlwain, Corey Millen, Dwayne Norris, Thomas Schinko, Vitalij Stähle, Niklas Sundblad, Christoph Ullmann, Jason Young

Deutscher Meister 2003
Krefeld Pinguine

Die Krefeld Pinguine und der Meisterpokal 2003: Dass die Mannschaft den Titel holen würde, hatte ihr vor der Saison keiner zugetraut.

Was mit dem ersten Titelgewinn nach einer 51-jährigen Durststrecke endete, begann alles andere als verheißungsvoll. Die Krefeld Pinguine, Dritter der Vorsaison, durchlebten eine durchwachsene DEL-Hauptrunde 2002/03. Mangelnde Konstanz, Verletzungssorgen, nervige Wechselgerüchte um die Schüsselspieler und die zu große Abhängigkeit vom Sturmtrio Brad Purdie, Christoph Brandner und Patrik Augusta, das zudem irgendwie nicht zur gewohnten Form fand: Der angestrebte Play-Off-Platz geriet zeitweise aus dem Blickfeld, die Zuschauerzahlen sanken, die Nervosität der Verantwortlichen stieg. Im November wurde Trainer Chris Valentine mit Butch Goring ein Sportdirektor vor die Nase gesetzt, der am 5. Dezember 2003 schließlich das Amt des Chefcoachs übernahm. Der NHL-Veteran sollte die Aura und den Spirit der nordamerikanischen Profiliga in die Seidenstadt bringen. Doch viel veränderte sich zunächst nicht. Eine Neuverpflichtung tätigte der ehemalige NHL-Profi, als er noch im Dezember Stürmer Bill Bowler holte. Immerhin gelang es den Krefeld Pinguinen, als Sechster nach der Hauptrunde in die Play-Offs einzuziehen. In der Endrunde um die Deutsche Meisterschaft wuchs der Underdog dann aber über sich hinaus: „It's play-offtime, have fun!" Mit diesem Motto schickte Butch Goring seine Mannschaft auf die Reise durch die Play-Offs. Als Außenseiter mit geringen Erwartungen gestartet, wuchs mit jedem Sieg das Selbstvertrauen und die Mannschaft wurde zu einer verschworenen, homogenen Einheit. Vor allem Purdie, Brandner und Augusta drehten gehörig auf. Verteidigertalent Christian Ehrhoff und Nationaltorhüter Robert Müller liefen darüber hinaus zu absoluter Galaform auf. Im Viertelfinale schalteten die Pinguine in fünf Spielen den Nachbarn DEG Metro Stars aus. Im Halbfinale traf der Underdog auf den großen Titelfavoriten Eisbären Berlin. Nach der 4:1-Auftaktniederlage schaffte die Mannschaft von Butch Goring drei Siege in Folge und zog sensationell in das Finale ein. Knackpunkt der Serie gegen die favorisierten Hauptstädter war das dritte Aufeinandertreffen in Berlin, als Nationaltorhüter Robert Müller ein, wenn nicht das bisher beste Spiel seiner Karriere machte und mit sensationellen Paraden den hauchdünnen 1:0-Vorsprung der Seidenstädter über die Zeit rettete. Im Finale trafen die Krefelder auf den nächsten rheinischen Rivalen nach den DEG Metro Stars, die Kölner Haie. Nach zwei Siegen aus drei Partien gegen den Vorjahresmeister hatten die Pinguine den Titelgewinn in der eigenen Halle vor Augen. Doch die Haie siegten in einer an Spannung kaum zu überbietenden Verlängerung 3:2 und glichen nach Siegen aus. Im fünften Finalspiel erlöste Steffen Ziesche die Pinguine, als er 14 Sekunden vor Ende der Partie in das verwaiste Tor der Haie traf, die ihren Goalie Chris Rogles zugunsten eines sechsten Feldspielers vom Eis beordert hatten. Das lange, 51-jährige Warten hatte ein Ende.

Finale: So haben sie gespielt

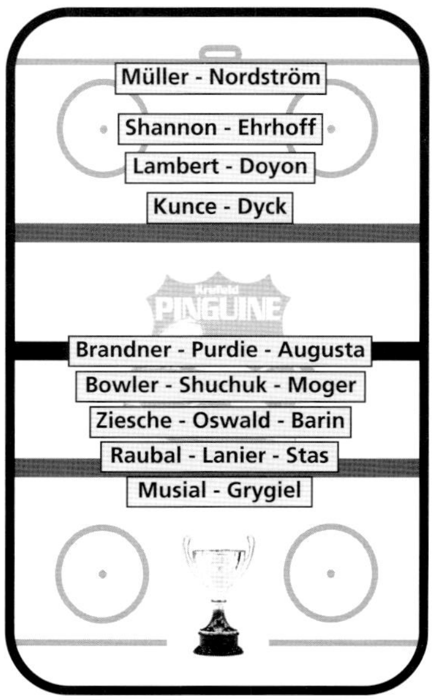

Meisterehren

Tor Robert Müller, Roger Nordström, Ken Passmann **Verteidigung** Mario Doyon, Paul Dyck, Christian Ehrhoff, Stefan Kreuzmann, Daniel Kunce, Dan Lambert, Darryl Shannon, Sergei Stas **Sturm** Patrik Augusta, Stephane Barin, Bill Bowler, Thomas Brandl, Christoph Brandner, Adrian Grygiel, Jonas Lanier, Sandy Moger, David Musial, Günter Oswald, Brad Prudie, Andreas Raubal, Gary Shuchuk, Steffen Ziesche

Deutscher Meister 2004
Frankfurt Lions

Nach den Krefeld Pinguinen 2003 holten die Frankfurt Lions ebenso überraschend die Deutsche Meisterschaft.

„From worst to first", vom sportlichen Abstieg (der hinfällig wurde, weil sich Play-Down-Gegner Schwenningen aus der DEL zurückzog) zum Meister. Vielleicht nicht unbedingt ein Wunder, aber eine Sensation. Lediglich vier Profis durften aus dem Versagerteam bleiben, darunter mit Kapitän Paul Stanton und Topskorer Pat Lebeau zwei wichtige Bausteine des Meisters. Für die neuformierte Mannschaft wurde von Lance Nethery, der vom Trainer auf den Managersessel wechselte, als Ziel ausgegeben: „Das erste Saisonspiel in Iserlohn gewinnen und vielleicht die Play-Offs erreichen." Und das setzten sie um, die Lions, und sie gewannen auch das letzte Spiel. Dazwischen waren die Frankfurter das einzige Team, das lange mit den dominanten Eisbären Berlin mithalten konnte und teilweise auch vor ihnen stand. Im Saisonendspurt schienen ihnen aber die Kräfte auszugehen und die Endrunde drohte schnell vorbei zu sein. Zumal die Löwen am letzten Spieltag sogar noch auf Platz fünf abrutschten und das Heimrecht verloren. Dem hemdsärmeligen, aber listigen Trainer Rich Chernomaz war das nicht so wichtig. Er hatte in den letzten Wochen der Vorrunde an der Fitness der Mannschaft und am taktischen System gefeilt. Die Ergebnisse waren dem Trainer des Jahres, der so viel mehr ist, als ein bloßer Motivator, nicht so wichtig. Er wusste, dass er auf ein Team

bauen konnte, das ein Paradebeispiel dafür sein sollte, wie viel wichtiger Hingabe und Mannschaftsgeist als große Namen und viel Talent sind. Letzteres hatten auch die Frankfurter reichlich, nur wer hätte es Torhüter Ian Gordon zugetraut, nach drei Jahren Tabellenkeller ein Meistergoalie zu sein? Oder dass Jason Young und Dwayne Norris, die in Ingolstadt beziehungsweise Köln fortgeschickt wurden, zeigen würden, wie viel Leadership im Sport wert ist? Sie waren denn auch wichtige Faktoren in der Viertelfinalserie gegen Köln, die - passend zum Saisonendspurt - mit einer 1:2-Niederlage begann. Knackpunk für den weiteren Verlauf der Serie - und der Play-Offs- war Spiel zwei, das die Hessen mit 1:0 gewannen. Hier bewiesen sie die defensive Stabilität, die ihnen zuvor kaum jemand zugetraut hatte. Ian Gordon blieb 213:10 Minuten am Stück ohne Gegentor - Play-Off-Rekord, wie auch seine drei Shutouts in Folge. Die Lions gewannen die Serie mit 4:2 und verloren gleich wieder Spiel eins im Halbfinale in Hamburg. Nicht nur das, nach einer 3:7-Demontage in Spiel drei standen sie vor dem Aus. In der spektakulären vierten Partie aber, in der die Freezers fünfmal eine Frankfurter Führung ausglichen, gewannen die Lions 7:5 und siegten anschließend in Hamburg mit 5:3. Kaum überraschend, dass die Frankfurter auch in der Finalserie gegen die ungeschlagenen Eisbären Berlin Spiel eins abgaben. Chancenlos waren sie beim 2:5 über weite Strecken - aber genau das war richtungsweisend. Bei den Eisbären schlich sich Selbstzufriedenheit ein, bei den Lions wurde der bedingungslose Kampfgeist des Underdogs angestachelt. Daraus erwuchs eine der spektakulärsten Finalserien der DEL-Geschichte. 5:2, 4:3 nach Verlängerung und 4:3 vor einer ekstatischen, unvergesslichen Kulisse am Ratsweg in Frankfurt lauteten die weiteren Resultate zugunsten der Frankfurt Lions, deren Teamgeist und Zielstrebigkeit die Berliner entnervte. Während bei den Eisbären die Stars versagten, schlugen bei den Löwen nicht nur die Leader, sondern auch die Indianer zu. Kurios dabei: Mike Harder, dessen Abschied schon vorher klar war, erzielte in jeder Serie das Siegtor im entscheidenden Spiel, ein klassisches One-Hit-Wonder.

Meisterehren

Tor Ian Gordon, Marc Dillmann **Verteidigung** Peter Ratchuk, Paul Stanton, Francois Bouchard, Mikael Magnusson, Sebastian Klenner, Michael Bresagk **Sturm** Patrick Lebeau, Jesse Belanger, Dwayne Norris, Jason Young, Martin Reichel, Michael Hackert, David Sulkovsky, Mike Harder, David Gosselin, Christian Kohmann, Jonas Stöpfgeshoff, Mark Etz, Markus Jocher, Dan Peters

Finale: So haben sie gespielt

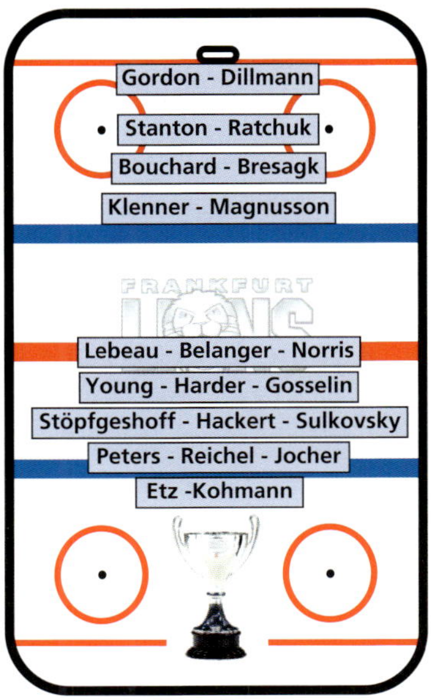

Die Topskorer der DEL

Saison	Team	Liga	Sp	T	A	Pkt	PIM
1989-90	Dukla Jihlava	CZE	5	1	2	3	0
1990-91	HC Olomouc	CZE	42	11	13	24	26
1991-92	HC Olomouc	CZE	38	22	19	41	28
	Play-Offs		3	1	4	5	0
1992-93	HC Olomouc	CZE	28	12	17	29	16
1992-93	Eisbären Berlin	1. BL	11	7	8	15	49
	Play-Downs		4	3	5	8	5
1993-94	Eisbären Berlin	1. BL	42	23	21	44	52
	Play-Downs		4	4	4	8	0
	HC Olomouc (PO)	CZE	12	4	7	11	0
1994-95	Eisbären Berlin	DEL	42	28	40	68	55
1995-96	HC Vsetin	CZE	38	19	20	39	20
	Play-Offs		13	9	11	20	10
1996-97	HC Vsetin	CZE	52	30	31	61	55
	Play-Offs		10	4	7	11	22
1997-98	HC Vsetin	CZE	50	21	34	55	64
	Play-Offs		10	12	6	18	4
1998-99	HC Vsetin	CZE	50	19	32	51	43
	Play-Offs		12	1	6	7	6
1999-00	HC Vsetin	CZE	49	30	29	59	85
	Play-Offs		9	0	4	4	6
2000-01	HC Vsetin	CZE	46	19	31	50	53
	Play-Offs		14	8	13	21	18
2001-02	Philadelphia Flyers	NHL	52	11	16	27	8
2002-03	Edmonton Oilers	NHL	21	1	5	6	11
2003-04	HC Pardubice	CZE	47	20	28	48	44
	Play-Offs		7	1	9	10	4
>>>>	DEL-Vorrunde		42	28	40	68	55

Topskorer 1994-95
Jiri Dopita

Jiri Dopita war einer der wenigen Lichtblicke bei den Eisbären Berlin in der Saison 94/95. Die Hauptstädter erlebten in der Premierensaison der DEL frustrierende 32 Niederlagen. Als einziges Team waren sie nicht für die Play-Offs qualifiziert, stellten aber mit Jiri Dopita den Topskorer der Liga, der mit seinem tschechischen Landsmann Richard Zemlicka ein erfolgreiches Duo bildete. Im Sommer 1995 kehrte der Center zurück nach Tschechien und schloss sich dem HC Vsetin an. Aber eigentlich war der 1,93 Meter große Stürmer für eine NHL-Karriere vorgesehen. Schon 1992 wurde er von den Boston Bruins im Draft gezogen, doch Dopita zog es vor, in Europa zu bleiben. Dopita, der weiter das Interesse vieler NHL-Klubs auf sich zog und mehrfach als bester Spieler weltweit außerhalb der NHL galt, wurde 1998 ein zweites Mal gedraftet, weil er nach dem ersten Draft nicht nach Nordamerika gewechselt war. Diesmal erhielten die New York Islanders den Zuschlag. Doch sie gaben ihre Rechte am Mittelstürmer an die Florida Panthers ab. Beim Team aus dem Sunshine State sollte Jiri Dopita mit dem russischen Torjäger Pavel Bure die Paradereihe bilden. Doch Dopita, 2000/01 als bester Spieler der tschechischen Extraliga ausgezeichnet, ließ sich erst im kommenden Sommer in die NHL locken und absolvierte 52 Spiele für die Philadelphia Flyers. Im 2002/03 wurde er von den Edmonton Oilers verpflichtet. Beim kanadischen NHL-Team sollte der Center die zweite Sturmreihe anführen. Nach nur sechs Punkten aus 21 Spielen bei den Oilers erhielt Jiri Dopita die Freigabe der Edmonton Oilers und kehrte in sein Heimatland Tschechien zurück. Neben den drei Weltmeistertiteln (1996, 2000, 2001) gewann er mit Tschechien Olympisches Gold 1998.

Topskorer 1995-96
Robert Reichel

Robert Reichels DEL-Auftritt kam durch den NHL-Lockout in der Saison 1994/95 zustande. Der Spielerstreik spülte viele Cracks aus der höchsten nordamerikanischen Eishockeyprofiliga in die DEL, die meisten blieben aber nur wenige Spiele. Spielmacher Robert Reichel bildete bei den Frankfurt Lions zusammen mit seinem tschechischen Landsmann Jiri Lala ein schlagkräftiges Duo. Doch der technisch und läuferisch versierte Stürmer kehrte nach dem Ende des Streiks zu seinem NHL-Klub, den Calgary Flames, zurück. In der Folgesaison 1996/97 landeten die Frankfurt Lions einen Transfercoup, als die Verantwortlichen der Hessen Reichel für eine Spielzeit verpflichten konnten. Mit Jiri Lala an der Seite führte der Ausnahmestürmer aus Litvinov die Frankfurt Lions in die Play-Offs und wurde mit der heute noch bestehenden DEL-Bestmarke von 101 Punkten aus nur 46 Spielen Topskorer der DEL. Nach seinem überaus erfolgreichen Jahr war der Center allerdings für die Frankfurt Lions nicht mehr zu halten und kehrte in die NHL zurück. Reichels Beliebtheit in Frankfurt ging soweit, dass sich sogar eine Fangemeinde nach Calgary aufmachte, um seinen Star zu besuchen und lauthals anzufeuern. Doch Reichel blieb der NHL, bis auf ein zweijähriges Intermezzo, als der Center für seinen Heimatklub Litvinov auflief, treu. Mit den Toronto Maple Leafs unternahm der Tscheche mehrere Versuche, den Stanley Cup zu gewinnen. Doch der Triumph blieb ihm versagt. Erfolgreicher war Robert Reichel mit der tschechischen Nationalmannschaft: 1999, 2000 und 2001 wurde der Linksschütze mit der Auswahl seines Heimatlandes Weltmeister. 1998 gewann Robert Reichel im Dress der Tschechen die Goldmedaille bei den Winterspielen in Nagano.

Saison	Team	Liga	Sp	T	A	Pkt	PIM
1987-88	HC Litvinov	CZE	36	17	10	27	8
1988-89	HC Litvinov	CZE	44	23	25	48	32
1989-90	HC Litvinov	CZE	52	49	34	83	28
1990-91	Calgary Flames	NHL	66	19	22	41	22
	Play-Offs		6	1	1	2	0
1991-92	Calgary Flames	NHL	77	20	34	54	32
1992-93	Calgary Flames	NHL	80	40	48	88	54
	Play-Offs		6	2	4	6	2
1993-94	Calgary Flames	NHL	84	40	53	93	58
	Play-Offs		7	0	5	5	0
1994-95	Frankfurt Lions	DEL	21	19	24	43	41
	Calgary Flames	NHL	48	18	17	35	28
	Play-Offs		7	2	4	6	4
1995-96	Frankfurt Lions	DEL	46	47	54	101	84
	Play-Offs		3	1	3	4	0
1996-97	Calgary Flames	NHL	70	16	27	43	22
	New York Islanders	NHL	12	5	14	19	4
1997-98	New York Islanders	NHL	82	25	40	65	32
1998-99	New York Islanders	NHL	70	19	37	56	50
	Phoenix Coyotes	NHL	13	7	6	13	4
1999-00	HC Litvinov	CZE	45	25	32	57	26
	Play-Offs		7	3	4	7	2
2000-01	HC Litvinov	CZE	49	23	33	56	72
	Play-Offs		5	1	2	3	2
2001-02	Toronto Maple Leafs	NHL	78	20	31	51	26
	Play-Offs		18	0	3	3	4
2002-03	Toronto Maple Leafs	NHL	81	12	30	42	26
	Play-Offs		7	2	1	3	0
2003-04	Toronto Maple Leafs	NHL	69	11	19	30	30
	Play-Offs		12	0	2	2	8
>>>>	DEL-Vorrunde		67	66	78	144	125
	DEL Play-Offs		3	1	3	4	0

Die Topskorer der DEL

Saison	Team	Liga	Sp	T	A	Pkt	PIM
1986-87	River East	MMJHL	41	56	82	138	91
1987-88	River East	MMJHL	36	63	76	139	89
1988-89	Latemar	ITA	-	23	27	50	-
1989-90	HC Bozen	ITA	42	59	74	133	28
1990-91	HC Bozen	ITA	46	48	66	114	28
1991-92	HC Bozen	ITA	18	18	21	39	15
	Play-Offs		7	7	8	15	8
		Alpenliga	18	17	14	31	37
1992-93	HC Bozen	ITA	26	19	24	43	30
		Alpenliga	30	31	34	65	-
1993-94	HC Bozen	ITA	29	40	32	72	26
1994-95	HC Bozen	ITA	46	42	65	107	30
1995-96	HC Bozen	ITA	43	39	51	90	36
1996-97	HC Bozen	ITA	4	4	4	8	6
	Kölner Haie	DEL	48	32	42	74	32
	Play-Offs		4	4	2	6	6
	SC Bern (PO)	SUI	2	3	0	3	2
1997-98	Kölner Haie	DEL	48	24	32	56	53
	Play-Offs		3	2	0	2	0
1998-99	Kölner Haie	DEL	51	25	33	58	42
	Play-Offs		5	0	3	3	8
1999-00	Kölner Haie	DEL	48	22	21	43	14
	Play-Offs		10	0	7	7	6
2000-01	Kölner Haie	DEL	60	14	27	41	53
	Play-Offs		3	0	0	0	2
2001-02	Nürnberg Ice Tigers	DEL	50	17	19	36	18
	Play-Offs		4	0	1	1	0
2002-03	SC Langenthal	SUI	7	3	7	10	8
	HC Sierre	SUI	2	0	3	3	0
	Play-Offs		6	2	1	3	6
2003-04	HCJ Milano Vipers	ITA	23	11	19	30	6
	Play-Offs		12	2	13	15	8
>>>>	DEL-Vorrunde		309	138	176	314	218
	DEL-Play-Offs		29	6	13	19	22

Topskorer 1996-97
Bruno Zarrillo

Bruno Zarrillo, der 1996/97 von den Kölner Haien verpflichtet wurde, war einer von vielen Italokanadiern, die nach dem Bosman-Urteil in die DEL gelangten. In der italienischen Serie A (viermal Meister mit Bozen) und der Alpenliga, die Zarrillo mit dem Südtiroler Eishockeyklub 1993/94 gewann, avancierte der im kanadischen Winnipeg geborene linke Flügelspieler zum Star. Mit der italienischen Nationalmannschaft nahm er an zehn Weltmeisterschaften teil und bildete mit Lucio Topatigh und Gaetes Orlando die torgefährlichste Angriffslinie der Squadra Azzura. Gleich in seiner ersten Saison bei den Kölner Haien wurde Zarrillo DEL-Topskorer. Insgesamt blieb der er den Haien fünf Spielzeiten lang treu, obwohl er angesichts seiner konstant starken Leistungen stets zu einem der begehrtesten Eishockeyprofis der DEL gehörte. Den deutschen Meistertitel gewann Bruno Zarrillo mit den Kölner Haien allerdings nicht. 1999/2000 kam der Stürmer mit den Haien dem großen Ziel ganz nahe - doch im Play-Off-Finale verloren die Haie in vier Spielen gegen die München Barons. Im Sommer 2001 wurde Zarrillos Vertrag in Köln nicht verlängert und der Außen schloss sich den Nürnberg Ice Tigers an. Dort traf er auf seine Landsmänner Mario Chitarroni und Luciano Borsato, der bereits im Jahr zuvor die Haie gen Franken verlassen hatte. Doch die Ice Tigers unternahmen nach dem enttäuschenden Viertelfinal-Aus in den Play-Offs einen radikalen Schnitt und verlängerten die Verträge der meisten Leistungsträger nicht. Nach einem kurzen Abstecher in der Schweizer Nationalliga B kehrte der Linksaußen nach Italien zurück. Im Frühjahr 2004 beendete Bruno Zarrillo seine aktive Karriere und wurde Sportdirektor des HC Bozen Forst.

Topskorer 1997-98
Mark MacKay

Fast scheint es so, als hätte sich Mark MacKay in den unterklassigen Ligen Deutschlands intensiv auf seine lange DEL-Karriere vorbereitet. Im Sommer 1985 kam der Center nach Deutschland und heuerte in Neuss an. Über Grefrath kam der gebürtige Kanadier aus Brandon, der die deutsche Staatsbürgerschaft besitzt, zum ETC Timmendorfer Strand. Mit der Mannschaft von der Ostseeküste stieg er bis in die 1. Liga Nord auf. Während seiner Zeit in Neuss, Grefrath und Timmendorf knackte Mark MacKay jeweils die 100-Punkte Marke, zweimal erzielte der Stürmer sogar über 200 Zähler und hatte sich endgültig für die DEL warm geschossen. 1995 stieß der Mittelstürmer zu den Schwenninger Wild Wings, denen er während seiner gesamten DEL-Karriere treu blieb. Eine starke Leistung in seiner DEL-Debütsaison katapultierte ihn in das Aufgebot der deutschen Nationalmannschaft. In Schwenningen wurde Mark MacKay zum Kapitän und avancierte zu einem der beliebtesten Spieler der Liga. 1996/97 wurde er Topskorer der DEL - trotz der oft angespannten finanziellen Verhältnisse bei den Wild Wings, die kaum Topspieler verpflichten konnten. MacKay war Antreiber, Leader, und Identifikationsfigur in Schwenningen und wurde zum kaum ersetzbaren Bindeglied des Klubs auf und neben dem Eis. Nach der Saison 2001/02 beendete Mark MacKay seine Karriere. Nach MacKay musste der Klub Schwenninger Wild Wings sein DEL-Dasein beenden: In Jahr eins nach dem Abschied MacKays wurde die DEL-Lizenz im Anschluss an die Spielzeit 2002/03 aufgrund finanzieller Probleme abgegeben - obwohl die Schwarzwälder den sportlichen Abstieg in den Play-Downs gegen die Frankfurt Lions abgewendet hatten.

Saison	Team	Liga	Sp	T	A	Pkt	PIM
1984-85	Moose Jaw Warriors	WHL	71	66	74	140	25
1985-86	Neusser EV	2. BLN	-	-	-	-	-
1986-87	Neusser EV	2. BLN	60	78	73	151	10
1987-88	Neusser EV	2. BLN	53	56	49	105	30
1988-89	Grefrather EV	OLN	47	87	83	170	63
1989-90	Grefrather EV	OLN	50	74	98	172	29
1990-91	Grefrather EV	2. BLN	50	59	69	128	31
1991-92	ETC Timmendorf	OLN	52	81	119	200	55
1992-93	ETC Timmendorf	OLN	48	106	107	213	63
1993-94	ETC Timmendorf	OLN	40	91	100	191	29
1994-95	ETC Timmendorf	1. BLN	54	82	96	178	36
1995-96	SERC Wild Wings	DEL	48	30	38	68	40
1996-97	SERC Wild Wings	DEL	47	23	37	60	22
	Play-Offs		6	4	6	10	8
1997-98	SERC Wild Wings	DEL	52	25	42	67	30
1998-99	SERC Wild Wings	DEL	52	24	33	57	24
1999-00	SERC Wild Wings	DEL	55	18	32	50	32
	Play-Downs		9	3	5	8	2
2000-01	SERC Wild Wings	DEL	60	10	22	32	24
2001-02	SERC Wild Wings	DEL	59	16	20	36	34
	Play-Downs		7	4	7	11	8
>>>>	DEL Vorrunde		373	146	224	370	206
	DEL Play-Offs Gesamt		6	4	6	10	8

Die Topskorer der DEL

Saison	Team	Liga	Sp	T	A	Pkt	PIM
1988-89	Bowling Green Uni	NCAA	41	9	18	27	36
1989-90	Bowling Green Uni	NCAA	41	13	21	34	38
1990-91	Bowling Green Uni	NCAA	39	31	23	54	33
1991-92	Bowling Green Uni	NCAA	34	25	28	53	46
	Baltimore Skipjacks	AHL	8	2	8	10	0
1992-93	Baltimore Skipjacks	AHL	64	18	26	44	39
	Play-Offs		7	1	2	3	23
1993-94	Portland Pirates	AHL	73	15	37	52	75
	Play-Offs		13	2	4	6	2
1994-95	Kapfenberger SV	AUT	33	37	38	75	18
	Val Gardena HC (PO)	ITA	8	14	13	27	2
1995-96	Val Gardena HC	ITA	31	36	37	73	20
	Play-Offs		5	2	3	5	2
1996-97	Nürnberg Ice Tigers	DEL	47	24	31	55	18
	Play-Downs		8	5	5	10	6
1997-98	Nürnberg Ice Tigers	DEL	47	24	33	57	22
1998-99	Nürnberg Ice Tigers	DEL	47	24	45	69	40
	Play-Offs		13	6	3	9	6
1999-00	Nürnberg Ice Tigers	DEL	48	13	21	34	26
2000-01	Nürnberg Ice Tigers	DEL	58	21	31	52	67
	Play-Offs		4	2	1	3	0
2001-02	Nürnberg Ice Tigers	DEL	56	15	24	39	52
	Play-Offs		4	0	0	0	4
2002-03	Nürnberg Ice Tigers	DEL	40	12	18	30	78
	Play-Offs		4	1	1	2	0
2003-04	Nürnberg Ice Tigers	DEL	51	16	19	35	36
	Play-Offs		6	0	0	0	0
>>>>	DEL-Vorrunde		394	149	222	371	339
	DEL-Play-Offs		31	9	5	14	10

Topskorer 1998-99

Martin Jiranek

Drei Spielzeiten absolvierte Martin Jiranek in der American Hockey League bei den Baltimore Skipjacks und Portland Pirate. Bevor sich der Kanadier aus Edmonton entschied, zu den Nürnberg Ice Tigers zu wechseln, gab er sein erstes Gastspiel in Europa in Österreich sowie Italien. Bereits in seiner ersten Saison erzielte Jiranek 55 Punkte. DEL-Topskorer wurde der Stürmer, der mittlerweile einen deutschen Pass besitzt, zwei Spielzeiten später. Jiranek wurde zudem zu einem Führungsspieler bei den Nürnberg Ice Tigers und war aus dem Kader der Franken nicht mehr weg zu denken. 1998/99 erreichte der Linksaußen mit den Ice Tigers das Play-Off-Finale. Der Ausgang der Serie blieb bis zuletzt offen. Doch am Ende triumphierten die Adler aus Mannheim und gewannen die Deutsche Meisterschaft im entscheidenden fünften Spiel im altehrwürdigen Linde-Stadion in Nürnberg. Martin Jiranek überzeugte aber nicht nur durch seine Qualitäten als Topskorer und sicherer Penaltyschütze, sondern auch als pflegeleichter und vielseitig einsetzbarer Spieler. So verhalf der Stürmer seinem jungen Kollegen Vitalij Aab zu dessen kometenhaften Aufstieg in der Saison 2001/02, als dieser in einer Sturmformation mit dem Kanadier spielte. Nach der Saison 2003/04 verließ Martin Jiranek die Nürnberg Ice Tigers und schloss sich dem ERC Ingolstadt an. Acht Saisons hat er für die Ice Tigers absolviert, sein Wechsel bedeutet auch den Verlust einer Identifikationsfigur. Ein derart langes Verbleiben bei einem Klub ist in der zehnjährigen DEL-Geschichte eine Ausnahme.

Topskorer 1999-00
Jan Alston

Jan Alston spielte in Kanada in der Québec Major Junior Hockey League (QMJHL), einer der stärksten Juniorenligen seines Heimatlandes sowie in der College-Liga NCAA - dann wechselte der Center nach Europa. Seine ersten Anlaufstationen waren die erste und zweite italienische Liga sowie die Schweizer Nationalligen A und B. 1997/98 wurde Jan Alston von den Berlin Capitals verpflichtet. Alston galt als pflegeleichter Spieler mit einer überaus professionellen Einstellung. Nach einer guten Saison beim Hauptstadtklub lotste Adler-Manager Marcus Kuhl Alston nach Mannheim. In seiner ersten Saison mit den Kurpfälzern wurde der Stürmer gleich Deutscher Meister, es war der dritte Titel in Folge für die Adler. In der darauf folgenden Spielzeit schieden die Mannheimer als Titelverteidiger bereits in der ersten Runde der Play-Offs aus. Doch Jan Alston heimste als DEL-Topskorer mit 74 Punkten aus 55 Spielen einen persönlichen Titel ein. Unter Bill Stewart als Coach stießen die Adler in der Saison 2000/01 den amtierenden Titelträger, die München Barons, vom Thron: Jan Alston spielte dabei überragende Play-Offs und erzielte in zwölf Partien 25 Punkte. Der Kanadier kehrte nach seinem zweiten Titelgewinn binnen drei Jahren der DEL den Rücken und ließ sich vom lukrativen Angebot der ZSC Lions zurück in die Schweiz locken. 2002 erhielt Alston die Schweizer Staatsbürgerschaft, behielt aber ebenso den kanadischen Pass. Als Mitglied von Team Kanada schoss der Rechtsschütze das entscheidende Siegtor für die Ahornblätter beim Spengler-Cup 2002 in Davos. Bislang aber blieb Alston trotz zweier Endspielteilnahmen der Gewinn der Schweizer Meisterschaft verwehrt.

Die Topskorer der DEL

Saison	Team	Liga	Sp	T	A	Pkt	PIM
1986-87	St. Jean Beavers	QMJHL	68	20	32	52	30
1987-88	Brown University	NCAA	69	39	38	77	46
	Play-Offs		7	5	0	5	10
1988-89	Brown University	NCAA	69	58	86	144	115
	Play-Offs		4	6	9	15	0
1989-90	St. Jean Lynx	QMJHL	65	61	74	135	137
1991-92	SSI Vipiteno	ITA	24	47	36	83	28
	Lausanne HC	SUI	4	8	7	15	2
	Play-Offs		10	11	14	25	4
1992-93	SG Bruneck	ITA	16	21	15	36	14
		Alpenliga	-	29	27	56	-
	Play-Offs		3	4	0	0	8
1993-94	AS Varese	ITA	26	27	28	55	26
		Alpenliga	-	25	25	50	-
1994-95	EHC Biel	SUI	36	28	23	51	48
	Play-Offs		6	2	6	8	18
1995-96	HC Davos	SUI	35	29	21	50	42
	Play-Offs		5	1	2	3	4
1996-97	La Chaux-de-Fonds	SUI	20	9	10	19	36
1997-98	Berlin Capitals	DEL	41	16	23	39	51
1998-99	Adler Mannheim	DEL	45	33	20	53	32
	Play-Offs		12	4	7	11	10
1999-00	Adler Mannheim	DEL	55	31	43	74	36
	Play-Offs		5	2	4	6	4
2000-01	Adler Mannheim	DEL	59	26	28	54	32
	Play-Offs		12	10	15	25	4
2001-02	GKC Lions	SUI	3	3	2	5	16
	ZSC Lions	SUI	31	8	10	18	22
	Play-Offs		15	7	1	8	12
2002-03	ZSC Lions	SUI	43	15	28	43	45
	Play-Offs		12	5	3	8	16
2003-04	ZSC Lions	SUI	45	22	31	53	36
	Play-Offs		13	5	4	9	8
>>>>	DEL-Vorrunde		200	106	114	220	151
	DEL-Play-Offs		29	16	26	42	18

Die Topskorer der DEL

Saison	Team	Liga	Sp	T	A	Pkt	PIM
1980-81	Torpedo Togliatti	RUS	9	2	1	3	0
1981-82	Torpedo Togliatti	RUS	48	14	8	22	18
1982-83	Torpedo Togliatti	RUS	68	25	11	36	12
1983-84	Torpedo Togliatti	RUS	40	25	12	37	14
1984-85	Torpedo Togliatti	RUS	49	29	11	40	44
1985-86	Torpedo Togliatti	RUS	64	28	20	48	56
1986-87	Torpedo Togliatti	RUS	53	24	15	39	55
1987-88	Khimik Voskresensk	RUS	44	15	8	23	22
1988-89	Khimik Voskresensk	RUS	44	13	10	23	24
1989-90	Khimik Voskresensk	RUS	45	12	11	23	20
1990-91	CSKA Moskau	RUS	44	8	8	16	14
1991-92	CSKA Moskau	RUS	36	20	11	31	20
	Play-Offs		8	2	0	2	0
1992-93	HC Bozen	ITA	24	22	26	48	29
		Alpenliga	20	14	-	14	-
1993-94	HC Bozen	ITA	29	31	33	64	67
1994-95	HC Bozen	ITA	33	38	33	71	61
	Play-Offs		10	11	7	18	89
		Alpenliga	10	9	9	18	41
1995-96	HC Bozen	ITA	32	37	39	76	16
	Play-Offs		12	13	6	19	14
1996-97	HC Bozen	ITA	-	15	29	44	-
		Alpenliga	43	26	35	61	99
1997-98	HC Bozen	ITA	52	62	67	129	124
1998-99	HC Bozen	ITA	16	13	17	30	36
	Play-Offs		8	6	9	15	12
		Alpenliga	28	28	24	52	61
1999-00	Augsburger Panther	DEL	51	36	30	66	32
	Play-Offs		3	1	0	1	4
2000-01	Augsburger Panther	DEL	56	32	46	78	124
2001-02	Augsburger Panther	DEL	38	7	20	27	14
	Play-Offs		4	0	0	0	2
2002-03	Augsburger Panther	DEL	46	10	13	23	41
2003-04	Molot-Prikamie Perm	RUS	35	6	11	17	20
>>>>	DEL-Vorrunde		191	85	109	194	211
	DEL-Play-Offs		7	1	0	1	6

Topskorer 2000-01
Sergei Vostrikov

Sergei Vostrikov ist eigentlich ohne seinen Freund und kongenialen Sturmpartner Igor Maslennikov gar nicht vorstellbar. Bereits in der ehemaligen UdSSR spielten die beiden sowohl bei Torpedo Togliatti als auch beim Armeeklub CSKA Moskau zusammen. Nach dem Zerfall des Sowjetregimes schloss sich Sergei Vostrikov dem HC Bozen in Italien an. Natürlich wurde der Rechtsaußen von Mittelstürmer Igor Maslennikov begleitet. Sieben Jahre wirbelte das Duo durch die italienische Serie A und trieb sich Saison für Saison im Kampf um die Topskorerkrone an. 1997/98 erzielte Sergei Vostrikov in 52 Spielen satte 129 Punkte und erreichte damit den Bestwert in seiner Zeit beim Südtiroler Eishockeyklub aus Bozen. 1999 sicherten sich die Augsburger Panther die Dienste von Vostrikov. Klar, dass sich im Gepäck auch Maslennikov befand, ohne den Vostrikov nicht in die DEL gewechselt wäre. Zusammen mit dem Schweden Peter Larsson, den die Fuggerstädter von Ilves Tampere aus der finnischen SM-Liiga verpflichtet hatten, bildeten Vostrikov und Maslennikov in der Saison 1999/2000 die gefährlichste Sturmreihe der DEL. Im Folgeahr wurde der russische Rechtsaußen mit 78 Punkten aus 56 Spielen Topskorer der DEL. Sergei Vostrikov plagte sich in der anschließenden Spielzeit mit Verletzungsproblemen und kam nicht recht in Tritt. Ähnlich durchwachsen verlief die Saison für Igor Maslennikov, der nach fast zwei Jahrzehnten als Sturmpartner Vostrikovs seine Karriere nach der Saison 2001/02 beendete. Nach einer weiteren Spielzeit bei den Augsburger Panthern kehrte Sergei Vostrikov im Sommer 2003 in seine russische Heimat zurück und absolvierte seine letzte Saison bei Molot-Prikamie Perm.

Topskorer 2001-02
Brad Purdie

Brad Purdie empfahl sich im Jahre 2000 nach einer starken Spielzeit beim österreichischen Villacher SV für ein DEL-Engagement. Die Krefeld Pinguine griffen im Sommer zu und landeten einen Volltreffer. Der wieselflinke Kanadier aus der Provinz Québec hatte keinerlei Problem, sich an die vergleichsweise schnellere und rauere DEL-Luft zu gewöhnen. Schließlich verbrachte der Rechtsschütze zuvor vier Spielzeiten in den nordamerikanischen Minor Leagues IHL, AHL und ECHL. Dabei erzielte er jeweils eine beachtliche Punkteausbeute. Gleich nach seiner DEL-Premierensaison bei den Krefeld Pinguinen stand der Center unter Beobachtung der anderen DEL-Klubs. 2001/02 wurde Brad Purdie mit 75 Punkten aus 60 Spielen Topskorer der DEL und formte zusammen mit Christoph Brandner und Patrik Augusta die torgefährlichste Sturmformation der Liga. Ein fast schon legendäres Trio, denn schließlich führten Brad Purdie und Co. die Krefeld Pinguine in der darauf folgenden Saison völlig überraschend zur Deutschen Meisterschaft. Als Sechster nach der Hauptrunde ließen die Seidenstädter im Halbfinale den großen Favoriten Eisbären Berlin hinter sich. Im DEL-Finale besiegten die Krefelder in fünf dramatischen Spielen den rheinischen Rivalen Kölner Haie. Brad Purdie, der nach einer eher durchwachsenen Vorrunde herausragende Play-Offs spielte, wurde Play-Off-Topskorer 2003 und hatte maßgeblichen Anteil am Titelgewinn der Krefeld Pinguine. Im Anschluss an die erfolgreiche Saison wechselte Brad Purdie zu den Hamburg Freezers. Trotz beachtlicher zwölf Punkte in den Play-Offs schieden die Hanseanten im Halbfinale gegen den späteren Meister Frankfurt Lions aus.

Die Topskorer der DEL

Saison	Team	Liga	Sp	T	A	Pkt	PIM
1992-93	Maine University	NCAA	20	3	7	10	14
1993-94	Maine University	NCAA	36	6	8	14	20
1994-95	Maine University	NCAA	44	29	19	48	28
1995-96	Maine University	NCAA	39	17	20	37	36
	Dayton Bombers	ECHL	3	1	1	2	0
	Cornwall Aces	AHL	1	0	0	0	0
1996-97	Peoria Rivermen	ECHL	11	9	4	13	10
	Chicago Wolves	IHL	61	14	22	36	28
	Play-Offs		4	0	1	1	4
1997-98	Manitoba Moose	IHL	81	29	43	72	73
	Play-Offs		3	0	0	0	0
1998-99	Fort Wayne Komets	IHL	80	27	41	68	45
	Play-Offs		2	0	2	2	0
1999-00	HC Heraklith-Villach	AUT	14	7	18	25	10
		Alpenliga	33	32	50	82	24
2000-01	Krefeld Pinguine	DEL	58	25	39	64	72
2001-02	Krefeld Pinguine	DEL	60	32	43	75	54
	Play-Offs		3	0	1	1	6
2002-03	Krefeld Pinguine	DEL	52	11	41	52	42
	Play-Offs		14	12	11	23	18
2003-04	Hamburg Freezers	DEL	52	19	33	52	52
	Play-Offs		11	4	8	12	10
>>>>	DEL-Vorrunde		222	87	156	243	220
	DEL-Play-Offs		28	16	20	36	34

Die Topskorer der DEL

Saison	Team	Liga	Sp	T	A	Pkt	PIM
1988-89	North. Michigan Uni	NCAA	11	2	1	3	2
1989-90	North. Michigan Uni	NCAA	34	10	14	24	12
1990-91	North. Michigan Uni	NCAA	47	19	30	49	18
1991-92	North. Michigan Uni	NCAA	41	31	50	81	47
1992-93	Kansas City Blades	IHL	66	19	40	59	22
	Play-Offs		9	1	1	2	8
	San Jose Sharks	NHL	5	1	0	1	0
1993-94	Kansas City Blades	IHL	21	12	9	21	18
1994-95	San Diego Gulls	IHL	68	24	39	63	22
	Play-Offs		5	2	2	4	2
1995-96	Orlando Solar Bears	IHL	77	33	79	109	87
	Play-Offs		22	9	19	28	22
1996-97	Orlando Solar Bears	IHL	80	26	65	91	63
	Play-Offs		10	5	8	13	18
1997-98	Orlando Solar Bears	IHL	76	24	61	85	56
	Play-Offs		17	6	16	22	10
1998-99	Orlando Solar Bears	IHL	71	28	43	71	38
	Play-Offs		15	2	12	14	14
1999-00	Orlando Solar Bears	IHL	78	28	50	78	87
	Play-Offs		6	2	0	0	4
2000-01	Orlando Solar Bears	IHL	54	23	42	65	34
	Play-Offs		9	1	9	10	2
2001-02	Houston Aeros	IHL	63	14	37	51	36
	Play-Offs		12	5	4	9	4
2002-03	Eisbären Berlin	DEL	50	22	32	54	74
	Play-Offs		9	2	5	7	2
2003-04	Eisbären Berlin	DEL	45	15	24	39	51
	Play-Offs		11	5	8	13	10
>>>>	DEL Gesamt		95	37	56	93	125
	DEL Play-Offs Gesamt		20	7	13	20	12

Topskorer 2002-03
Mark Beaufait

Schon während seiner Zeit am College in US-Bundesstaat Michigan zeichnete sich ab, dass Mark Beaufait ein Spieler mit Skorerqualitäten werden würde. Bereits im Alter von drei Jahren stand der US-Amerikaner, der aus einem Vorort von Detroit stammt, auf dem Eis. Seine guten Statistiken in der College-Liga NCAA bescherten dem Mittelstürmer 1992/93 ein Engagement bei den Kansas City Blades, die der mittlerweile aufgelösten IHL angehörten. Nach guten Leistungen bei den Blades wurde Beaufait von den San Jose Sharks, die den Center im Draft gezogen hatten, in deren Kader berufen. Fünf Spiele absolvierte der Stürmer für das kalifornische NHL-Team und schoss dabei ein Tor. Es blieb bis heute sein letztes NHL-Engagement. Der Grund: Beaufaits Körpergröße und Gewicht waren für die Anforderungen der NHL wohlgemerkt zu gering. Seinen Statistiken nach hätte dem Mittelstürmer eine NHL-Karriere nicht verwehrt bleiben dürfen. Bei seinen jeweiligen Arbeitgebern in der IHL gehörte der technisch versierte und quirlige Stürmer stets zu den eifrigsten Punktesammlern. Als sich nach 56 Jahren Spielbetrieb die IHL im Jahre 2001 auflöste, endete auch Mark Beaufaits Laufbahn in Nordamerika. Im Sommer 2002 schloss sich der US-Amerikaner den Eisbären Berlin an. In seiner ersten Saison bei den Hauptstädtern wurde er sogleich DEL-Topskorer und mit den Eisbären Erster nach Beendigung der Hauptrunde. In den Play-Offs scheiterten die Berliner als haushoher Favorit im Halbfinale am späteren Meister Krefeld Pinguine. Ein Jahr später ein ähnliches Bild: Die Mannschaft von Mark Beaufait stand erneut an der Spitze nach dem Ende der Vorrunde. Im Finale musste sie sich den Frankfurt Lions nach vier hart umkämpften Spielen geschlagen geben.

Topskorer 2003-04
Pat Lebeau

Patrick Lebeau hat in seiner bislang noch kurzen DEL-Karriere alle Höhen und Tiefen kennen gelernt. Während der Saison 1995/96 stieß der in Saint Jerome in der kanadischen Provinz Québec geborene Stürmer von den ZSC Lions aus der Schweiz zur Düsseldorfer EG. Mit den Rheinländern wurde der Linksaußen prompt Deutscher Meister. In den Jahren zuvor versuchte Pat Lebeau zusammen mit seinem Bruder Stéphane den Sprung in die NHL zu schaffen. Dem Ausnahmekönner, dessen Statistiken stets überdurchschnittliche Werte aufzeigen, blieb eine ausgedehnte NHL-Karriere im Gegensatz zu seinem Bruder versagt. Nach einigen Jahren in den Minor Leagues entschied er sich, nach Europa zu wechseln. Nach der Meisterschaft 1996 mit der DEG holte Lebeau mit den ZSC Lions in der Schweiz 2001 seinen zweiten nationalen Titel. Als die Frankfurt Lions den Kanadier während der Spielzeit 2002/03 als vermeintlichen Retter in die Mainmetropole holten, war die sportliche Talfahrt der Lions nicht mehr aufzuhalten. Am Ende einer frustrierenden Saison standen die Hessen als sportlicher Absteiger fest und blieben nur aufgrund der finanziellen Probleme der Schwenninger Wild Wings in der höchsten deutschen Spielklasse. Binnen weniger Wochen wandelte sich in der Folge das Gesicht einer ganzen Mannschaft: Um Pat Lebeau wurde eine schlagkräftige Truppe gebaut, dem Linksaußen wurde mit Jesse Belanger ein Freund und ehemaliger Sturmpartner zur Seite gestellt. Lebeau erreicte Platz eins, Mitspieler Belanger Rang zwei der Topskorerliste. Und sie schrieben mit den Lions in den Play-Offs Eishockeygeschichte, weil der sportliche Absteiger des Vorjahres sensationell Deutscher Meister wurde.

Saison	Team	Liga	Sp	T	A	Pkt	PIM
1986-87	Shawinigan Catar.	QMJHL	66	26	52	78	90
1987-88	Shawinigan Catar.	QMJHL	53	43	56	99	116
	Play-Offs		11	3	9	12	16
1988-89	St. Jean Beavers	QMJHL	66	62	87	149	89
	Play-Offs		4	4	3	7	6
1989-90	St. Jean Beavers	QMHJL	72	68	108	174	109
	Victoriaville Tigres (PO)	QMJHL	16	7	15	22	12
1990-91	Fredericton Canadies	AHL	69	50	51	101	32
	Play-Offs		9	4	7	11	8
	Montreal Canadies	NHL	2	1	1	2	0
1991-92	Fredericton Canadiens	AHL	55	33	38	71	48
	Play-Offs		7	4	5	9	10
1992-93	Salt Lake City Gold.Eag.	IHL	75	40	60	100	65
	Calgary Flames	NHL	1	0	0	0	0
1993-94	Cincinnati Cyclones	IHL	74	47	42	89	90
	Play-Offs		11	4	8	12	14
1994-95	ZSC Lions	SUI	36	27	25	52	22
	Play-Offs		5	4	6	10	6
1995-96	ZSC Lions	SUI	11	6	8	14	0
	Düsseldorfer EG	**DEL**	**19**	**12**	**8**	**20**	**18**
	Play-Offs		**13**	**11**	**7**	**18**	**14**
1996-97	ZSC Lions	SUI	38	27	19	46	26
	Play-Offs		4	1	0	1	25
1997-98	HC La Chaux-de-Fonds	SUI	40	17	45	62	32
	Play-Offs		12	6	12	18	44
1998-99	Pittsburgh Penguins	NHL	8	1	0	1	2
1999-00	HC Ambri-Piotta	SUI	44	25	38	63	32
	Play-Offs		9	5	5	10	8
2000-01	ZSC Lions	SUI	22	9	10	19	31
	Play-Offs		13	4	4	8	4
	GC Zürich	SUI	3	1	4	5	2
2001-02	HC La Chaux-de-Fonds	SUI	5	3	15	18	2
	Play-Offs		5	3	5	8	8
2002-03	**Frankfurt Lions**	**DEL**	**31**	**22**	**15**	**37**	**10**
	Play-Downs		**1**	**0**	**0**	**0**	**0**
2003-04	**Frankfurt Lions**	**DEL**	**51**	**23**	**46**	**69**	**46**
	Play-Offs		**15**	**8**	**6**	**14**	**8**
>>>>	DEL-Vorrunde		101	57	69	126	74
	DEL-Play-Offs		28	19	13	32	22

10 Jahre DEL im statistischen Überblick: Tabellen, Tore, Topskorer

Die Saison 1994-95

Die Abschlusstabelle der Hauptrunde

		Sp	S	U	NV	N	Tore	Pkt.
1.	BSC Preussen Berlin	44	33	0	3	8	228:127	69
2.	EV Landshut	44	31	3	2	8	187:98	67
3.	Adler Mannheim	44	29	6	0	9	164:108	64
4.	Krefelder EV	44	29	3	2	10	203:127	63
5.	Düsseldorfer EG	44	29	4	1	10	196:128	63
6.	Kölner Haie	44	28	2	2	12	185:125	60
7.	EC Kassel Huskies	44	22	4	1	17	145:138	49
8.	Star Bulls Rosenheim	44	20	7	1	16	131:124	48
9.	Schwenninger Wild Wings	44	18	7	2	17	174:148	45
10.	Frankfurt Lions	44	16	5	1	22	110:140	38
11.	Kaufbeurer Adler	44	12	7	4	21	138:181	35
12.	EHC 80 Nürnberg	44	11	9	1	23	151:187	32
13.	Augsburger Panther	44	12	7	0	25	137:189	31
14.	EC Hannover	44	13	4	1	26	120:177	31
15.	ESG Füchse Sachsen	44	8	5	4	27	89:182	25
16.	Ratinger Löwen	44	9	5	1	29	102:214	24
17.	EHC Eisbären Berlin	44	10	2	0	32	136:229	22

Sp=Spiele, S=Siege, U=Unentschieden, NV=Niederlagen nach Verlängerung, N=Niederlagen

Play-Off-Achtelfinale	
Preussen Berlin - Ratinger Löwen	4:0 (4:0; 9:2; 4:3; 4:1)
EV Landshut - ESG Sachsen	4:0 (5:1; 5:2; 4:1, 7:3)
Adler Mannheim - EC Hannover	4:1 (8:2; 6:1; 2:4; 6:1; 8:4)
Krefelder EV - Augsburger Panther	4:1 (6:2; 2:3; 9:8 n.P.; 5:3; 2:1 OT)
Düsseldorfer EG - EHC 80 Nürnberg	4:1 (7:1; 5:0; 2:4; 4:2; 9:0)
Kölner Haie - Kaufbeurer Adler	4:0 (5:1; 4:3; 5:1; 8:2)
Kassel Huskies - Frankfurt Lions	4:1 (6:5; 4:3; 2:5; 5:3; 2:1 OT)
SB Rosenheim - ***SERC Wild Wings***	3:4 (2:0; 3:8; 2:6; 5:2; 4:3 OT, 3:6, 5:6 OT)
Play-Off-Viertelfinale	
Preussen Berlin - SERC Wild Wings	4:0 (5:1; 4:1; 3:2 OT, 8:3)
EV Landshut - Kassel Huskies	4:0 (4:3; 6:3, 6:3; 11:4)
Adler Mannheim - ***Kölner Haie***	1:4 (3:4; 2:3; 5:3; 2:7; 0:6)
Krefelder EV - Düsseldorfer EG	4:1 (1:0; 5:4 OT, 3:9; 5:3; 4:1)
Play-Off-Halbfinale	
Preussen Berlin - ***Kölner Haie***	1:3 (3:1, 2:5, 1:5, 0:3)
EV Landshut - Krefelder EV	3:2 (3:4 OT; 2:5; 6:2; 3:2; 5:0)
Play-Off-Finale	
EV Landshut - ***Kölner Haie***	2:3 (4:3; 1:5; 4:1; 2:8; 0:4)

Die Hauptrunden-Topskorer

	Name (Team)	Sp	T	A	Pkt.
1.	DOPITA, Jiri (Eisbären)	42	28	40	68
2.	CHABOT, John (Preussen)	43	20	48	68
3.	LINDBERG, Chris (Krefeld)	42	25	41	66
4.	BULLARD, Mike (Landshut)	28	22	43	65
5.	DRAISAITL, Peter (Köln)	43	26	38	64
6.	HEGEN, Dieter (München/Düsseldorf)	40	30	33	63
7.	LALA, Jiri (Frankfurt)	41	18	44	62
8.	DOLEZAL, Jiri (Nürnberg)	40	27	34	61
9.	GROSS, Pavel (Mannheim)	42	21	40	61
10.	SYKORA, Otto (Nürnberg)	40	20	41	61
11.	KOVALEV, Andrei (Schwenningen)	41	40	20	60
12.	MILLAR, Mike (Kassel)	43	39	21	60
13.	CIMETTA, Robert (Mannheim)	39	29	31	60
14.	DOUCET, Benoit (Düsseldorf)	40	25	33	58
	TANTI, Tony (Preussen)	40	25	33	58
16.	BEREZIN, Sergei (Köln)	43	38	19	57
17.	SHERVEN, Gordon (Münch./Rosenh.)	42	20	37	57
18.	SCHREIBER, Wally (Landshut)	42	27	27	54
19.	RIOUX, Pierre (Düsseldorf)	43	17	37	54
20.	WALKER, Johnny (Krefeld)	41	27	26	53
21.	BRANDL, Thomas (Köln)	38	18	35	53
22.	KOSTURIK, Mark (Preussen)	44	28	24	52
23.	STEIGER, Helmut (Landshut)	41	19	33	52
24.	GEDDES, Paul (Nürnberg)	43	25	25	50
25.	EVTUSHEVSKI, Greg (Krefeld)	41	23	27	50

Die Verteidiger-Topskorer der Hauptrunde

	Name (Team)	Sp	T	A	Pkt.
1.	O'REGAN, Tom (Preussen)	43	7	43	50
2.	KADLEC, Drahomir (Kaufbeuren)	43	9	26	35
3.	HEIDT, Mike (Mannheim)	37	9	25	34
4.	SCHENDELEV, Sergei (Münch./Rosen.)	41	10	23	33
5.	HOHENBERGER, Herbert (Köln)	36	8	23	31
6.	AMANN, Rick (Düsseldorf)	42	11	19	30
7.	MEYER, Jayson (Krefeld)	43	2	28	30
8.	SCHMIDT, Mike (München/Köln)	41	1	29	30

Alle Spiele der Saison 94-95 im Überblick

*Spiele gewertet nach dem Ausscheiden der Maddogs München	Preussen	Landshut	Mannheim	Krefeld	Düsseldorf	Köln	Kassel	Rosenheim	SERC	Frankfurt	Kaufbeuren	Nürnberg	Augsburg	Hannover	Füchse	Ratingen	Eisbären	München
Preussen		3:2	4:2	1:2 5:7	4:5 4:3	4:3 4:1	5:1	10:0	12:3	9:3	6:5	6:4	7:3	8:2	7:1	7:1 8:1	7:3 9:3	3:0
Landshut	2:4		5:1	8:5	1:4	5:2	3:1	1:2 1:2	5:3	2:1	6:0 12:1	3:1 7:4	8:1 8:4	5:1	6:2	7:1	8:5	4:2 0:0*
Mannheim	5:3	5:1		4:1	5:1	4:2	5:4 6:3	2:2	4:3 3:6	4:3 5:0	4:2	4:3	5:1	3:0 5:1	3:2 5:2	2:2	7:2	0:0*
Krefeld	7:2 3:2	3:1	2:3		6:5 2:4	3:4 2:6	6:3	2:1	2:4	6:0	6:2	10:1	9:3	6:2	5:1	2:3 9:3	5:3 5:1	4:2
Düsseldorf	3:7 4:6	3:2	5:3	4:6 4:6		7:5 4:2	3:2	3:2	6:1	4:2	1:4	4:3	6:2	8:4	13:1	8:1 9:2	5:1 8:2	0:0*
Köln	4:1 4:3	7:4	5:3	4:1 6:1	1:2 5:5		4:2	4:5	6:3	2:1	9:2	3:2	9:3	8:3	6:2	3:4 10:0	5:1 2:6	5:2
Kassel	4:2	0:4	4:1 6:6	2:5	5:6	3:1		3:4	3:2 2:1	6:0 5:3	5:2	5:3	3:0	3:1 4:3	0:1 3:2	6:1	12:5	2:8
Rosenheim	4:2	4:4 1:2	2:4	2:4	0:3	2:5	3:5		3:0	2:3	1:2 5:1	5:2 5:1	5:4 7:2	4:0	3:2	3:2	5:1	5:4 0:0*
SERC	5:6	2:3	3:6 3:5	3:3	7:8	7:2	2:3 10:4	5:3		0:1 4:1	4:4	6:5	5:2	7:0 4:0	5:1 2:2	7:3	6:2	1:6
Frankfurt	1:2	0:3	1:4 2:4	2:1	2:2	6:4	5:3 1:0	1:1	1:4 0:5		5:2	3:2	3:4	2:3 6:4	4:3 7:1	5:0	5:2	1:3
Kaufbeuren	3:9	3:4 3:2	3:5	2:4	1:6	2:3	3:3	3:2 0:5	3:3	3:3		6:4 7:5	4:1 3:4	3:5	7:0	4:2	3:5	4:5 5:6
Nürnberg	3:4	2:3 1:6	4:4	4:3	2:2	1:4	1:3	1:4	3:7	7:4	1:1 6:5		2:2 5:2	8:4	2:1	4:2	9:5	6:5 3:3
Augsburg	2:6	2:3 2:5	6:1	3:6	1:5	1:4	6:2	3:3 1:4	6:4	3:3	2:4 1:1	5:2 6:6		5:2	5:2	8:3	9:1	1:6 0:0*
Hannover	5:3	2:3	3:4 0:3	1:3	3:1	2:3	0:6 2:4	3:1	4:4 5:5	5:0 2:4	3:2	3:5	4:4		5:2 2:4	2:3	6:4	0:0*
Füchse	1:7	2:3	0:0 8:8	4:4	3:4	1:7	2:3 1:2	5:3	3:2 1:6	2:3 2:5	5:3	5:2	1:7	3:4 2:4		1:1	5:2	0:0*
Ratingen	2:9 2:3	3:9	3:2	6:7 1:9	2:1 1:6	1:7 1:3	4:4	2:4	4:2	6:3	5:9	0:4	6:1	2:4	2:3		1:3 4:3	2:5
Eisbären	1:5	2:9 3:4	1:4	1:7 4:13	0:4 5:6	8:2 1:3	5:1	3:4	2:8	4:2	1:6	7:2	9:3	6:7	4:2	4:4 4:3		1:4
München	4:5	1:7 0:0*	2:1	0:0*	4:1	0:0*	0:0*	4:0 4:1	0:0*	0:0*	6:5 0:0*	6:4 0:0*	5:3 2:3	5:4	6:3	0:0*	0:0*	

Die Zuschauerzahlen der Hauptrunde

		Sp	Zusch.	Ø
1.	Düsseldorf	21	192.400	9162
2.	Frankfurt	22	142.259	6466
3.	Mannheim	21	118.000	5619
4.	Köln	22	120.800	5941
5.	Preussen Berlin	22	118.466	5385
6.	Landshut	21	108.700	5176
7.	Augsburg	21	103.303	4919
8.	Hannover	21	98.800	4705
9.	Krefeld	22	90.750	4125
10.	München	12	46.000	3833
11.	Rosenheim	21	79.950	3807
12.	Kassel	22	79.954	3634
13.	Schwenningen	22	76.100	3459
14.	Nürnberg	22	70.690	3213
15.	Eisbären Berlin	22	67.281	3058
16.	Kaufbeuren	22	66.803	3037
17.	Sachsen	21	47.578	2266
18.	Ratingen	22	47.340	2152

DEL gesamt — 379 Spiele — 1.556.708 Zuschauer — 4107 im Schnitt

Die Top-Torhüter der Hauptrunde

	Name (Team)	Sp	Min.	GT	GTS	SO
1.	BRIZA, PETR (Landshut)	38	2279	82	2,16	3
2.	APPEL, Joachim (Mannheim)	43	2605	110	2,53	4
3.	SELIGER, Marc (Rosenheim)	33	1993	84	2,53	3
4.	DÖHLER, Udo (Frankfurt)	42	2521	119	2,83	2
5.	MERK, Klaus (Preussen)	42	2432	115	2,84	2

Die Play-Off-Topskorer

	Name (Team)	Sp	T	A	Pkt.
1.	BULLARD, Mike (Landshut)	18	17	10	27
2.	STEFAN, Leo (Köln)	18	8	19	27
3.	SCHREIBER, Wally (Landshut)	18	11	15	26
4.	BEREZIN, Sergei (Köln)	18	17	8	25
5.	BRANDL, Thomas (Köln)	15	8	13	21

Die Saison 1995-96

Die Abschlusstabelle der Hauptrunde

		Sp	S	U	N	NV	Tore	Pkt.
1.	Kölner Haie	50	37	4	8	1	261:121	79
2.	Preussen Devils Berlin	50	35	7	6	2	219:107	79
3.	Düsseldorfer EG	50	36	4	9	1	228:127	77
4.	EV Landshut	50	35	1	11	0	222:127	77
5.	Schwenninger Wild Wings	50	30	6	12	2	214:150	68
6.	Adler Mannheim	50	29	7	12	2	195:163	67
7.	Krefeld Pinguine	50	26	5	18	1	169:154	58
8.	Frankfurt Lions	50	22	5	20	3	189:162	52
9.	EC Kassel Huskies	50	19	12	17	2	149:148	52
10.	Ratinger Löwen	50	21	3	23	3	181:195	48
11.	Nürnberg Ice Tigers	50	16	8	24	2	143:179	42
12.	Augsburger Panther	50	17	6	25	2	163:180	42
13.	Star Bulls Rosenheim	50	16	6	25	3	158:195	41
14.	SC Riessersee	50	16	4	29	1	147:213	37
15.	Kaufbeurer Adler	50	13	6	30	1	145:228	33
16.	EC Hannover	50	12	4	34	0	138:251	28
17.	EHC Eisbären Berlin	50	11	3	34	2	125:236	27
18.	ESG Füchse Sachsen	50	9	3	38	0	126:236	21

Sp=Spiele, S=Siege, U=Unentschieden, NV=Niederlagen nach Verlängerung, N=Niederlagen

Play-Off-Achtelfinale	
Kölner Haie - EC Hannover	3:0 (6:1; 9:2; 7:1)
Preussen Berlin - Kaufbeurer Adler	3:0 (7:2; 8:3; 11:2)
Düsseldorfer EG - SC Riessersee	3:0 (6:1; 3:2; 6:3)
EV Landshut - Star Bulls Rosenheim	3:1 (7:0; 4:2; 3:5; 5:1)
SERC Wild Wings - ***Augsburger Panther***	1:3 (6:3; 3:9; 1:3; 4:5 OT)
Adler Mannheim - Nürnberg Ice Tigers	3:2 (4:5 OT; 2:1; 0:2; 3:0; 2:1 OT)
Krefeld Pinguine - Ratinger Löwen	3:0 (5:1; 3:2 OT; 4:2)
Frankfurt Lions - ***Kassel Huskies***	0:3 (3:4; 3:4; 1:2)
Play-Off-Viertelfinale	
Kölner Haie - Augsburger Panther	3:0 (8:5; 5:3; 7:3)
Preussen Berlin - Kassel Huskies	3:2 (3:4 OT; 4:3; 5:1; 4:5 OT; 3:1)
Düsseldorfer EG - Krefeld Pinguine	3:0 (4:1; 5:4; 7:5)
EV Landshut - Adler Mannheim	3:0 (3:2; 4:1; 3:2 OT)
Play-Off-Halbfinale	
Kölner Haie - EV Landshut	3:1 (4:2; 6:5; 6:9; 5:4 OT)
Preussen Berlin - ***Düsseldorfer EG***	0:3 (5:6; 2:5; 0:6)
Play-Off-Finale	
Kölner Haie - ***Düsseldorfer EG***	1:3 (7:4; 1:5; 0:5; 2:4)

Die Hauptrunden-Topskorer

	Name (Team)	Sp	T	A	Pkt.
1.	REICHEL, Robert (Frankfurt)	46	47	54	101
2.	LALA, Jiri (Frankfurt)	50	36	48	84
3.	BEREZIN, Sergei (Köln)	45	50	31	81
4.	REYNOLDS, Bob (Ratingen)	50	44	37	81
5.	CHABOT, John (Preussen Berlin)	50	16	65	81
6.	GROSS, Pavel (Mannheim)	49	29	43	72
7.	LAZARO, Jeff (Ratingen)	49	29	42	71
8.	BULLARD, Mike (Landshut)	50	29	40	69
9.	MACKAY, Mark (Schwenningen)	46	31	36	67
10.	CHERNOMAZ, Rich (Schwenningen)	49	24	43	67
11.	SILLS, Francois (Frankfurt)	50	32	34	66
12.	GEDDES, Paul (Nürnberg)	50	26	39	65
13.	BRANDL, Thomas (Köln)	41	19	46	65
14.	DOUCET, Benoit (Düsseldorf)	46	30	33	63
15.	CIMETTA, Robert (Mannheim)	50	22	41	63
16.	SHERVEN, Gordon (Düsseldorf)	50	20	43	63
17.	BORSATO, Luciano (Köln)	49	25	36	61
18.	DRAISAITL, Peter (Köln)	49	24	37	61
19.	FUCHS, Boris (Ratingen)	50	22	39	61
20.	TANTI, Tony (Preussen Berlin)	43	32	28	60
21.	LECHL, Jürgen (Nürnberg)	50	26	31	57
22.	WALKER, Johnny (Krefeld)	50	26	31	57
23.	LINDBERG, Chris (Krefeld)	49	21	36	57
24.	CHARBONNEAU, Jose (Landshut)	47	32	24	56
25.	SCHREIBER, Wally (Landshut)	50	25	30	55

Die Verteidiger-Topskorer der Hauptrunde

	Name (Team)	Sp	T	A	Pkt.
1.	O'REGAN, Tom (Preussen Berlin)	45	14	34	48
2.	MAYR, Jörg (Köln)	49	4	42	46
3.	MEYER, Jason (Köln)	48	10	33	43
4.	HYNES, Gordon (Schwenningen)	49	9	34	43
5.	FISCHER, Ron (Rosenheim)	50	5	38	43
6.	RICHER, Stephane (Mannheim)	50	11	30	41
7.	LIIMATAINEN, Petri (Krefeld)	47	13	26	39
8.	HOHENBERGER, Herbert (Köln)	47	8	31	39
9.	SOROKIN, Sergei (Düsseldorf)	48	11	26	37
10.	STANTON, Paul (Mannheim)	47	12	24	36

Alle Spiele der Saison 95-96 im Überblick

	Augsburg	Preussen	Eisbären	Düsseldorf	Frankfurt	Hannover	Kassel	Kaufbeuren	Köln	Krefeld	Landshut	Mannheim	Nürnberg	Ratingen	Riessersee	Rosenheim	Schwenningen	Sachsen
Augsburg		0:1	2:4	4:5 3:5	2:6	5:2	1:1 3:2	3:3	2:3 3:5	4:5	5:4	3:7 7:2	4:4 6:2	2:1	4:7 4:4	7:1 3:2	8:0	4:1 9:3
Preussen	6:0		3:4 9:3	2:2	3:1 4:0	7:1 9:0	10:2	8:3 9:0	2:5	8:0 5:4	2:4 4:1	4:3	4:0	5:5 6:0	4:2	4:3	2:1 5:5	6:2
Eisbären	2:3	0:8 2:4		2:9	6:5 1:6	1:6 5:2	2:2	0:3 4:1	2:8	3:4 1:7	2:6 1:6	4:2	4:3	3:5 4:2	0:4	5:3	3:3 0:4	2:4
Düsseldorf	5:0 4:2	2:2	4:2		2:4	8:0	6:3 6:3	2:3	2:1 5:4	4:3	5:1	1:3 5:0	3:4 5:3	3:5	5:3 8:2	8:2 8:3	3:3	3:1 13:4
Frankfurt	5:3	1:3 1:4	8:1 4:2	3:3		7:4 8:2	5:0	5:4 9:0	4:4	2:3 5:1	3:7 5:1	4:4	8:5	6:4 4:3	3:0	4:7	4:5 5:0	8:2
Hannover	6:2	3:6 4:6	7:5 2:7	2:7	5:1 4:3		4:3	5:1 6:2	4:4	4:6 2:5	1:3 1:6	0:6	2:1	7:1 1:5	4:3	1:6	3:4 3:10	4:3
Kassel	4:2 4:0	2:2	4:0	0:3 1:2	3:1	4:4		5:3	1:5 4:1	0:0	3:0	3:4 3:6	4:4 2:1	5:4	2:1 6:2	4:2 4:4	5:4	4:5 6:0
Kaufbeuren	3:3	2:3 3:6	9:4 3:2	3:7	1:8 2:4	6:0 6:4	3:3		2:5	5:3 3:5	3:3 3:4	5:1	3:2	3:5 4:2	1:6	3:2	2:2 2:3	5:7
Köln	6:1 3:4	4:0	12:3	4:2 3:2	8:2	6:0	2:2 5:2	8:0		7:2	7:3	7:2 8:2	3:0 13:2	9:3	4:1 6:2	9:2 4:2	6:2	7:1 5:4
Krefeld	6:3	4:3 2:2	5:1 7:3	1:2	3:1 3:3	4.4 4:0	3:0	6:4 6:1	2:3		4:5 2:4	4:3	7:4	3:5 4:1	4:0	3:2	4:6 2:1	4:0
Landshut	3:1	3:2 1:4	5:2 6:1	4:0	5:0 4:3	7:3 7:0	5:3	6:4 3:2	6:1	4:1 2:1		9:0	4:3	6:2 9:3	9:0	3:0	1:6 5:2	8:2
Mannheim	4:2 8:7	2:4	4:2	1:4 6:4	4:1	2:2	3:0 3:2	7:4	4:4 8:1	8:1	5:1		2:2 8:4	4:5	5:1 2:1	6:2 4:3	0:7	6:3 6:4
Nürnberg	4:3 1:0	3:1	2:2	0:5 2:4	2:1	5:2	3:3 2:2	2:2	3:5 2:4	4:1	2:5	3:4 4:0		5:1	3:2 1:3	5:7 7:4	6:3	2:1 4:5
Ratingen	6:7	2:3 3:4	1:3 7:4	2:4	5:2 4:1	7:2 8:3	0:3	8:0 7:4	4:3	5:9 2:1	2:3 5:2	1:4	5:3		3:6	3:2	7:7 3:3	4:0
Riessersee	4:7 4:6	1:8	4:1 2:7	3:7	3:3	6:5	5:5 0:3	7:3	2:8 1:6	5:2	2:4	3:6 0:7	4:6 4:2	1:4		6:2 4:2	2:10	5:3 3:5
Rosenheim	3:1 2:2	3:4	4:3	5:8 4:5	4:3	2:1	5:0 4:5	3:0	4:2 2:9	1:3	2:7	2:2 3:3	1:1 5:2	6:4	5:5 1:3		4:1	3:1 7:4
Schwenn.	3:1	3:5 4:2	4:0 7:5	5:2	3:5 3:2	6:3 7:3	6:4	10:2 7:2	3:1	6:1 1:2	2:4 5:4	3:4	4:1	4:1 7:3	4:1	7:3		6:2
Sachsen	4:2 0:2	1:1	5:2	2:6 2:5	6:3	2:5	2:4 0:9	3:5	1:6 2:7	2:2	5:7	3:3 3:5	2:3 2:4	1:3	3:5 0:2	4:2 2:5	2:3	

Die Zuschauerzahlen der Hauptrunde

	Sp	Zusch.	Ø
1. Düsseldorf	25	201.945	8078
2. Frankfurt	25	154.680	6187
3. Köln	25	140.904	5636
4. Mannheim	25	130.212	5208
5. Preussen	25	113.463	4539
6. Kassel	25	111.379	4455
7. Landshut	25	101.600	4064
8. Schwenning.	25	98.905	3956
9. Augsburg	25	98.421	3937
10. Krefeld	25	80.939	3238
11. Nürnberg	25	79.802	3192
12. Eisbären	25	75.027	3001
13. Hannover	25	74.600	2984
14. Riessersee	25	70.801	2832
15. Kaufbeuren	25	70.493	2820
16. Rosenheim	25	64.950	2598
17. Ratingen	25	59.570	2383
18. Sachsen	25	42.697	1708

DEL gesamt **450 Spiele** **1.770.388 Zuschauer** **3934 im Schnitt**

Die Top-Torhüter der Hauptrunde

Name (Team)	Sp	Min.	GT	GTS	SO
1. MERK, Klaus (Preussen)	47	2790	96	2,06	7
2. HEISS, Joseph (Köln)	44	2478	97	2,35	3
3. CAGAS, Pavel (Kassel)	19	1188	47	2,37	3
4. DE RAAF, Helmut (Düsseldorf)	38	2319	94	2,43	5
5. BRIZA, PETR (Landshut)	42	2407	111	2,77	5

Die Play-Off-Topskorer

Name (Team)	Sp	T	A	Pkt.
1. DRAISAITL, Peter (Köln)	14	9	14	23
2. BEREZIN, Sergei (Köln)	14	13	9	22
3. CHABOT, John (Preussen)	11	5	14	19
4. LEBEAU, Patrick (Düsseldorf)	13	11	7	18
5. MARCOUX, Henri (Landshut)	11	8	9	17

Die Saison 1996-97

Die Abschlusstabelle der Hauptrunde

		Sp	S	U	N	NV	Tore	Pkt.
1.	Kölner Haie	30	22	1	5	2	157:91	47
2.	Adler Mannheim	30	22	3	6	1	130:74	44
3.	Berlin Capitals	30	17	4	7	2	107:79	40
4.	Kassel Huskies	30	18	2	9	1	121:102	39
5.	Eisbären Berlin	30	18	3	9	0	118:91	39
6.	Star Bulls Rosenheim	30	16	2	9	3	111:113	37
7.	EV Landshut	30	16	1	10	3	125:77	36
8.	Krefeld Pinguine	30	15	0	12	3	105:108	33
9.	Düsseldorfer EG	30	15	2	13	0	93:90	32
10.	Frankfurt Lions	30	13	3	13	1	85:88	30
11.	Schwenninger Wild Wings	30	13	1	13	3	114:128	30
12.	Kaufbeurer Adler	30	12	2	13	3	112:157	29
13.	Augsburger Panther	30	11	4	14	1	91:114	27
14.	Wedemark Scorpions	30	8	1	19	2	95:134	19
15.	Nürnberg Ice Tigers	30	5	3	22	0	90:148	13
16.	Ratinger Löwen	30	4	2	22	2	74:134	12

Sp=Spiele, S=Siege, U=Unentschieden, NV=Niederlagen nach Verlängerung, N=Niederlagen

Play-Off-Viertelfinale

Adler Mannheim - Krefeld Pinguine	3:0 (4:1; 4:1; 8:4)
Kölner Haie - ***EV Landshut***	1:3 (6:3; 3:4 OT; 2:4; 1:3)
Kassel Huskies - Star Bulls Rosenheim	3:0 (6:1; 4:1; 5:4)
Eisbären Berlin - Berlin Capitals	3:1 (4:3 OT; 3:4, 5:0, 4:1)

Play-Off-Halbfinale

Adler Mannheim - EV Landshut	3:0 (7:5; 4:2; 4:3)
Kassel Huskies - Eisbären Berlin	3:1 (4:2; 4:5; 6:3; 3:1)

Play-Off-Finale

Adler Mannheim - Kassel Huskies	3:0 (5:4; 5:2; 4:2)

Play-Down-Viertelfinale

Düsseldorfer EG - Ratinger Löwen	4:0 (5:1; 5:3; 2:0; 6:2)
Schwenningen - Nürnberg Ice Tigers	4:1 (4:1; 2:3 OT; 6:1; 5:3; 11:3)
Augsburger Pan. - Wedemark Scorpions	4:0 (7:1; 2:1 OT; 5:4; 5:3)
Frankfurt Lions - ***Kaufbeurer Adler***	2:4 (3:2 OT; 3:6; 4:3 OT; 3:6; 2:5; 1:4)

Play-Down-Halbfinale

Frankfurt Lions - Ratinger Löwen	3:0 (6:1; 5:4 OT; 5:3)
Wedemark Scorpions - ***Nürnberg Ice T.***	1:3 (4:6; 4:6; 5:2; 2:5)

Relegation

Ratinger Löwen - EHC Neuwied	2:0 (4:2; 10:3)
Wedemark Scorpions - TSV Erding	2:0 (10:3; 9:5)

Die Play-Off-Topskorer

	Name (Team)	Sp	T	A	Pkt.
1.	GROSS, Pavel (Mannheim)	9	6	9	15
2.	BOZON, Philippe (Mannheim)	9	6	9	15
3.	ÖHMANN, Roger (Kassel)	10	5	10	15
4.	CIMETTA, Robert (Mannheim)	9	5	6	14
5.	JOHNSTON, Greg (Kassel)	10	8	4	12

Die Abschlusstabelle der Meisterrunde

		Sp	S	U	N	NV	Tore	Pkt.
1.	Adler Mannheim	50	37	5	9	1	212:123	76
2.	Kölner Haie	50	36	2	10	2	232:142	76
3.	EC Kassel Huskies	50	27	4	18	1	190:167	59
4.	EHC Eisbären Berlin	50	26	4	19	1	177:163	57
5.	Berlin Capitals	50	23	6	18	3	162:149	55
6.	Star Bulls Rosenheim	50	20	2	23	5	171:209	47

Die Abschlusstabelle der Qualifikationsrunde

		Sp	S	U	NV	N	Tore	Pkt.
1.	EV Landshut	48	29	3	13	3	202:122	64
2.	Krefeld Pinguine	48	28	2	15	3	198:166	61
3.	Düsseldorfer EG	48	28	2	18	0	164:138	58
4.	Schwenninger Wild Wings	48	23	1	19	5	200:191	52
5.	Augsburger Panther	48	21	5	21	1	176:181	48
6.	Frankfurt Lions	48	21	4	22	1	136:142	47
7.	Kaufbeurer Adler	48	17	3	25	3	166:252	40
8.	Wedemark Scorpions	48	12	1	32	3	150:231	28
9.	Nürnberg Ice Tigers	48	9	6	32	1	149:229	25
10.	Ratinger Löwen	48	9	2	35	2	136:219	22

Die Hauptrunden-Topskorer

	Name (Team)	Sp	T	A	Pkt.
1.	ZARRILLO, Bruno (Köln)	48	32	42	74
2.	LINDBERG, Chris (Krefeld)	47	37	33	70
3.	BULLARD, Mike (Landshut)	47	19	51	70
4.	JOORIS, Mark (Wedemark)	47	27	40	67
5.	CHERNOMAZ, Rich (Schwenningen)	47	26	38	64
6.	MACKAY, Mark (Schwenningen)	48	23	39	62
7.	CARNBÄCK, Patrick (Köln)	45	20	42	62
8.	GROSS, Pavel (Mannheim)	50	14	46	60
9.	BEATTIE, Scott (Rosenheim)	49	23	36	59
10.	MILLAR, Mike (Kassel)	42	23	35	58

Die Verteidiger-Topskorer der Hauptrunde

	Name (Team)	Sp	T	A	Pkt.
1.	HYNES, Gordon (Schwenningen)	47	14	42	56
2.	ÖHMANN, Roger (Kassel)	50	18	29	47
3.	LIIMATAINEN, Petri (Krefeld)	46	11	36	47
4.	HOHENBERGER, Herbert (Köln)	50	13	30	43
5.	JOHNSTON, Greg (Kassel)	49	19	22	41

Die Top-Torhüter der Hauptrunde

	Name (Team)	Sp	Min.	GT	GTS	SO
1.	ROSATI, Mike (Mannheim)	43	2625	103	2,35	6
2.	BRIZA, Petr (Landshut)	48	2883	118	2,46	4
3.	HEISS, Joseph (Köln)	29	1804	76	2,53	2
4.	MERK, Klaus (Capitals)	45	2748	125	2,73	3
5.	LILLJEBJÖRN, Ake (Düsseldorf)	44	2652	122	2,76	3

Alle Spiele der Saison 96-97 im Überblick

	Augsburg	Berlin Capitals	Eisbären Berlin	Düsseldorf	Frankfurt	Kassel	Kaufbeuren	Köln	Krefeld	Landshut	Mannheim	Nürnberg	Ratingen	Rosenheim	Schwenningen	Wedemark
Augsburg		4:2	3:5	3:1 1:2	2:4 1:3	3:4 0:0	3:3 9:5	5:10	2:1 5:2	1:1 7:3	6:4	4:2 5:2	6:2 10:3	5:1	5:4 5:4	8:5 6:2
Berlin Capitals	5:2		10:2 4:6 5:3	3:0	3:2	5:0 3:5 1:4	7:1	4:4 4:1 2:4	5:4	2:1	0:3 2:2 3:4	5:2	1:0	0:3 6:2 4:3	0:1	7:6
Eisbären Berlin	6:2	2:2 3:4 3:1		5:0	3:1	0:2 2:5 1:1	8:3	6:5 1:4 1:3	7:2	5:4	3:1 0:4 2:3	4:4	10:1	5:6	5:1	5:4
Düsseldorf	2:2 6:4	6:3	2:0		4:1 4:1	6:3	5:2 8:1	5:3	4:2 3:5	0:4 5:3	4:3	6:1 4:0	2:8 6:3	5:0	9:2 4:2	8:1 4:3
Frankfurt	3:3 4:5	2:1	3:5	3:5 3:2		5:2	5:6 4:1	2:1	3:0 5:2	3:2 5:3	4:3	6:2 5:2	5:0 1:3	3:2	6:3 2:6	1:2 2:5
Kassel	5:2	4:2 3:3 4:3	4:3 2:4 2:5	2:0	2:2		5:1	3:7 1:3 3:1	5:2	2:4	5:5 3:4 4:6	7:3	5:4	5:3 7:3 7:4	4:2	7:2
Kaufbeuren	5:4 6:5	6:5	4:2	7:3 2:4	5:3 4:3	1:7		2:9	5:6 3:2	1:5 1:6	5:7	7:5 4:10	5:2 4:2	4:3	5:4 7:9	5:4 2:1
Köln	6:2	3:7 5:0	4:1 7:2 3:2	5:3 6:3	4:1	3:0 5:2 4:2	10:1		8:3	3:2	4:3 4:5 6:5	6:4	9:1	10:1 5:4 3:4	4:3	8:2
Krefeld	6:2 7:6	2:3	2:4	2:3 4:2	5:3 4:2	7:3	5:4 6:3	3:4		5:3 3:3	4:3	4:2 7:3	1:0 9:2	4:2	1:2 8:5	4:1 6:1
Landshut	6:0 6:2	4:5	5:3	3:2 6:2	2:3 4:2	5:4	7:0 7:0	0:2	5:2 1:1		1:3	8:3 5:1	6:1 5:1	5:2	6:2 5:3	7:3 5:4
Mannheim	4:2	2:3 4:0 5:2	4:1 5:0 4:0	6:0	6:1	5:2 3:1 3:6	7:3	6:3 4:4 2:1	6:1	2:1		4:1	5:1	2:1 5:2 5:2	8:3	4:0
Nürnberg	6:0	4:2 4:4	2:3	1:1	1:2 2:3	4:9 2:2	3:6	4:2 3:3	0:6 5:8	1:14 1:3	4:4		6:4 8:2	4:6	9:4 1:4	2:3 6:3
Ratingen	0:2 6:2	4:4	3:4	1:2 1:5	1:1 1:3	4:6	4:3 3:4	3:6	5:6 3:5	6:3 2:3	1:5	5:2 8:2		3:4	0:6 6:3	4:8
Rosenheim	4:2	2:2 3:4 3:2	2:3 2:5 3:6	4:3	2:3	3:4 2:3 5:4	6:3	6:5 3:4 1:5	10:6	3:2	3:3 2:5 5:4	6:4	6:3		4:3	6:4
Schwenningen	7:3 0:3	5:2	1:1	5:2 5:2	6:4 3:1	7:5	8:4 8:2	4:8	2:4 3:2	5:4 3:5	3:6	4:3 6:1	3:2 6:3	5:6		7:3 11:0
Wedemark	0:3 2:5	1:3	4:7	2:3 2:5	4:1 2:3	2:5	5:5 4:3	5:0	2:5 4:11	3:5 2:4	4:6	5:1 5:6	2:1 4:2	3:4	5:2 6:5	

Die Zuschauerzahlen der Hauptrunde

		Sp	Zusch.	Ø
1.	Düsseldorf	24	179.067	7461
2.	Mannheim	25	166.350	6654
3.	Köln	25	152.388	6096
4.	Frankfurt	24	140.200	5842
5.	Kassel	25	131.054	5242
6.	Berlin	25	109.852	4394
7.	Augsburg	24	96.749	4031
8.	Eisbären	25	99.041	3962
9.	Landshut	24	92.800	3867
10.	Krefeld	24	90.607	3775
11.	Schwenningen	24	84.850	3535
12.	Rosenheim	25	82.150	3286
13.	Kaufbeuren	24	71.107	2963
14.	Nürnberg	24	61.001	2542
15.	Ratingen	24	57.145	2381
16.	Wedemark	24	56.775	2366
DEL gesamt		**390 Spiele**	**1.671.136 Zuschauer**	**4285 im Schnitt**

Die Saison 1997-98

Die Abschlusstabelle der Hauptrunde

		Sp	S	U	N	Z	Tore	Pkt.
1.	Adler Mannheim	28	20	2	6	1	111:74	43
2.	Düsseldorfer EG	28	20	0	8	0	113:88	40
3.	EV Landshut	28	18	2	8	1	100:64	39
4.	Frankfurt Lions	28	16	4	8	1	92_74	37
5.	Eisbären Berlin	28	15	4	9	0	97:79	34
6.	Kölner Haie	28	14	4	10	1	104:94	33
7.	Krefeld Pinguine	28	14	2	12	1	85:84	31
8.	Hannover Scorpions	28	12	3	13	2	98:96	29
9.	Schwenninger Wild Wings	28	11	5	12	2	98:100	29
10.	Berlin Capitals	28	11	2	15	4	73:81	28
11.	Kassel Huskies	28	10	2	16	3	82:86	25
12.	Nürnberg Ice Tigers	28	9	2	17	2	93:107	22
13.	ECR Revier Löwen	28	9	3	16	1	81:103	22
14.	Augsburger Panther	28	10	0	18	2	78:107	22
15.	Star Bulls Rosenheim	28	3	1	24	0	70:138	7

Sp=Spiele, S=Siege, U=Unentschieden, N=Niederlagen, Z = Zusatzpunkt

Die Abschlusstabelle der Meisterrunde

		Sp	S	U	N	Z	Tore	Pkt.
1.	Eisbären Berlin	48	27	6	15	1	179:139	61
2.	Frankfurt Lions	48	27	6	15	1	160:126	61
3.	Kölner Haie	48	26	6	16	2	160:147	60
4.	Adler Mannheim	48	26	3	19	3	170:145	58
5.	Düsseldorfer EG	48	27	1	20	2	166:164	57
6.	EV Landshut	48	25	4	19	2	148:118	56

Die Abschlusstabelle der Qualifikationsrunde

		Sp	S	U	N	Z	Tore	Pkt.
1.	Hannover Scorpions	44	22	6	16	2	160:142	52
2.	Berlin Capitals	44	19	7	18	4	136:119	49
3.	Schwenninger Wild Wings	44	19	5	20	3	157:148	46
4.	Kassel Huskies	44	19	3	22	4	140:128	45
5.	Krefeld Pinguine	44	18	6	20	1	126:141	43
6.	Nürnberg Ice Tigers	44	18	4	22	2	158:154	42
7.	Augsburger Panther	44	16	2	26	2	122:160	36
8.	ECR Revier Löwen	44	14	4	26	1	132:184	33
9.	Star Bulls Rosenheim	44	6	3	35	0	105:204	15

Die Hauptrunden-Topskorer

	Name (Team)	Sp	T	A	Pkt.
1.	MACKAY, Mark (Schwenningen)	52	25	42	67
2.	SOCCIO, Len (Hannover)	49	18	46	64
3.	LAFRENIERE, Jason (Hannover)	49	15	45	60
4.	PEDERSON, Mark (Hannover)	47	20	38	58
5.	CHABOT, John (Frankfurt)	47	12	46	58
6.	JIRANEK, Martin (Nürnberg)	47	24	33	57
7.	ZARRILLO, Bruno (Köln)	48	24	32	56
8.	HAAS, David (Hannover)	48	25	28	53
9.	DIPIETRO, Paul (Kassel)	48	20	32	52
10.	LEEMAN, Gary (Hannover)	44	13	38	51
11.	TOMLINSON, Dave (Mannheim)	44	20	30	50
12.	WEST, Joe (Hannover)	45	28	22	50
13.	HORAK, Roman (Nürnberg)	49	24	26	50
14.	RIOUX, Pierre (Augsburg)	50	22	28	50
15.	STEVENS, Mike (Schwenningen)	50	18	32	50

Die Top-Torhüter

	Name (Team)	Sp	Min.	GT	GTS	SO
1.	BRIZA, Petr (Landshut)	48	2708	109	2,41	5
2.	TAMMI, Jukka (Frankfurt)	42	2422	100	2,47	0
3.	MERK, Klaus (Capitals)	47	2809	118	2,52	7
4.	HEISS, Joseph (Köln)	29	1495	64	2,56	3
5.	BRUNETTA, Mario (Eisbären)	40	2277	101	2,66	2

Die Verteidiger-Topskorer der Hauptrunde

	Name (Team)	Sp	T	A	Pkt.
1.	WEST, Marc (Ratingen)	42	12	30	42
2.	COWIE, Rob (Eisbäern)	48	11	30	41
3.	LAPERRIERE, Dan (Schwenningen)	50	14	27	41
4.	JOHNSTON, Greg (Kassel)	43	9	28	37
5.	BERGEN, Brad (Düsseldorf)	43	11	25	36

Die Play-Off-Topskorer

	Name (Team)	Sp	T	A	Pkt.
1.	TOMLINSON, Dave (Mannheim)	10	4	11	15
2.	SERIKOW, Alexander (Mannheim)	9	9	5	14
3.	MCKIM, Andrew (Eisbären)	10	6	5	11
4.	BULLARD, Mike (Landshut)	6	5	5	10
5.	BOZON, Philippe (Mannheim)	10	5	5	10

Die Zuschauerzahlen der Hauptrunde

		Sp	Zusch.	Ø
1.	Düsseldorf	24	183.942	7664
2.	Mannheim	24	164.052	6835
3.	Frankfurt	24	158.400	6600
4.	Köln	24	142.416	5934
5.	Kassel	24	113.560	4731
6.	Eisbären	24	104.698	4362
7.	Landshut	24	96.860	4035
8.	Schwenningen	27	103.048	3816
9.	Augsburg	25	89.470	3578
10.	Capitals	24	79.193	3299
11.	Krefeld	24	78.104	3124
12.	Ratingen	24	70.667	3072
13.	Hannover	24	68.962	2758
14.	Nürnberg	24	65.948	2747
15.	Rosenheim	24	46.108	2095

DEL gesamt **364 Spiele** **1.567.428 Zuschauer gesamt** **4306 im Schnitt**

Alle Spiele der Saison 97-98 im Überblick

	Augsburg	Berlin Capitals	Eisbären Berlin	Düsseldorf	Frankfurt	Hannover	Kassel	Köln	Krefeld	Landshut	Mannheim	Nürnberg	Revier Löwen	Rosenheim	Schwenningen
Augsburg		5:4 V 2:2	3:2	1:4	1:2	5:3 2:5	0:3 1:4	5:8	4:2 3:2	2:8	1:7	5:1 5:2	3:2 1:8	6:3 5:0	2:7 0:2
Berlin Capitals	1:4 6:2		5:6 V	2:1	2:3 V	2:0 3:3	5:2 4:4	2:2	3:0 2:0	2:4	0:6	2:4 5:3	2:4 12:0	2:0 3:0	6:2 5:3
Eisbären Berlin	3:2	2:4		2:5 10:3 5:2	2:2 5:3 2:2	6:0	3:2	4:1 4:3 V 10:4	1:2	3:3 3:2 2:1	3:3 5:4 3:1	7:2	4:2	6:1	3:1
Düsseldorf	6:2	3:2	6:4 6:4 4:3		3:4 5:3 2:4	4:1	5:1	5:2 2:1 0:3	4:2	2:1 2:2 4:3	3:5 2:7 4:3 V	5:2	7:4	4:1	6:3
Frankfurt	5:4 V	4:1	7:2 3:3 7:2	4:2 3:5 4:3		6:2	4:2	1:2 4:2 5:1	5:2	0:2 6:1 4:1	1:4 3:1 7:2	2:1	2:2	8:3	5:3
Hannover	2:1 1:6	5:1 2:2	4:2	9:2	5:0		2:5 4:1	3:3	6:2 7:4	2:1	4:5 V	5:4 V 6:4	7:2 3:3	7:2 3:1	3:3 4:1
Kassel	1:2 V 4:2	2:4 3:4 V	2:3 V	2:3	3:1	3:0 5:3		3:6	3:6 6:0	2:3	2:8	3:0 3:5	6:1 9:1	3:7 4:0	5:3 2:1
Köln	5:4	4:2	4:3 5:4 V 0:4	7:2 5:2 2:1 V	2:4 1:0 3:0	5:0	2:2		2:4	2:5 2:1 3:2 V	4:5 V 5:2 5:3	8:5	8:5	7:4	4:3 V
Krefeld	7:1 2:2	2:3 V 1:1	2:4	4:1	3:2 V	7:5 5:4	5:4 3:2	3:1		5:1	1:4	3:1 2:2	2:5 4:3	6:3 6:6	2:2 2:5
Landshut	3:0	3:2 V	6:1 2:1 3:1	5:3 6:1 4:3	3:4 5:1 4:7	5:3	3:1	4:3 1:2 2:2	4:0		3:4 1:2 3:2	2:0	3:2	9:0	3:2
Mannheim	5:3	4:2	2:2 4:7 1:4	2:3 V 2:4 5:2	2:5 3:2 5:1	4:3 V	2:1 V	6:0 5:6 V 1:1	4:3	4:3 V 2:1 4:5		2:4	4:1	5:1	4:6
Nürnberg	4:3 4:2	0:2 4:3	3:6	6:8	7:3	3:3 3:5	4:4 4:2	4:3	3:4 V 6:0	3:4	6:2		4:1 8:0	7:5 5:2	7:1 4:2
Revier Löwen	3:2 V 3:6	4:4 3:7	2:4	2:6	2:1	4:5 V 3:6	1:4 1:2	2:3	4:1 2:6	2:2	1:2	4:2 4:3		6:3 5:1	1:6 5:4 V
Rosenheim	3:5 0:3	1:4 3:2	1:6	3:6	2:2	3:6 1:2	1:6 7:4	2:4	2:3 3:2	7:5	1:3	2:0 4:4	3:6 2:6		2:3 2:4
Schwenningen	3:2 8:2	4:2 5:2	2:3	3:4 V	5:5	6:3 2:4	2:5 2:3	2:2	2:2 3:2	3:2	7:3	8:6 2:4	3:6 7:4	3:2 8:3	

Play-Off-Viertelfinale	
Eisbären Berlin - Krefeld Pinguine	3:0 (4:3 OT; 5:1; 4:3 OT)
Frankfurt Lions - Hannover Scorpions	3:1 (4:3 OT; 4:1; 2:4; 4:2)
Adler Mannheim - Düsseldorfer EG	3:0 (7:2; 4:3; 6:1)
Kölner Haie - ***EV Landshut***	0:3 (3:4 OT; 1:9; 3:4 n.P.)
Play-Off-Halbfinale	
Eisbären Berlin - EV Landshut	3:0 (7:2; 2:1; 2:0)
Frankfurt Lions - ***Adler Mannheim***	0:3 (2:6; 1:5; 2:3 OT)
Play-Off-Finale	
Eisbären Berlin - ***Adler Mannheim***	1:3 (0:2; 2:4; 8:7; 1:4)

1. Runde Qualifikations-Play-Offs	
Hannover Scorpions - Revier Löwen	3:0 (6:2; 5:2; 5:4)
Schwenningen - Nürnberg Ice Tigers	3:2 (6:2; 4:5 OT; 5:2; 2:4; 6:2)
Berlin Capitals - ***Augsburger Panther***	1:3 (3:2; 1:3; 0:2; 1:4)
Kassel Huskies - ***Krefeld Pinguine***	1:3 (3:5; 2:5; 5:3; 1:2)
2. Runde Qualifikations-Play-Offs	
Hannover Scoprions - Augsburger Panther	2:0 (4:3; 5:2)
Schwenninger Wild Wings - ***Krefeld Pinguine***	1:2 (4:3; 2:6; 25)
Play-Off-Qualifikanten	
Hannover Scorpions und Krefeld Pinguine	

Die Saison 1998-99

Die Abschlusstabelle der Hauptrunde

		Sp	S3	S2	N1	N	Tore	Pkt.
1.	Nürnberg Ice Tigers	52	30	7	2	13	199:141	106
2.	Eisbären Berlin	52	26	4	5	17	210:163	91
3.	Adler Mannheim	52	24	5	7	16	208:182	89
4.	Frankfurt Lions	52	25	5	4	18	184:168	89
5.	Kölner Haie	52	21	9	7	15	182:159	88
6.	EV Landshut	52	21	8	9	14	163:140	88
7.	Krefeld Pinguine	52	23	7	4	18	183:159	87
8.	Augsburger Panther	52	22	8	3	19	169:155	85
9.	Kassel Huskies	52	24	4	4	20	165:145	84
10.	Schwenninger Wild Wings	52	19	4	7	22	195:217	72
11.	Hannover Scorpions	52	18	3	6	25	175:195	66
12.	Star Bulls Rosenheim	52	15	6	5	26	169:213	62
13.	Berlin Capitals	52	12	4	8	28	146:205	52
14.	Revier Löwen Oberhausen	52	10	0	3	39	148:254	33

Sp=Spiele, S3=3-Punkt-Siege, S2=2-Punkt-Siege,
N1=Niederlagen nach Verlängerung, N=Niederlagen

Die Top-Torhüter

	Name (Team)	Sp	Min.	SG%	SGH	GT	GTS	SO
1.	BRIZA, Petr (Landshut)	35	2012	92,80	1014	73	2,17	2
2.	GRAVEL, Francois (Hannover)	40	2253	91,76	1627	134	3,56	0
3.	ROGLES, Chris (Kassel)	31	3096	90,74	1427	132	2,55	2
4.	DÖHLER, Udo (Eisbären)	32	1533	90,70	742	69	2,66	1
5.	HEISS, Joseph (Köln)	30	1596	90,45	796	76	2,85	3
6.	LANG, Karel Krefeld)	31	1706	90,27	740	72	2,53	0
7.	Mezin, Andrei (Nürnberg)	49	2856	90,00	1241	124	2,60	5
8.	KÜNAST, Christian (Landshut)	22	1180	89,94	567	57	2,89	3
9.	TAMMI, Jukka (Frankfurt)	43	2560	89,28	1213	130	3,04	2
10.	NORDSTRÖM, Roger (Krefeld)	27	1464	89,27	755	81	3,31	0

Die Plus-Minus-Bilanz

	Name (Team)	Sp	+	-	+/-
1.	GARVEY, Liam (Nürnberg)	50	78	38	40
2.	FORSLUND, Tomas (Köln)	51	61	21	40
3.	JIRANEK, Martin (Nürnberg)	47	71	37	34
4.	MILLER, Jason (Nürnberg)	51	71	37	34
5.	ZARRILLO, Bruno (Köln)	51	63	30	33
6.	MILLEN, Corey (Köln)	48	61	28	33
7.	MOMESSO, Sergio (Nürnberg)	47	64	34	30
8.	LÜDEMANN, Mirko (Köln)	43	46	21	25

Die Hauptrunden-Topskorer

	Name (Team)	Sp	T	A	Pkt.
1.	JIRANEK, Martin (Nürnberg)	47	24	45	69
2.	HILLER, Jim (Rosenheim)	52	23	44	67
3.	MILLEN, Corey (Köln)	48	26	29	65
4.	MILLER, Jason (Nürnberg)	51	30	31	61
5.	CORMIER, Derek (Rosenheim)	51	28	34	62
6.	CHABOT, John (Frankfurt)	49	7	53	60
7.	MOMESSO, Sergio (Nürnberg)	47	26	33	59
8.	BARRIE, Len (Frankfurt)	41	24	35	59
9.	ZARRILLO, Bruno (Köln)	51	25	33	58
10.	MACKAY, Mark (Schwenningen)	52	24	33	57
11.	SCHREIBER, Wally (Landshut)	50	19	37	56
12.	PENNEY, Jackson (Mannheim)	45	33	20	53
13.	ALSTON, Jan (Mannheim)	45	33	20	53
14.	FORSLUND, Tomas (Köln)	51	19	34	53
15.	SOCCIO, Len (Hannover)	51	17	36	53
16.	GUAY, Francois (Kassel)	49	17	36	53
17.	SNELL, Chris (Frankfurt)	49	22	29	51
18.	BULLARD, Mike (Eisbären)	50	21	29	50
19.	CASSELMANN, Mike (Landshut)	49	20	29	49
20.	GUILLET, Rob (Capitals)	49	8	40	48
21.	PEDERSON, Mark (Krefeld)	50	21	27	48
22.	BOZON, Philippe (Mannheim)	51	17	30	47
23.	KOVALEV, Andrei (Krefeld)	51	15	32	47
24.	CHERNOMAZ, Rich (Schwenningen)	43	9	38	47
25.	FORTIER, Marc (Eisbären)	49	8	39	47

Die Verteidiger-Topskorer der Hauptrunde

	Name (Team)	Sp	T	A	Pkt.
1.	SNELL, Chris (Frankfurt)	49	22	29	51
2.	COWIE, Rob (Eisbären)	49	14	29	43
3.	HYNES, Gordon (Mannheim)	52	15	28	43
4.	RICHER, Stéphane (Mannheim)	51	13	29	42
5.	LAPERRIERE, Dan (Schwenningen)	46	9	30	39
6.	GARVEY, Liam (Nürnberg)	50	10	29	39
7.	PEACOCK, Shane (Kassel)	52	15	24	39
8.	LIIMATAINEN, Petri (Krefeld)	51	14	24	38
9.	PEDERSON, Tom (Hannover)	50	10	22	32
10.	CARLSSON, Leif (Eisbären)	50	9	23	32

Alle Spiele der Saison 98-99 im Überblick

	Augsburg	Capitals	Eisbären	Frankfurt	Hannover	Kassel	Köln	Krefeld	Landshut	Mannheim	Nürnberg	Revier Löwen	Rosenheim	Schwenningen
Augsburg		3:2 P 9:5	5:1 1:3	2:4 2:4	4:3 OT 4:2	5:3 4:2	5:3 6:2	3:2 P 3:5	2:3 OT 3:2	5:3 2:1	3:4 3:1	2:1 4:1	5:3 4:1	3:0 5:4 OT
Capitals	4:3 OT 0:3		1:5 3:1	3:2 5:3	1:2 P 2:4	3:2 P 2:1	1:6 3:2 OT	1:5 3:4	0:1 7:3	3:4 P 5:6 OT	1:3 2:3 P	3:0 5:2	4:6 3:4	3:4 P 2:3
Eisbären	5:3 3:2	5:4 P 8:3		3:6 5:0	4:3 P 8:1	4:2 4:1	8:3 3:2 P	4:1 5:1	4:2 3:2	5:4 P 6:3	3:2 2:3	8:4 5:1	6:4 10:2	4:1 4:5
Frankfurt	6:2 3:4	3:2 6:3	5:2 5:4 OT		5:2 3:1	3:2 3:2 P	4:5 P 2:5	4:3 1:2 P	3:2 P 2:3	4:0 5:6	3:2 1:4	5:1 5:0	5:2 4:3 P	7:6 P 5:3
Hannover	3:2 2:3	3:6 6:2	4:3 5:2	7:3 6:1		3:2 4:2	5:4 P 2:4	2:3 3:4	5:4 P 1:4	3:4 P 2:3	3:2 3:4	7:4 5:1	7:3 5:2	3:5 2:5
Kassel	5:2 4:3	4:2 2:3 P	2:0 5:2	1:2 3:4	3:4 7:3		5:3 3:2	4:1 4:5	3:1 3:2 P	2:1 P 6:4	3:2 4:1	3:2 6:2	1:2 5:2	3:4 OT 10:5
Köln	1:2 OT 4:2	2:1 P 4:0	5:4 2:3	6:3 8:3	5:0 4:3	2:0 0:3		1:2 P 4:3	2:4 3:2	6:3 4:1	6:5 P 0:4	3:1 3:1	5:4 P 6:3	2:1 5:4 OT
Krefeld	6:3 1:3	3:4 8:2	2:1 P 0:7	4:3 P 5:3	3:0 4:3	3:4 2:1	5:4 OT 3:5		4:2 2:4	3:2 P 4:3 P	3:4 P 1:2	8:1 5:3	5:2 4:3	5:4 7:1
Landshut	4:3 1:3	3:2 6:1	5:4 1:2	2:7 3:2 P	5:4 OT 6:1	2:4 1:0	0:1 P 2:3 P	4:3 P 5:4 OT		4:5 P 3:4	3:0 2:3 P	8:0 6:2	4:3 P 5:1	6:3 4:1
Mannheim	5:3 5:0	3:5 5:4	4:2 5:3	4:3 3:6	5:2 4:3 OT	5:6 P 3:4	7:3 5:6 P	3:4 3:2	5:3 2:3		7:3 5:2	5:0 7:5	3:0 5:3	5:3 6:2
Nürnberg	5:6 P 4:2	4:2 6:2	3:2 5:4 P	3:2 2:5	4:2 5:4	4:2 5:2	3:1 4:0	4:3 3:0	6:1 0:1	4:3 5:4 P		7:0 8:5	7:6 6:0	4:3 6:0
RevierLöwen	2:3 P 3:1	2:5 4:2	7:4 7:3	3:5 3:0	8:5 3:8	3:5 2:6	4:3 1:8	4:2 2:4	2:6 3:4 OT	3:4 2:5	4:5 P 3:9		2:6 7:2	10:2 4:5
Rosenheim	3:4 P 4:3 P	3:6 5:4	4:3 P 6:5 OT	1:2 5:0	2:4 2:3	3:0 2:3	4:3 5:4 P	4:1 1:6	3:2 P 4:3 P	2:9 6:2	5:4 4:3	5:3 5:3		7:3 2:4
Schwenningen	2:3 5:4	11:3 5:2	3:5 3:6	1:3 7:6	5:4 P 6:3	6:1 3:4 P	3:4 P 4:2	8:4 2:8	2:3 P 1:2	6:4 2:1	3:4 2:3 OT	7:5 5:4	5:2 4:3 P	

Play-Off-Viertelfinale

Nürnberg I. T. - Augsburger Panther	3:2 (5:4; 5:6 OT; 5:1; 1:2 n.P.; 2:1)
Frankfurt Lions - Kölner Haie	3:2 (5:4; 1:2; 5:2; 2:3 OT; 4:3 n.P.)
Adler Mannheim - EV Landshut	3:0 (2:0, 5:3; 3:2)
Eisbären Berlin - Krefeld Pinguine	3:1 (3:2; 2:4; 5:4 OT; 6:5 OT)

Play-Off-Halbfinale

Nürnberg Ice Tigers - Frankfurt Lions	3:0 (5:1; 3:2; 2:1)
Eisbären Berlin - ***Adler Mannheim***	1:3 (2:4; 0:6, 2:1 n.P.; 3:9)

Play-Off-Finale

Nürnberg Ice Tigers - ***Adler Mannheim***	2:3 (2:1 OT; 1:5; 3:2; 3:4; 2:3)

Die Play-Off-Topskorer

	Name (Team)	Sp	T	A	Pkt.
1.	PELTONEN, Jarno (Nürnberg)	13	4	8	12
2.	ALSTON, Jan (Mannheim)	12	4	7	11
3.	MILLER, Jason (Nürnberg)	13	5	6	11
4.	MOMESSO, Sergio (Nürnberg)	13	4	7	11
5.	TOMLINSON, Dave (Mannheim)	12	7	3	10
6.	RICHER, Stéphane (Mannheim)	12	2	8	10
7.	BOZON, Philippe (Mannheim)	12	4	5	9
8.	STANTON, Paul (Mannheim)	12	2	7	9
9.	HYNES, Gordon (Mannheim)	12	1	8	9
10.	PELLEGRIMS, Mike (Mannheim)	12	0	9	9

Die Zuschauerzahlen der Hauptrunde

		Sp	Zusch.	Ø
1.	Köln	26	335.585	12.907
2.	Frankfurt	26	161.800	6223
3.	Mannheim	26	152.280	5857
4.	Kassel	26	120.344	4629
5.	Eisbären	26	108.852	4187
6.	Augsburg	26	107.733	4143
7.	Krefeld	26	102.680	3949
8.	Nürnberg	26	93.034	3578
9.	Schwenningen	26	90.100	3465
10.	Landshut	26	87.216	3354
11.	Capitals	26	72.647	2794
12.	Rosenheim	26	69.997	2692
13.	Hannover	26	69.963	2690
14.	Oberhausen	26	64.847	2494

DEL gesamt **364 Spiele** **1.637.078 Zuschauer gesamt** **4497 im Schnitt**

Die Saison 1999-00

Die Abschlusstabelle der Hauptrunde

		Sp	S3	S2	N1	N	Tore	Pkt.
1.	Kölner Haie	56	33	2	11	10	217:144	114
2.	München Barons	56	31	5	6	14	20.3:158	106
3.	Krefeld Pinguine	56	28	6	5	17	213:171	101
4.	Kassel Huskies	56	28	2	9	17	168:137	97
5.	Adler Mannheim	56	27	6	4	19	196:182	97
6.	Berlin Capitals	56	24	9	7	16	183:172	97
7.	Frankfurt Lions	56	24	8	4	20	190:175	92
8.	Augsburger Panther	56	25	5	2	24	178:161	90
9.	Hannover Scorpions	56	21	6	3	26	188:195	78
10.	Nürnberg Ice Tigers	56	23	2	2	29	169:179	75
11.	Schwenninger Wild Wings	56	18	5	9	24	160:185	73
12.	Star Bulls Rosenheim	56	19	5	4	28	168:201	71
13.	Eisbären Berlin	56	21	2	3	30	181:193	70
14.	Revier Löwen Oberhausen	56	10	9	3	34	141:201	51
15.	Moskitos Essen	56	13	3	3	37	128:229	48

Sp=Spiele, S3=3-Punkt-Siege, S2=2-Punkt-Siege,
N1=Niederlagen nach Penaltyschießen, N=Niederlagen

Die Top-Torhüter

	Name (Team)	Sp	Min.	SG%	SGH	GT	GTS	SO
1.	VERNER, Andrew (Köln)	34	1926	91,60	941	71	2,21	4
2.	HEISS, Joseph (Köln)	25	1426	91,84	686	56	2,36	1
3.	ROGLES, Chris (Kassel)	48	2869	91,60	1226	103	2,15	5
4.	NORDSTRÖM, Roger (Krefeld)	45	2547	90,82	1285	118	2,78	2
5.	REDDICK, Eldon (Frankfurt)	52	2943	90,53	1521	144	2,94	1
6.	ROUSSON, Boris (München)	44	2632	90,31	1146	111	2,53	3
7.	FRANEK, Petr (Nürnberg)	28	1487	90,24	717	70	2,82	1
8.	RAMPF, Sven (Augsburg)	21	1160	90,00	530	53	2,74	0
9.	WALLINHEIMO, Sinuhe (Oberh.)	21	1185	89,84	566	64,	3,24	1
10.	ROSATI, Mike (Mannheim)	55	3245	89,71	1652	170	3,14	3

Die Plus-Minus-Bilanz

	Name (Team)	Sp	+	-	+/-
1.	MURRAY, Marty (Köln)	56	61	26	35
2.	LÜDEMANN, Mirko (Köln)	48	50	20	30
3.	MINER, John (Köln)	56	60	31	29
4.	BRANDL, Thomas (Krefeld)	47	45	17	28
5.	KARLSSON, Jakob (Hannover)	55	67	40	27
6.	HARTOGS, Tom (Krefeld)	56	52	25	27
7.	MILLEN, Corey (Köln)	38	44	18	26
8.	DOYON, Mario (Köln)	45	53	28	25

Die Hauptrunden-Topskorer

	Name (Team)	Sp	T	A	Pkt.
1.	ALSTON, Jan (Mannheim)	55	31	43	74
2.	LARSSON, Peter (Augsburg)	56	21	51	72
3.	VOSTRIKOV, Sergei (Augsburg)	51	36	30	66
4.	EDGERTON, Devin (Frankfurt)	48	30	33	63
5.	WHEELDON, Simon (München)	56	26	34	60
6.	SOCCIO, Len (Hannover)	56	16	43	59
7.	MURRAY, Marty (Köln)	56	12	47	59
8.	MASLENNIKOV, Igor (Augsburg)	54	13	41	54
9.	VOROBJEV, Ilja (Krefeld)	56	24	28	52
10.	GIRARD, Rick (Schwenningen)	55	23	29	52
11.	PEACOCK, Shane (München)	53	20	32	52
12.	DOURIS, Peter (München)	56	18	34	52
13.	SJÖGREN, Thomas (Capitals)	50	20	31	51
14.	LEFEBVRE, Patrice (Mannheim)	54	20	31	51
15.	CHIBIREV, Igor (Hannover)	52	25	25	50
16.	TOMLINSON, Dave (Mannheim)	56	20	30	50
17.	MACKAY, Mark (Schwenningen)	55	18	32	50
18.	BRANDL, Thomas (Krefeld)	47	17	33	50
19.	DOYLE, Rob (Frankfurt)	55	12	38	50
20.	MILLEN, Corey (Köln)	38	17	32	49
21.	MCCRORY, Scott (Schwenningen)	56	11	38	49
22.	CHARBONNEAU, Jose (Frankfurt)	55	18	30	48
23.	QUINTIN, Jean-Francois (Rosenheim)	55	13	35	48
24.	CHERBAYEV, Alexander (Nürnberg)	45	26	21	47
25.	VASILYEV, Andrei (Frankfurt)	54	26	21	47

Die Verteidiger-Topskorer der Hauptrunde

	Name (Team)	Sp	T	A	Pkt.
1.	PEACOCK, Shane (München)	53	20	32	52
2.	DOYLE, Rob (Frankfurt)	55	12	38	50
3.	LAPERRIERE, Dan (Schwenningen)	55	17	29	46
4.	ROACH, Andy (Krefeld)	55	19	22	41
5.	LAVOIE, Dominic (Hannover)	55	19	21	40
6.	JOHNSTON, Greg (Capitals)	56	19	21	40
7.	COWIE, Rob (Eisbären)	52	14	23	37
8.	HYNES, Gordon (Mannheim)	50	11	26	37
9.	BERGEN, Bradley (Augsburg)	55	10	27	37
10.	PELLEGRIMS, Mike (Capitals)	56	11	25	36

Alle Spiele der Saison 99-00 im Überblick

	Augsburg	Capitals	Eisbären	Essen	Frankfurt	Hannover	Kassel	Köln	Krefeld	Mannheim	München	Nürnberg	Oberhausen	Rosenheim	Shwenningen
Augsburg		3:5 2:1 P	5:4 P 2:3	6:1 5:1	6:2 7.2	3:2 3:1	0:2 2:1	2:5 4:7	1:4 4:1	4:2 3:4	2:1 3.2	2:0 5:2	2:1 5:1	6.2 1:2 P	1:2 4:2
Capitals	2:1 P 5:4		7.2 4:6	4:3 10:3	4:1 2:4	4:3 4:5	2:0 4:3 P	3:5 6:4	3:1 4.1	5:1 7:4	5:2 5:4 P	3:0 3:4 P	5:2 4:3	4:3 P 3:4 P	3:2 P 3:2 P
Eisbären	4:5 P 4:3	7:0 2:4		8:3 4:1	6:5 2:3	8:4 8:2	4:2 1:4	2:5 1:2	2:1 P 5:7	3:5 3:2	4:8 3:5	5:3 1:4	5:0 0:3	1:2 3:1	4:1 0:1
Essen	0:2 4:3	7.2 1:2 P	5:3 2:5		2:4 1:4	3:2 P 4:7	0:3 2:4	3:2 1:5	4:5 P 2:3	1:3 0:2	1:4 2:3	1:3 3:2	4:0 4:5 P	3:2 4:2	6:2 0:3
Frankfurt	5:7 3:1	0:1 5:4 P	0:3 5:3	6:2 9:1		3:2 6:4	5:2 4:3	3:2 P 7:2	5:2 1:5	4:3 P 3:2	3:2 P 4:1	2:3 3:1	4:3 P 3:6	4:3 4:5 P	3:2 P 4:1
Hannover	4:3 3:6	7:1 1:3	5:2 0:2	1:4 3:1	2:1 5:3		8:5 4:3 P	5:4 P 2:3	1:2 6:3	4:3 4:3 P	6:5 P 4:3	7:2 4:1	4:2 1:2 P	3:1 5:1	5:2 6:1
Kassel	3:4 P 5:2	1:2 4:2	5:2 3:2	5:2 7:1	4:5 P 4:3	4:3 3:4		0:1 0:3	5:4 P 4:1	3:0 5:4 P	0:1 2:3 P	2:0 3:2	5:1 2:3 P	5:1 5:2	3:6 5:1
Köln	7:3 6:2	3:4 P 3:4 P	5:1 5:2	9:0 2:3	4:3 P 6:2	4:2 9:1	4:1 4:2		2:3 P 4:2	0:1 4:5 P	0:1 3:2 P	4:1 8:2	4:1 1:4	6:1 6:1	2:5 5:1
Krefeld	5:1 4:1	2:3 P 6:2	4:2 6:3	4:1 4:5 P	2:4 4:3 P	5:4 P 7:4	4:1 3:6	5:4 3:5		4:5 4:2	4:1 7:4	3:1 4:0	4:0 4:0	5:2 9:3	7:2 3:2 P
Mannheim	5:1 4:1	6:5 3:0	2:1 4:2	5:7 8:3	5:3 1:5	5:6 P 3:1	1:2 3:2 P	3:2 P 3:2 P	6:4 5:2		6:4 3:1	5:1 5:3	7:3 4:1	9:4 2:4	6:2 5:3
München	4:2 5:2	2:0 4:1	5:3 3:0	3:1 6:0	3:1 2:3 P	6:1 6:3	4:2 2:3	3:7 3:2 P	4:2 2:3	5:3 6:1		8:3 5:2	5:2 2:1	6:2 3:2	4:3 5:4 P
Nürnberg	3:5 3:4 P	4:1 5:2	4:1 6:4	6:3 7:2	4:2 5:2	1:2 5:1	2:5 2:1	4:6 2:3	5:3 2:4	8:0 4:2	6:3 3:4		3:2 P 4:1	4:2 5:2	5:2 2:6
Oberhausen	2:3 2:4	2:4 3:2	2:4 6:5 P	2:1 1:3	3:5 3:4	4:2 3:0	0:2 2:1 P	2:4 3:4	3:4 5:4	3:4 2:4	4:6 1:5	3:5 4:3 P		5:2 5:1	3:2 P 4:5 P
Rosenheim	3:2 1:3	2:3 0:2	3:4 P 4:2	6:2 5:1	5:1 4:2	2:0 8:5	4:3 P 0:2	5:2 5:1	5:4 P 4:1	5:4 3:4 P	3:2 7:8 P	3:1 3:2	1:4 8:3		4:2 1:4
Schwenningen	2:3 5:4	4:3 P 4:3	3:5 2:5	2:3 P 4:0	3:2 P 0:3	3:2 2:3 P	1:3 0:3	3:2 1:3	3:7 4:3 P	7:1 2:1	4:3 P 1:4	4:1 1:3	9:0 4:5	6:3 5:4	

Play-Off-Viertelfinale

Kölner Haie - Augsburger Panther	3:0 (4:2; 4:2; 5:3)
München Barons - Frankfurt Lions	3:2 (2:3 n.P.; 5:0; 3:0; 3:5; 4:1)
Krefeld Pinguine - ***Berlin Capitals***	1:3 (2:1; 4:5; 3:4 OT; 3:4 OT)
Kassel Huskies - Adler Mannheim	3:2 (3:1, 0:4; 0:2; 7:1; 7:2)

Play-Off-Halbfinale

München Barons - Kassel Huskies	3:0 (4:0, 2:1; 4:2)
Kölner Haie - Berlin Capitals	3:0 (2:1; 5:1; 4:1)

Play-Off-Finale

Kölner Haie - ***München Barons***	1:3 (5:3; 2:3; 0:3; 3:4)

Die Play-Off-Topskorer

	Name (Team)	Sp	T	A	Pkt.
1.	CASSELMANN, Mike (München)	12	4	8	12
2.	ROSÉN, Johan (München)	12	8	2	10
3.	MINER, John (Köln)	10	2	8	10
4.	DOURIS, Peter (München)	12	3	6	9
5.	SVENSSON, Pelle (München)	12	1	8	9
6.	FEARNS, Kent (München)	12	5	3	8
	PEACOCK, Shane (München)	12	5	3	8
8.	KENNEDY, Mike (München)	12	4	4	8
9.	YOUNG, Jason (Köln)	10	3	5	8
10.	SWEENEY, Bob (München)	12	3	5	8

Die Zuschauerzahlen der Hauptrunde

		Sp	Zusch.	Ø
1.	Köln	28	348.342	12.440
2.	Frankfurt	28	170.164	6077
3.	Mannheim	28	147.844	5280
4.	Kassel	28	122.422	4372
5.	Krefeld	28	117.695	4203
6.	Augsburg	28	114.574	4091
7.	Eisbären	28	110.175	3934
8.	Capitals	28	109.657	3916
9.	Nürnberg	28	102.100	3646
11.	Schwenningen	28	93.701	3346
12.	Oberhausen	28	88.889	3174
13.	Rosenheim	28	82.383	2942
14.	München	28	77.251	2758
15.	Hannover	28	73.408	2621

DEL gesamt 422 Spiele 1.853.672 Zuschauer gesamt 4393 im Schnitt

Die Saison 2000-01

Die Abschlusstabelle der Hauptrunde

		Sp	S3	S2	N1	N	Tore	Pkt.
1.	Adler Mannheim	60	31	9	4	16	205:144	115
2.	Kölner Haie	60	29	6	12	13	186:154	111
3.	München Barons	60	29	5	7	19	175:150	104
4.	Nürnberg Ice Tigers	60	27	7	8	18	191:171	103
5.	Kassel Huskies	60	28	6	7	19	176:156	103
6.	Revier Löwen Oberhausen	60	25	12	3	20	187:151	102
7.	Hannover Scorpions	60	29	3	6	22	203:182	99
8.	Berlin Capitals	60	25	7	9	19	191:173	98
9.	Krefeld Pinguine	60	23	4	11	22	182:177	88
10.	Frankfurt Lions	60	23	5	8	24	189:189	87
11.	Schwenninger Wild Wings	60	17	10	5	28	174:207	76
12.	Düsseldorfer EG	60	20	4	8	28	133:164	76
13.	Eisbären Berlin	60	19	6	4	31	192:221	73
14.	Augsburger Panther	60	18	8	3	31	187:249	73
15.	Iserlohn Roosters	60	16	7	6	31	152:189	68
16.	Moskitos Essen	60	15	7	5	33	173:226	64

Sp=Spiele, S3=3-Punkt-Siege, S2=2-Punkt-Siege,
N1=Niederlagen nach Verlängerung, N=Niederlagen

Die Top-Torhüter

	Name (Team)	Sp	Min.	SG%	SGH	GT	GTS	SO
1.	WALLINHEIMO, Sinuhe (Ober.)	57	3286	91,80	1500	123	2,25	9
2.	ROGLES, Chris (Kassel)	60	3554	91,70	1734	144	2,43	3
3.	TREFILOV, Andrei (Düsseldorf)	50	2864	91,61	1431	120	2,51	2
4.	VERNER, Andrew (Köln)	50	2873	91,50	1317	112	2,34	0
5.	ROSATI, Mike (Mannheim)	42	2392	91,44	1052	90	2,26	5
6.	ROUSSON, Boris (München)	48	2778	91,44	1297	111	2,40	2
7.	REDDICK, Eldon (Frankfurt)	47	2642	91,38	1369	118	2,68	2
8.	MEZIN, Andrei (Berlin)	56	3220	90,58	1571	148	2,76	3
9.	MÜLLER, Robert (Mannheim)	23	1195	90,55	550	52	2,61	1
10.	CAGAS, Pavel (Hannover)	41	2383	90,31	1114	108	2,72	2

Die Plus-Minus-Bilanz

	Name (Team)	Sp	+	-	+/-
1.	PASCO, Ron (Mannheim)	57	53	26	27
2.	PURDIE, Brad (Krefeld)	58	62	39	23
3.	ACKESTRÖM, Oscar (Hannover)	60	66	44	22
4.	RACINE, Yves (Mannheim)	52	49	28	21
5.	SCHREIBER, Wally (Hannover)	54	57	37	20
6.	MILLEN, Corey (Köln)	59	46	26	20
7.	BRANDNER, Christoph (Krefeld)	59	59	40	19
8.	MIKESCH, Pat (Kassel)	59	46	27	19

Die Hauptrunden-Topskorer

	Name (Team)	Sp	T	A	Pkt.
1.	VOSTRIKOV, Sergei (Augsburg)	56	32	46	78
2.	PURDIE, Brad (Krefeld)	58	25	39	64
3.	LEFEBVRE, Patrice (Frankfurt)	57	24	39	63
4.	MILLEN, Corey (Köln)	59	34	28	62
5.	CHIBIREV, Igor (Hannover)	58	25	34	59
6.	SIMON, Todd (Essen)	54	16	43	59
7.	HICKS, Alex (Eisbären)	56	27	31	58
8.	WALKER, Steve (Eisbären)	59	19	39	58
9.	MILLER, Jason (Nürnberg)	56	21	36	57
10.	CHERBAYEV, Alexander (Nürnberg)	55	26	30	56
11.	ALSTON, Jan (Mannheim)	59	26	28	54
12.	MASLENNIKOV, Igor (Augsburg)	57	20	34	54
13.	SCHREIBER, Wally (Hannover)	54	27	26	53
14.	SLIVCHENKO, Vadim (Schwenningen)	51	26	27	53
15.	BASHKATOV, Egor (Hannover)	59	22	31	53
16.	HOCK, Robert (Oberhausen)	60	19	34	53
17.	SOCCIO, Len (Hannover)	55	17	36	53
18.	GOVEDARIS, Chris (Eisbären)	58	26	26	52
19.	JIRANEK, Martin (Nürnberg)	58	21	31	52
20.	FORTIER, Marc (Eisbären)	49	13	39	52
21.	HUUSKO, Anders (Capitals)	56	28	22	50
22.	AUGUSTA, Patrik (Schwenningen)	56	25	25	50
23.	BRANDNER, Christoph (Krefeld)	59	24	24	48
24.	GIRARD, Rick (München)	58	23	25	48
25.	INTRANUOVO, Ralph (Essen)	51	27	20	47

Die Verteidiger-Topskorer der Hauptrunde

	Name (Team)	Sp	T	A	Pkt.
1.	ANDERSON, Shawn (Iserlohn)	56	12	33	45
2.	JOHNSTON, Greg (Capitals)	60	18	26	44
3.	COWIE, Rob (Eisbären)	58	14	30	44
4.	CROWLEY, Ted (Kassel)	60	11	29	40
5.	DOYLE, Rob (Frankfurt)	56	7	33	40
6.	GRANT, Kevin (Hannover)	59	12	26	38
7.	LIIMATAINEN, Petri (Capitals)	59	11	26	37
8.	STAS, Sergei (Augsburg)	60	9	27	36
9.	HERTER, Jason (München)	54	15	18	33
10.	CARLSSON, Leif (Oberhausen)	60	6	27	33

Alle Spiele der Saison 00-01 im Überblick

	Augsburg	Capitals	Eisbären	Düsseldorf	Essen	Frankfurt	Hannover	Iserlohn	Kassel	Köln	Krefeld	Mannheim	München	Nürnberg	Oberhausen	Schwenningen
Augsburg		4:3 3:8	8:5 9:2	3:4 P 3:1	1:4 4:3	1:2 P 5:1	6:0 6:4	0:1 2:6	3:2 0:6	4:2 4:3 P	1:5 2:4	5:3 4:5 P	3:6 2:4	1:2 3:6	6:4 3:2 P	3:1 5:3
Capitals	4:3 5:6 P		4:2 3:2 P	3:1 0:2	2:3 P 3:4 P	6:2 4:1	5:4 P 6:5 P	5:3 3:2	5:2 6:1	4:7 3:2 P	5:4 P 5:2	5:3 2:4	3:1 4:1	4:1 4:5 P	4:2 2:3 P	4:1 4:3
Eisbären	1:4 4:1	6:5 P 3:1		2:3 3:0	6:7 P 2:3	5:1 6:5 P	4:5 3:5	4:3 7:3	3:1 3:2 P	2:4 3:5	5:1 6:5	2:3 1:4	3:4 2:3 P	4:3 P 3:1	4:2 6:3	3:6 3:1
Düsseldorf	3:5 5:2	0:2 0:3	3:5 5:4		4:2 4:3	1:4 2:5	2:0 3:4	4:3 P 3:0	1:5 3:1	4:3 1:3	0:1 2:1 P	1:2 0:7	2:3 2:1	4:3 P 0:1	0:3 2:5	4:1 1:2 P
Essen	2:3 P 3:4 P	4:1 2:1	2:4 2:3	2:1 P 6:4		4:2 5:3	3:2 P 5:6	2:3 P 1:3	2:4 3:2	5:4 4:6	1:0 3:4	4:5 P 1:4	3:2 2:1	2:3 2:3	4:3 3:2 P	1:4 9:1
Frankfurt	4:2 10:4	3:2 P 4:3	1:4 6:2	1:2 1:2	6:4 12:2		1:4 3:1	1:3 1:2 P	5:3 2:0	3:2 2:4	5:2 4:3 P	1:2 P 4:5 P	4:1 5:4	6:1 1:2	5:4 7:3	1:2 6:3
Hannover	3:2 9:3	6:3 4:1	2:1 7:2	2:3 P 1:3	6:3 6:5	3:0 5:1		2:1 6:1	3:5 3:6	1:2 1:5	3:8 4:3 P	2:1 5:0	3:4 5:4 P	4:2 0:4	4:0 3:2	5:4 P 7:3
Iserlohn	^5:2 6:7	3:6 1:3	4:0 4:3	1:2 P 2:1 P	5:1 5:4	1:0 2:5	1:5 1:0		2:3 1:2	5:4 P 3:2	5:3 3:4 P	1:4 5:4	1:3 2:3	1:2 3:2 P	3:5 2:3 P	3:2 P 4:0
Kassel	7:2 4:5 P	3:1 5:2	5:6 P 2:1	5:2 3:4 P	3:2 3:2 P	3:2 2:1	2:1 P 1:4	4:2 4:1		2:3 2:1 P	0:2 2:1	2:7 1:4	4:2 2:1 P	1:5 3:2	3:2 5:3	5:2 1:4
Köln	5:2 1:2 P	3:4 P 1:2	4:3 6:3	4:5 3:1	4:3 5:3	5:4 P 3:4 P	4:1 1:3	3:2 P 3:2	4:3 4:3 P		5:2 4:1	3:2 3:2	1:3 0:2	1:2 P 5:1	2:1 3:2	2:1 P 4:2
Krefeld	5:1 5:6 P	3:4 P 3:2	5:2 3:7	3:4 P 4:3	4:1 6:0	1:3 7:2	5:4 4:5	2:1 6:2	2:1 1:4	2:1 2:5		6:2 0:4	5:0 2:0	3:4 P 2:4	1:2 P 4:0	6:3 3:2
Mannheim	6:2 4:2	1:0 P 5:0	7:1 1:4	1:3 2:1 P	4:0 5:3	3:2 5:2	5:2 3:2	5:6 3:2	4:3 P 2:3 P	2:3 2:1 P	5:1 0:1 P		0:1 4:1	2:5 1:0	2:1 9:2	6:3 6:1
München	10:0 3:1	5:3 2:5	4:2 4:2	1:2 2:1 P	3:2 5:1	3:4 5:2	2:4 4:2	9:0 3:1	2:3 P 1:4	1:4 3:2 P	4:3 2:1	3:2 P 1:2		4:2 7:6	2:1 2:3	3:0 3:2
Nürnberg	3:1 6:1	4:2 3:2 P	5:1 5:4	4:1 4:3	3:5 6:4	4:3 P 0:1	4:2 4:3	3:2 P 2:3 P	5:4 3:1	2:3 P 1:2	3:4 P 4:1	1:4 6:4	4:3 3:2 P		4:5 P 0:4	8:3 7:1
Oberhausen	3:2 5:0	2:0 4:0	5:3 4:1	3:2 P 2:0	4:2 7:0	9:2 3:2 P	2:1 P 1:4	5:3 3:2	0:4 3:2	6:1 2:1	5:4 3:2 P	5:3 4:0	2:3 P 5:4 P	4:0 3:2 P		5:2 4:1
Schwenningen	6:7 3:1	2:4 2:1	1:2 P 6:2	5:2 5:3	8:0 2:4	5:6 3:2 P	3:2 6:3	3:2 5:2	0:3 3:4	4:3 P 3:2 P	2:1 5:3	6:3 3:4 P	1:2 4:3 P	7:3 5:4	1:2 P 2:0	

Play-Off-Viertelfinale

Adler Mannheim - Berlin Capitals	3:2 (5:1, 3:4 V; 4:3; 2:3; 3:0)
Kölner Haie - ***Hannover Scorpions***	0:3 (1:3; 1:5; 3:4 V)
München Barons - Revier Löwen Oberhausen	3:0 (4:2; 3:2; 4:2)
Nürnberg Ice Tigers - ***Kassel Huskies***	1:3 (3:2; 1:2 V; 3:4 P; 3:4 P)

Play-Off-Halbfinale

Adler Mannheim - Hannover Scorpions	3:0 (7:2; 7:5; 6:1)
München Barons - Kassel Huskies	3:1 (3:2; 2:3 P; 3:1; 6:5)

Play-Off-Finale

Adler Mannheim - München Barons	3:1 (4:1; 1:4; 2:1, 2:1 V)

Die Play-Off-Topskorer

	Name (Team)	Sp	T	A	Pkt.
1.	ALSTON, Jan (Mannheim)	12	10	15	25
2.	EDGERTON, Devin (Mannheim)	11	10	7	17
3.	GIRARD, Rick (München)	10	5	8	13
4.	PEACOCK, Shane (München)	11	6	6	12
5.	TOMLINSON, Dave (Mannheim)	12	4	7	11
6.	KENNEDY, Mike (München)	11	5	5	10

Die Zuschauerzahlen der Hauptrunde

		Sp	Zusch.	Ø
1.	Kölner Haie	30	345.891	12.440
2.	Düsseldorfer EG	30	199.152	6638
3.	Frankfurt Lions	30	179.902	5996
4.	Adler Mannheim	30	170.800	5693
5.	Kassel Huskies	30	128.598	4286
6.	Revier Löwen Oberhaus.	30	128.543	4284
7.	Nürnberg Ice Tigers	30	125.467	4182
8.	Krefeld Pinguine	30	114.176	3805
9.	Eisbären Berlin	30	110.561	3566
10.	Berlin Capitals	30	104.427	3480
11.	Schwenninger Wild Wings	30	102.350	3411
12.	Augsburger Panther	30	101.257	3375
13.	Moskitos Essen	30	94.471	3149
14.	Iserlohn Roosters	30	92.722	3090
15.	München Barons	30	89.553	2985
16.	Hannover Scorpions	30	79.482	2649
DEL gesamt		**480**	**2.038.754**	**4247**

Die Saison 2001-02

Die Abschlusstabelle der Vorrunde

		Sp	S3	S2	N1	N	Tore	Pkt.
1.	München Barons	60	33	10	2	15	182:138	121
2.	Adler Mannheim	60	34	6	6	14	186:135	120
3.	Krefeld Pinguine	60	34	6	4	16	210:162	118
4.	Nürnberg Ice Tigers	60	31	7	4	18	180:134	111
5.	Kassel Huskies	60	26	6	8	20	157:147	98
6.	Kölner Haie	60	27	3	6	24	173:153	93
7.	Eisbären Berlin	60	26	5	4	24	177:166	92
8.	Augsburger Panther	60	23	8	6	23	185:189	91
9.	DEG Metro Stars	60	23	8	3	26	143:139	88
10.	Hannover Scorpions	60	21	4	7	28	180:201	78
11.	Frankfurt Lions	60	20	7	2	31	156:199	76
12.	Iserlohn Roosters	60	19	4	9	28	154:183	74
13.	Revier Löwen Oberhausen	60	18	5	6	31	168:187	70
14.	Moskitos Essen	60	18	3	8	31	163:195	68
15.	Berlin Capitals	60	19	6	5	30	168:205	68
16.	SERC Wild Wings	60	18	2	10	30	134:183	68

Sp=Spiele, S3=3-Punkt-Siege, S2=2-Punkt-Siege,
N1=Niederlagen nach Verlängerung, N=Niederlagen

Die Top-Torhüter

	Name (Team)	Sp	Min.	SG%	SGH	GT	GTS	SO
1.	CHABOT, Frederic (Nürnberg)	29	1697	93,23	771	56	1,98	4
2.	ROSATI, Mike (Mannheim)	51	2952	92,46	1239	101	2,05	6
3.	ROUSSON, Mike (München)	41	2362	92,18	990	84	2,13	5
4.	FATIKOV, Leonid (Kassel)	35	1905	92,14	774	66	2,08	5
5.	ROGLES, Chris (Köln)	57	3317	91,76	1380	124	2,24	4
6.	SHULMISTRA, Richard (Eisb.)	52	3029	91,75	1334	120	2,38	6
7.	SELIGER, Marc (Nürnberg)	32	1895	91,71	797	72	2,28	2
8.	TREFILOV, Andrei (Düsseldorf)	58	3469	91,19	1356	131	2,27	7
9.	KÜNAST, Christian (München)	22	1229	90,94	482	48	2,34	3
10.	KAUHANEN, Ilpo (Kassel)	29	1681	90,85	675	68	2,43	4

Die Plus-Minus-Bilanz

	Name (Team)	Sp	+	-	+/-
1.	FORTIER, Marc (Eisbären)	58	59	36	23
2.	GROLEAU, Francois (Mannheim)	60	47	25	22
3.	DOYON, Mario (Krefeld)	48	46	24	22
4.	DOURIS, Peter (München)	60	53	34	19
5.	HICKS, Alex (Köln)	58	46	27	19
6.	ROACH, Andy (Mannheim)	60	41	23	18
7.	CHRISTIAN, Jeff (Krefeld)	53	39	21	18
8.	DAHL, Kevin (Nürnberg)	48	38	20	18

Die Vorrunden-Topskorer

	Name (Team)	Sp	T	A	Pkt.
1.	PURDIE, Brad (Krefeld)	60	32	43	75
2.	SOCCIO, Len (Hannover)	60	25	45	70
3.	SELIVANOV, Alexander (Frankfurt)	58	26	35	61
4.	PLANTE, Derek (München)	60	20	38	58
5.	FORTIER, Marc (Eisbären)	58	20	37	57
6.	BRANDNER, Christoph (Krefeld)	50	30	25	55
7.	AUGUSTA, Patrik (Krefeld)	60	15	40	55
8.	GUILLET, Robert (Augsburg)	55	28	26	54
9.	MAGNUSSEN, Trond (Düsseldorf)	60	28	25	53
10.	HICKS, Alex (Köln)	58	26	26	52
11.	PICARD, Michel (Mannheim)	60	24	28	52
12.	HOCK, Robert (Oberhausen)	51	22	30	52
13.	BEAUCAGE, Marc (Augsburg)	60	17	35	52
14.	ROBERTS, David (Eisbären)	54	23	28	51
15.	MORCZINIETZ, Andreas (Augsburg)	60	25	25	50
16.	SHUCHUK, Gary (Krefeld)	60	18	32	50
17.	CHRISTIAN, Jeff (Krefeld)	53	31	18	49
18.	YAKE, Terry (Essen)	51	19	30	49
19.	SLIVCHENKO, Vadim (Frankfurt)	57	19	30	49
20.	LAYLIN, Cory (Iserlohn)	58	17	32	49
21.	CORMIER, Derek (Oberhausen)	59	24	24	48
22.	KOVALEV, Andrei (Oberhausen)	57	21	27	48
23.	VIKINGSTAD, Tore (Düsseldorf)	58	18	30	48
24.	KARABIN, Ladislav (Oberhausen)	58	12	36	48
25.	ÖBERG, Fredrik (Capitals)	59	19	28	47

Die Verteidiger-Topskorer der Vorrunde

	Name (Team)	Sp	T	A	Pkt.
1.	LAYLIN, Cory (Iserlohn)	58	17	32	49
2.	LAMBERT, Dan (Krefeld)	56	11	32	43
3.	SNELL, Chris (Frankfurt)	54	15	26	41
4.	SCHNEIDER, Andy (München)	53	11	29	40
5.	LAVOIE, Dominic (Hannover)	57	12	27	39
6.	DOYLE, Rob (Frankfurt)	56	9	30	39
7.	TORY, Jeff (Kassel)	59	10	28	38
8.	DOYON, Mario (Krefeld)	48	11	26	37
9.	FICENEC, Jakub (Augsburg)	57	8	29	37
10.	PELLEGRIMS, Mike (Düsseldorf)	59	5	32	37

Alle Spiele der Saison 01-02 im Überblick

	Augsburg	Capitals	Eisbären	Düsseldorf	Essen	Frankfurt	Hannover	Iserlohn	Kassel	Köln	Krefeld	Mannheim	München	Nürnberg	Oberhausen	Schwenningen
Augsburg		5:4 P 6:4	6:5 P 3:1	3:2 P 2:4	5:3 5:3	2:3 P 5:1	4:0 2:5	3:2 P 4:2	3:2 4:3 P	2:1 6:1	1:0 4:2	2:3 3:5	3:6 2:3 P	3:1 3:1	8:2 3:2	0:4 3:5
Capitals	1:4 6:7 P		0:4 5:3	1:2 4:1	2:1 P 9:4	5:2 3:4	4:3 3:0	3:6 2:1	2:1 0:6	0:1 P 2:5	7:4 1:4	2:4 6:5	0:3 2:6	3:2 2:4	2:4 4:3	3:1 3:0
Eisbären	6:2 5:2	4:2 0:3		3:7 4:6	0:2 1:4	6:1 1:2 P	4:3 P 4:3	4:0 2:4	0:3 3:4 P	3:4 3:5	3:4 5:1	3:2 P 1:5	5:1 3:1	1:4 1:2 P	3:1 3:2	3:2 P 6:4
Düsseldorf	3:4 P 5:0	2:3 2:0	6:2 0:4		2:4 3:0	4:1 1:0	2:1 P 2:4	2:1 P 0:2	2:1 P 0:1	3:1 0:3	0:3 1:2 P	0:4 0:2	6:1 2:1 P	3:5 4:0	0:1 8:3	4:0 5:2
Essen	1:3 5:4 P	1:4 5:2	0:3 3:4 P	4:1 4:0		5:3 0:3	2:3 5:3	3:4 P 5:1	0:1 5:6 P	2:3 3:2	5:2 6:1	3:0 2:4	1:3 2:4	2:3 3:1	6:5 4:5	2:4 4:5
Frankfurt	3:1 4:3	1:3 6:4	1:4 3:4	2:3 P 2:4	3:2 P 4:7		4:2 5:4	3:1 5:2	2:1 P 6:2	2:4 2:4	0:3 2:0	2:0 4:6	1:6 3:5	1:8 1:3	6:5 3:2	1:3 3:0
Hannover	4:5 P 4:2	4:1 6:5	0:5 3:2	2:4 1:2	7:2 6:0	4:3 6:7 P		6:0 2:6	2:3 P 6:4	4:5 P 2:1 P	4:6 6:5	5:2 2:1	0:1 3:2	3:5 4:1	3:7 2:1	4:3 5:1
Iserlohn	7:1 3:2 P	4:1 3:4 P	4:1 0:3	2:5 0:2	1:2 P 5:3	1:2 5:3	6:3 2:3 P		1:3 0:1	3:4 P 2:1	5:2 3:6	2:1 P 3:4	2:5 3:4 P	3:1 5:4	1:2 7:4	4:3 P 1:0
Kassel	1:6 1:0 P	1:2 4:3	2:1 3:1	2:4 1:3	2:0 4:2	5:2 2:4	4:3 6:2	3:2 1:2		4:2 1:2	1:3 5:2	3:5 1:2	3:4 P 3:1	2:3 P 3:0	3:2 3:1	3:1 5:2
Köln	4:1 2:4	9:6 6:1	5:1 2:3	3:1 4:0	2:5 5:2	1:4 4:1	2:0 6:3	5:2 1:2	3:2 3:4		4:7 1:2	2:4 2:3 P	0:3 0:3	2:1 5:2	2:3 P 3:4 P	4:2 8:2
Krefeld	4:3 8:3	3:2 5:3	3:1 1:3	5:3 1:2 P	3:1 8:3	4:2 6:1	5:0 6:3	4:2 5:1	3:2 P 3:1	3:2 P 3:2		3:2 P 5:1	5:1 8:1	3:4 P 0:1	4:2 2:3 P	4:3 P 3:4 P
Mannheim	4:3 P 4:1	2:3 P 8:2	4:3 1:4	3:1 1:2 P	4:3 3:1	2:3 P 2:0	0:2 3:1	3:2 6:4	3:2 P 4:5	1:0 4:3 P	6:2 7:2		4:1 2:1	0:5 3:4	3:2 P 3:1	0:3 5:1
München	1:4 3:1	4:3 P 3:1	6:1 4:3 P	5:0 4:3	4:3 3:2 P	2:1 P 5:4	4:2 2:1 P	4:1 3:1	2:3 P 4:1	5:1 2:1	5:3 3:4	3:4 4:3		2:1 1:3	5:2 2:3	6:5 P 2:0
Nürnberg	3:1 6:4	3:1 4:2	1:3 4:5 P	4:2 4:2	2:1 P 4:3 P	8:2 4:0	5:4 1:2	5:2 1:2	4:2 3:2 P	3:2 2:1	2:4 1:2 P	3:4 P 1:0	5:0 2:3 P		3:1 4:1	3:1 3:4
Oberhausen	4:5 5:1	3:2 P 3:4 P	3:4 P 2:3	3:1 3:1	7:3 1:2	1:3 1:4	3:1 6:2	6:3 4:3 P	3:1 7:2	3:0 2:3	1:3 5:6	0:4 1:3	0:1 1:2	3:1 3:4 P		4:1 1:3
Schwenningen	0:1 3:2	1:3 1:2 P	4:2 1:3	2:0 2:3 P	1:0 1:2 P	6:2 2:3 P	2:3 P 4:5 P	6:3 2:1 P	2:3 0:3	2:5 1:4	1:3 5:2	0:5 0:3	0:4 1:2	3:2 0:4	5:2 5:3	

Play-Off-Viertelfinale

München Barons - Augsburger Panther	3:1 (5:6 P; 2:1; 4:2; 5:1)
Adler Mannheim - Eisbären Berlin	3:1 (2:3 V; 3:2; 4:3 P; 3:1)
Krefeld Pinguine - ***Kölner Haie***	0:3 (1:2 P; 3:4; 2:4)
Nürnberg Ice Tigers - ***Kassel Huskies***	1:3 (0:4; 2:3; 3:2; 0:3)

Play-Off-Halbfinale

München Barons - ***Kölner Haie***	2:3 (2:1; 2:3; 3:4; 5:2; 1:2 P)
Adler Mannheim - Kassel Huskies	3:0 (5:4; 3:2 V; 2:0)

Play-Off-Finale

Adler Mannheim - ***Kölner Haie***	2:3 (4:0; 2:3; 2:4; 3:1; 1:2)

Die Play-Off-Topskorer

	Name (Team)	Sp	T	A	Pkt.
1.	HICKS, Alex (Köln)	13	7	7	14
2.	PICARD, Michel (Mannheim)	12	7	6	13
3.	EDGERTON, Devin (Mannheim)	12	6	5	11
4.	MILLEN, Corey (Köln)	13	6	5	11
5.	SUNDBLAD, Niklas (Köln)	13	3	8	11

Die Zuschauerzahlen der Hauptrunde

		Sp	Zusch.	Ø
1.	Kölner Haie	30	334.270	11.142
2.	DEG Metro Stars	30	181.264	6042
3.	Frankfurt Lions	30	170.400	5680
4.	Adler Mannheim	30	166.300	5543
5.	Nürnberg Ice Tigers	30	159.103	5303
6.	Hannover Scorpions	30	151.548	5051
7.	Augsburger Panther	30	127.423	4247
8.	Eisbären Berlin	30	125.760	4192
9.	Kassel Huskies	30	125.328	4177
10.	Krefeld Pinguine	30	123.141	4104
11.	Berlin Capitals	30	99.700	3323
12.	Revier Löwen Oberhausen	30	99.288	3309
13.	Schwenninger Wild Wings	30	97.658	3255
14.	München Barons	30	92.817	3093
15.	Iserlohn Roosters	30	89.807	2993
16.	Moskitos Essen	30	81.533	2717
	DEL gesamt	**480**	**2.225.340**	**4636**

Die Saison 2002-03

Die Abschlusstabelle der Hauptrunde

	Sp	S3	S2	N1	N	Tore	Pkt.
1. Eisbären Berlin	52	30	5	9	8	188 : 134	109
2. Kölner Haie	52	26	4	15	7	151 : 117	101
3. DEG Metro Stars	52	24	10	4	14	151 : 122	96
4. Adler Mannheim	52	25	8	3	16	152 : 129	94
5. Nürnberg Ice Tigers	52	23	7	6	16	133 : 127	89
6. Krefeld Pinguine	52	20	8	2	22	147 : 133	78
7. Kassel Huskies	52	19	7	7	19	118 : 127	78
8. Hamburg Freezers	52	17	10	6	19	154 : 152	77
9. Iserlohn Roosters	52	17	8	8	19	142 : 132	75
10. Hannover Scorpions	52	18	5	5	24	142 : 150	69
11. Augsburger Panther	52	16	6	6	24	127 : 146	66
12. ERC Ingolstadt	52	16	5	7	24	122 : 135	65
13. Frankfurt Lions	52	14	6	6	26	133 : 171	60
14. Schwenninger Wild Wings	52	4	6	11	31	99 : 184	35

Sp=Spiele, S3=3-Punkt-Siege, S2=2-Punkt-Siege, N1=Niederlagen nach Verlängerung, N=Niederlagen

Die Top-Torhüter

Name (Team)	Sp	Min.	SG%	SGH	GT	GTS	SO
1. CHABOT, Frederic (Nürnberg)	25	1461	94,53	761	44	1,81	3
2. SHULMISTRA, Richard (Eisbären)	19	1131	93,77	527	35	1,86	3
3. ROGLES, Chris (Köln)	49	2895	93,20	1120	89	1,84	5
4. MÜNSTER, Jan (Kassel)	19	924	92,31	396	33	2,14	1
5. SELIGER, Marc (Nürnberg)	24	1410	92,27	704	59	2,51	2
6. PARENT, Rich (Kassel)	36	1964	92,15	845	72	2,2,	6
7. KAUHANEN, Ilpo (Ingolstadt)	31	1788	92,05	776	67	2,25	4
8. BALES, Mike (Ingolstadt)	23	1323	92,01	668	58	2,63	1
9. ROSATI, Mike (Mannheim)	39	2204	91,63	931	85	2,31	3
10. VERNER, Andrew (Hannover)	50	2942	91,47	1361	127	2,59	5

Die Plus-Minus-Bilanz

Name (Team)	Sp	+	-	+/-
1. ROBERTS, David (Eisbären)	49	48	22	26
2. FAIRCHILD, Kelly (Eisbären)	51	47	23	24
3. GUILLET, Robert (Nürnberg)	52	46	24	22
4. ALDRIDGE, Keith (Eisbären)	50	53	32	21
5. BEAUFAIT, Mark (Eisbären)	50	48	28	20
6. SCHLEGEL, Brad (Köln)	48	39	19	20
7. GRUDEN, John (Eisbären)	38	38	18	20
8. JOSEPH, Chris (Mannheim)	47	35	15	20

Die Hauptrunden-Topskorer

Name (Team)	Sp	T	A	Pkt.
1. BEAUFAIT, Mark (Eisbären)	50	22	32	54
2. FAIRCHILD, Kelly (Eisbären)	51	20	32	52
3. SCHNEIDER, Andrew (Hamburg)	51	20	32	52
4. PURDIE, Brad (Krefeld)	52	11	41	52
5. ROBERTS, David (Eisbären)	49	19	30	49
6. FORTIER, Marc (Frankfurt)	52	9	40	49
7. WALKER, Steve (Eisbären)	46	21	26	47
8. DIONNE, Gilbert (Hannover)	51	17	29	46
9. YAKE, Terry (Nürnberg)	50	14	32	46
10. TORY, Jeff (Hamburg)	52	13	33	46
11. SOCCIO, Len (Hannover)	52	13	33	46
12. BRANDNER, Christoph (Krefeld)	49	28	17	45
13. MCLLWAIN, Dave (Köln)	52	18	26	44
14. ADAMS, Greg (Frankfurt)	50	18	24	42
15. CORRIVEAU, Yvon (Eisbären)	47	16	26	42
16. MAGNUSSEN, Trond (Düsseldorf)	52	18	23	41
17. BELANGER, Jesse (Hamburg)	39	16	25	41
18. HOUSE, Bobby (Hamburg)	51	27	13	40
19. NORRIS, Dwayne (Köln)	49	16	24	40
20. JOMPHE, Jean-Francois (Ingolstadt)	46	13	27	40
21. GUILLET, Robert (Nürnberg)	52	13	27	40
22. FORTIER, Francois (Schwenningen)	52	20	19	39
23. LAMBERT, Dan (Krefeld)	51	9	30	39
24. HICKS, Alex (Köln)	46	21	17	38
25. DRURY, Ted (Hamburg)	52	16	22	38

Die Verteidiger-Topskorer der Hauptrunde

Name (Team)	Sp	T	A	Pkt.
1. TORY, Jeff (Hamburg)	52	13	33	46
2. LAMBERT, Dan (Krefeld)	51	9	30	39
3. SCHLEGEL, Brad (Köln)	48	9	28	37
4. ALDRIDGE, Keith (Eisbären)	50	12	23	35
5. PERSSON, Ricard (Eisbären)	42	11	24	35
6. STANTON, Paul (Frankfurt)	49	10	22	32
7. SNELL, Chris (Frankfurt)	46	9	22	31
8. BARTOLONE, Chris (Iserlohn)	52	8	23	31
9. GRUDEN, John (Eisbären)	38	6	25	31
10. JOSEPH, Chris (Mannheim)	47	7	23	30

Alle Spiele der Saison 02-03 im Überblick

	Augsburg	Eisbären	Düsseldorf	Frankfurt	Hamburg	Hannover	Ingolstadt	Iserlohn	Kassel	Köln	Krefeld	Mannheim	Nürnberg	Schwennin.
Augsburg		3:5 3:0	0:5 4:5 P	7:2 3:2	4:3 1:4	3:1 2:3 P	2:1 P 3:2 P	3:5 3:2 P	2:3 P 3:1	0:2 0:2	1:6 0:1	3:6 0:2	5:2 4:2	0:1 3:2 P
Eisbären	3:1 2:1		2:5 3:4 P	6:2 4:3	3:0 5:6 P	6:2 5:1	3:1 4:3 P	4:1 3:1	4:2 1:0 P	4:1 5:4 P	6:3 4:5	4:5 P 2:3 P	5:1 5:2	4:3 5:2
Düsseldorf	2:1 P 4:2	1:2 2:4		2:1 2:1	4:1 4:1	2:1 5:4 P	2:4 2:0	4:2 4:3	2:1 P 0:2	1:2 P 2:1	3:2 1:3	3:2 2:0	4:0 2:0	4:2 4:3 P
Frankfurt	3:2 P 6:5	3:7 5:4 P	3:1 3:2 P		2:3 3:4 P	2:1 3:2	2:1 6:1	1:4 4:5 P	3:1 4:3	1:3 3:2 P	3:2 2:0	5:4 3:5	4:5 P 2:4	4:1 0:3
Hamburg	4:1 1:4	3:4 P 5:4 P	4:5 P 4:3 P	4:2 4:3		3:2 2:3	3:1 2:4	2:1 P 4:5 P	6:4 6:1	5:4 1:4	2:3 P 3:2	2:3 P 2:0	2:4 1:4	4:2 6:0
Hannover	5:2 2:1	0:2 4:3 P	4:2 1:4	5:6 P 4:1	1:2 P 5:1		4:2 3:0	3:2 P 1:4	2:5 6:2	2:3 1:5	6:3 6:4	4:1 2:3	2:0 1:4	2:1 P 8:1
Ingolstadt	8:2 1:4	2:3 5:3	2:4 2:4	6:0 4:0	5:4 P 3:4 P	4:3 P 1:0		2:3 0:1	0:3 3:1	0:2 2:3	4:2 3:0	3:4 2:4	5:3 1:3	3:4 P 3:2
Iserlohn	6:1 1:2	4:6 3:1	2:3 P 4:0	3:4 4:1	0:6 2:3 P	7:0 4:3 P	0:1 1:2		1:2 3:0	3:2 P 2:4	4:5 8:1	3:2 6:3	1:2 P 2:3	4:3 P 3:4 P
Kassel	4:2 3:2	1:0 3:4	2:4 2:3 P	2:1 4:3 P	2:1 4:1	0:6 3:2	5:4 P 1:0	0:1 2:3 P		0:1 4:3 P	4:1 0:3	2:3 P 1:0	3:0 3:1	5:2 0:1 P
Köln	2:3 P 0:5	3:1 5:4 P	3:1 5:2	3:1 5:3	4:2 2:3 P	3:4 P 5:2	2:1 2:3 P	2:4 4:1	2:5 2:3 P		2:3 P 1:2 P	4:0 1:2 P	3:2 P 1:2 P	10:2 5:2
Krefeld	1:2 1:4	3:2 P 1:3	3:6 3:2 P	3:2 3:1	5:1 4:5 P	8:1 0:2	5:2 2:3	2:3 P 7:2	6:1 3:1	4:3 4:2		5:2 0:3	3:2 P 2:4	1:0 3:0
Mannheim	6:4 0:3	6:4 3:4 P	3:1 4:2	4:1 5:4 P	4:2 2:1	5:1 3:1	3:1 1:2	5:1 0:1 P	3:2 3:5	2:4 2:1 P	4:1 3:1		7:3 2:3 P	4:1 4:3
Nürnberg	6:4 3:2 P	1:4 0:3	4:3 4:0	2:1 3:4 P	3:2 4:2	2:1 4:2	2:0 2:3 P	3:2 1:0	5:4 P 1:2 P	2:3 2:3 P	1:0 0:2	5:1 4:0		3:1 5:2
Schwenningen	2:3 P 0:2	0:5 3:4	1:5 5:6 P	2:1 P 2:3	1:4 2:3	4:6 0:4	2:3 P 4:3 P	3:2 P 1:2	3:2 1:2 P	1:3 1:3	1:7 2:3 P	2:3 2:3 P	5:3 1:2 P	

Play-Off-Viertelfinale	
Eisbären Berlin - Hamburg Freezers	4:1 (4:1; 2:4; 0:1; 1:4)
Kölner Haie - Kassel Huskies	4:3 (1:3; 3:1; 2:1; 4:5; 4:1; 2:3; 5:1)
Adler Mannheim - Nürnberg Ice Tigers	4:1 (5:4; 1:6; 5:1; 4:2; 3:0)
DEG Metro Stars - ***Krefeld Pinguine***	1:4 (1:2; 5:6 V; 1:0; 2:5; 1:4)
Play-Off-Halbfinale	
Eisbären Berlin - ***Krefeld Pinguine***	1:3 (4:1; 2:4; 0:1; 1:4)
Kölner Haie - Adler Mannheim	3:0 (3:2; 5:3; 4:3 V)
Play-Off-Finale	
Kölner Haie - ***Krefeld Pinguine***	2:3 (2:5; 2:3; 3:2; 3:2 V; 1:3)
Play-Downs	
Frankfurt Lions - ***Schwenninger W. W.***	2:4 (3:6; 1:2 P; 6:4; 4:3 V; 4:7; 2:3 V)

Die Play-Off-Topskorer

Name (Team)	Sp	T	A	Pkt.
1. PURDIE, Brad (Krefeld)	14	12	11	23
2. BRANDNER, Christoph (Krefeld)	14	9	9	18
3. AUGUSTA, Patrik (Krefeld)	14	5	13	18
4. HICKS, Alex (Köln)	15	7	10	17
5. MCLLWAIN, Dave (Köln)	15	3	10	13
6. SCHLEGEL, Brad (Köln)	15	2	10	12

Die Zuschauerzahlen der Hauptrunde

	Sp	Zusch.	Ø
1. Kölner Haie	26	309.954	11.921
2. Hamburg Freezers	26	278.559	10.713
3. DEG Metro Stars	26	162.998	6269
4. Adler Mannheim	26	150.700	5796
5. Frankfurt Lions	26	145.000	5576
6. Hannover Scorpions	26	144.417	5554
7. Nürnberg Ice Tigers	26	133.330	5128
8. Eisbären Berlin	26	121.380	4668
9. Kassel Huskies	26	109.915	4227
10. Augsburger Panther	26	100.938	3882
11. Iserlohn Roosters	26	91.724	3527
12. Krefeld Pinguine	26	88.818	3416
13. Schwenninger Wild Wings	26	80.200	3084
14. ERC Ingolstadt	26	75.923	2920
DEL gesamt	364	1.993.856	5478

Die Saison 2003-04

Die Abschlusstabelle der Hauptrunde

		Sp	S3	S2	N1	N	Tore	Pkt.
1.	Eisbären Berlin	52	29	5	6	12	171 : 126	103
2.	Nürnberg Ice Tigers	52	26	8	2	16	179 : 128	96
3.	Hamburg Freezers	52	28	4	3	17	151 : 115	95
4.	Kölner Haie	52	26	3	9	14	160 : 134	93
5.	Frankfurt Lions	52	26	5	4	17	177 : 148	92
6.	Adler Mannheim	52	26	4	6	16	151 : 124	92
7.	ERC Ingolstadt	52	28	3	2	19	132 : 118	92
8.	DEG Metro Stars	52	24	4	2	22	141 : 129	82
9.	Augsburger Panther	52	21	5	5	21	180 : 177	78
10.	Krefeld Pinguine	52	16	6	4	26	127 : 149	64
11.	Kassel Huskies	52	16	6	4	26	129 : 166	64
12.	Iserlohn Roosters	52	14	5	7	26	137 : 169	59
13.	Hannover Scorpions	52	13	2	5	32	127 : 175	48
14.	Wölfe Freiburg	52	7	4	5	36	142 : 241	34

Sp=Spiele, S3=3-Punkt-Siege, S2=2-Punkt-Siege, N1=Niederlagen nach Verlängerung, N=Niederlagen

Die Top-Torhüter

	Name (Team)	Sp	Min.	SG%	SGH	GT	GTS	SO
1.	PARENT, Rich (Eisbären)	27	1571	92,70	787	62	2,37	1
2.	WAITE, Jimmy (Ingolstadt)	49	2793	92,62	1168	93	2,00	8
3.	JONAS, Oliver (Eisbären)	27	1540	92,42	695	57	2,22	4
4.	ROUSSON, Boris (Hamburg)	42	2444	92,03	1028	89	2,18	7
5.	SELIGER, Marc (Mannheim)	31	1637	92,01	691	60	2,20	1
6.	ROGLES, Chris (Köln)	46	2694	91,77	1149	103	2,29	5
7.	CHABOT, Frederic (Nürnberg)	35	1889	91,39	764	72	2,29	3
8.	SHULMISTRA, Richard (Mannh.)	28	1444	91,38	562	53	2,20	2
9.	KOTSCHNEW, Dimitri (Iserlohn)	20	1154	91,04	559	55	2,86	0
10.	GAGE, Joaquin (Kassel)	48	2816	90,81	1353	137	2,92	1

Die Plus-Minus-Bilanz

	Name (Team)	Sp	+	-	+/-
1.	RATCHUK, Peter (Frankfurt)	52	57	33	24
2.	DUPONT, Micki (Eisbären)	45	45	21	24
3.	FAIRCHILD, Kelly (Eisbären)	42	37	13	24
4.	BELANGER, Jesse (Frankfurt)	50	46	25	21
5.	GROLEAU, Francois (Mannheim)	52	37	18	19
6.	PEDERSON, Denis (Eisbären)	41	31	12	19
7.	LEBEAU, Patrick (Frankfurt)	51	48	30	18
8.	LEHOUX, Guy (Nürnberg)	51	39	21	18

Die Hauptrunden-Topskorer

	Name (Team)	Sp	T	A	Pkt.
1.	LEBEAU, Patrick (Frankfurt)	51	23	46	69
2.	BELANGER, Jesse (Frankfurt)	50	24	30	54
3.	BOUSQUET, Dany (Freiburg)	49	30	23	53
4.	WREN, Bob (Augsburg)	50	19	34	53
5.	KREUTZER, Daniel (Düsseldorf)	50	26	26	52
6.	MCLLWAIN, David (Köln)	47	23	29	52
7.	PURDIE, Brad (Hamburg)	52	19	33	52
8.	KING, Scott (Iserlohn)	51	18	31	49
9.	SCHLEGEL, Brad (Köln)	52	12	35	47
10.	WALKER, Steve (Eisbären)	51	14	32	46
11.	TORY, Jeff (Düsseldorf)	51	12	34	46
12.	FORTIER, Francois (Augsburg)	52	18	27	45
13.	SLIVCHENKO, Vadim (Freiburg)	52	13	32	45
14.	NORRIS, Dwayne (Frankfurt)	50	20	24	44
15.	BLACK, James (Iserlohn)	50	17	27	44
16.	AST, Doug (Ingolstadt)	51	22	21	43
17.	RATCHUK, Peter (Frankfurt)	52	21	22	43
18.	FAIRCHILD, Kelly (Eisbären)	42	20	23	43
19.	BEAUCAGE, Marc (Krefeld)	45	18	25	43
20.	SCHNEIDER, Andrew (Hamburg)	52	16	27	43
21.	ROY, Jean-Yves (Köln)	44	13	30	43
22.	MANN, Cameron (Ingolstadt)	44	16	25	41
23.	HOCK, Robert (Mannheim)	49	10	30	40
24.	GUILLET, Robert (Krefeld)	44	24	16	40
25.	SOCCIO, Leonard (Hannover)	51	15	25	40

Die Verteidiger-Topskorer der Hauptrunde

	Name (Team)	Sp	T	A	Pkt.
1.	SCHLEGEL, Brad (Köln)	52	12	35	47
2.	TORY, Jeff (Düsseldorf)	51	12	34	46
3.	RATCHUK, Peter (Frankfurt)	52	21	22	43
4.	PELLEGRIMS, Mike (Düsseldorf)	52	8	31	39
5.	STANTON, Paul (Frankfurt)	52	8	30	38
6.	STAS, Sergei (Freiburg)	51	6	32	38
7.	JULIEN, Stephane (Nürnberg)	51	13	24	37
8.	MINER, John (Augsburg)	52	10	25	35
9.	BARTOLONE, Christopher (Iserlohn)	50	9	24	33
10.	FICENEC, Jakub (Ingolstadt)	51	13	19	32

Alle Spiele der Saison 03-04 im Überblick

	Augsburg	Eisbären	Düsseldorf	Frankfurt	Freiburg	Hamburg	Hannover	Ingolstadt	Iserlohn	Kassel	Köln	Krefeld	Mannheim	Nürnberg
Augsburg		4:3 P 2:3	1:3 5:3	5:2 4:3	6:1 8:2	3:4 P 3:5	4:0 3:1	4:1 2:3	3:2 P 5:3	3:1 5:6 P	5:2 4:3 P	3:1 4:1	6:4 2:7	7:3 2:3
Eisbären	4:2 3:4		5:2 0:1	3:1 4:1	8:2 8:1	5:1 4:2	5:2 5:2	5:4 4:0	4:3 P 3:2 P	4:3 5:1	5:0 1:0	1:2 P 3:1	6:1 3:1	1:4 0:3
Düsseldorf	7:1 1:3	3:2 P 1:3		3:2 P 0:6	4:2 5:1	4:0 2:3	3:1 7:0	6:3 4:1	5:1 0:6	1:3 2:1	0:3 2:5	1:2 P 6:3	1:3 4:1	4:1 3:0
Frankfurt	4:2 5:3	2:3 6:5 P	6:1 4:1		5:4 7:0	4:5 2:1	4:3 1:2 P	5:1 2:1	3:4 P 1:3	5:1 5:2	2:3 3:2 P	3:2 1:4	3:1 4:2	3:2 P 6:3
Freiburg	3:5 8.4	4:5 10:5	2:1 3:4	5:6 2:9		4:6 5:4 P	3:6 5:4 P	2:5 3:0	4:5 3:4 P	1:2 P 3:2 P	6:7 P 3:1	5:4 3:4	2:4 1:3	2:3 2:1
Hamburg	2:4 4:2	0:1 3:1	3:2 1:2	6:2 6:4	1:3 3:1		3:0 4:1	1:0 1:3	3:0 4:3	4:0 8:1	0:1 3:2	5:2 7:2	3:1 1:3	1:0 P 6:3
Hannover	3:4 P 2:3 P	2:4 1:5	3:1 3:2	3:4 P 2:3	6:5 P 5:1	0:1 3:0		1:2 8:4	1:4 2:3	3:4 P 6:2	6:1 2:4	0:2 3:2	2:4 1:4	5:2 0:0
Ingolstadt	5:3 2:1 P	2:0 4:1	1:3 4:2	4:3 4:1	3:2 3:1	1:4 2:0	3:2 3:0		4:1 5:1	3:4 P 2:1	5:2 0:1	5:0 1:0	2:5 3:2 P	2:4 3:2
Iserlohn	8:4 4:3	2:1 P 2:3 P	3:4 0:2	1:3 1:2	6:0 6:5 P	2:5 0:2	6:3 7:1	6:3 0:3		4:2 2:4	1:3 3:4 P	3:4 P 0:2	2:1 2.5	2:5 1:3
Kassel	0:4 3:1	3:4 P 3:1	3:1 0:4	5:7 2:0	3:2 5:4	6:5 P 2:3 P	4:2 0:2	0:4 2:1	4:1 4:5 P		5:2 0:1	3:1 3:2 P	4:5 6:3	1:2 1:5
Köln	4:1 4:2	2:4 3:4 P	6:4 4:1	2:3 5:0	5:3 6:3	3:2 P 4:1	8:6 2:1	4:1 1:2 P	3:1 7:1	2:3 6:4		3:5 4:1	1:2 P 1:2 P	3:2 1:3
Krefeld	4:3 P 4:5	4:5 0:1	3:4 P 1:0	3:2 P 2:3	5:3 4:0	0:5 2:4	3:2 3:2	2:0 2:4	2:1 P 4:2	1:3 5:2	2:6 2:5		3:1 6:0	3:4 P 3:2
Mannheim	5:2 6:3	4:0 4:3 P	1:2 P 3:1	0:5 5:1	6:0 7:2	3:2 0:1 P	2:3 4:5 P	0:2 2:3	3:1 2:3	2:1 4:1	4:3 P 2:1	2:1 5:2		4:1 3:1
Nürnberg	6:5 P 6:3	4:2 5:3	3:5 4:6	3:5 7:3	7:0 5:0	5:1 2:1	8:2 4:1	2:3 3:2 P	7:2 6:1	5:3 3:0	3:2 P 3:2 P	2:1 4:3 P	3:2 P 2:1 P	

Play-Off-Viertelfinale	
Eisbären Berlin - DEG Metro Stars	4:0 (5:3; 4:3 V; 3:0; 3:2)
Nürnberg Ice Tigers - ***ERC Ingolstadt***	2:4 (2:1 P; 5:2; 2:3; 3:4 P; 2:3; 0:2)
Hamburg Freezers - Adler Mannheim	4:2 (5:2; 1:0; 0:3; 4:1; 0:1 V; 5:3)
Kölner Haie - ***Frankfurt Lions***	2:4 (2:1; 0:1; 0:3; 0:3; 6:2; 1:6)
Play-Off-Halbfinale	
Eisbären Berlin - ERC Ingolstadt	3:0 (6:3; 4:1; 5:0)
Hamburg Freezers - ***Frankfurt Lions***	2:3 (3:1; 1:4; 7:3; 5:7; 3:5)
Play-Off-Finale	
Eisbären Berlin - ***Frankfurt Lions***	1:3 (5:2; 2:5; 3:4 V; 3:4)
Play-Downs	
Hannover Scorpions - Wölfe Freiburg	4:1 (5:2; 2:6; 2:1 V; 4:0; 1:0)

Die Play-Off-Topskorer

	Name (Team)	Sp	T	A	Pkt.
1.	YOUNG, Jason (Frankfurt)	15	5	15	20
2.	GOSSELIN,D avid (Frankfurt)	15	7	8	15
3.	LEBEAU, Patrick (Frankfurt)	15	8	6	14
4.	BOUCHARD, Francois (Frankfurt)	14	3	11	14
5.	FAIRCHILD, Kelly (Berlin)	11	6	7	13
6.	PEACOCK, Shane (Hamburg)	11	6	7	13

Die Zuschauerzahlen der Hauptrunde

		Sp	Zusch.	Ø
1.	Kölner Haie	26	335.066	12.887
2.	Hamburg Freezers	26	295.129	11.351
3.	DEG Metro Stars	26	169.315	6512
4.	Frankfurt Lions	26	160.066	6156
5.	Nürnberg Ice Tigers	26	145.354	5591
6.	Adler Mannheim	26	135.000	5192
7.	Augsburger Panther	26	125.100	4812
8.	Eisbären Berlin	26	117.875	4534
9.	Kassel Huskies	26	107.627	4140
10.	ERC Ingolstadt	26	101.569	3906
11.	Hannover Scorpions	26	87.479	3499
12.	Iserlohn Roosters	26	89.873	3457
13.	Krefeld Pinguine	26	85.380	3284
14.	Wölfe Freiburg	26	84.288	3242
	DEL gesamt	**363**	**2.039.121**	**5617**

Die elfte DEL-Saison:
Spielplan 2004-05

14 Teams, ein klarer Modus mit Doppelrunde und anschließenden Play-Offs sowie einem Duell der beiden letztplatzierten Teams um den Abstieg in die 2. Liga - die komplizierten Bestimmungen aus den ersten Jahren der Liga sind ad acta gelegt, einfach und übersichtlich gestaltet sich der Plan für die elfte DEL-Saison. Aufgrund des World Cup of Hockey, der direkt vor der Saison stattfindet, wird ein eventuelles fünftes DEL-Finale im April 2005 erst kurz vor der WM ausgetragen.

September

1. Spieltag, Freitag, 17. September 2004

19:30 Hannover Scorpions - Grizzly Adams Wolfsburg
19:30 Adler Mannheim - Kassel Huskies
19:30 Iserlohn Roosters - DEG Metro Stars
19:30 Krefeld Pinguine - Kölner Haie
19:30 Eisbären Berlin - Frankfurt Lions

2. Spieltag, Sonntag, 19. September 2004

14:30 DEG Metro Stars - Krefeld Pinguine
14:30 Kölner Haie - Hamburg Freezers
18:30 Grizzly Adams Wolfsburg - Nürnberg Ice Tigers
18:30 Frankfurt Lions - Hannover Scorpions
18:30 Augsburger Panther - Adler Mannheim
18:30 Kassel Huskies - Iserlohn Roosters
18:30 ERC Ingolstadt - Eisbären Berlin

Dienstag, 21. September 2004, Verlegung vom 1. Spieltag

19:30 Hamburg Freezers - ERC Ingolstadt
19:30 Nürnberg Ice Tigers - Augsburger Panther

3. Spieltag, Freitag, 24. September 2004

19:30 Hannover Scorpions - Augsburger Panther
19:30 Nürnberg Ice Tigers - Kassel Huskies
19:30 Adler Mannheim - DEG Metro Stars
19:30 Iserlon Roosters - ERC Ingolstadt
19:30 Krefeld Pinguine - Frankfurt Lions
19:30 Hamburg Freezers - Grizzly Adams Wolfsburg
19:30 Eisbären Berlin - Kölner Haie

4. Spieltag, Sonntag, 26. September 2004

14:30 DEG Metro Stars - Nürnberg Ice Tigers
14:30 Kölner Haie - Hanover Scorpions
18:30 Grizzly Adams Wolfsburg - Iserlohn Roosters
18:30 Augsburger Panther - Krefeld Pinguine
18:30 Kassel Huskies - Eisbären Berlin
18:30 ERC Ingolstadt - Adler Mannheim
18:30 Frankfurt Lions - Hamburg Freezers

Dienstag, 28. September 2004, Verlegung vom 13. Spieltag

19:30 Hamburg Freezers - Kassel Huskies

Oktober

5. Spieltag, Freitag, 1. Oktober 2004

19:30 Hannover Scorpions - Kassel Huskies
19:30 Grizzly Adams Wolfsburg - Kölner Haie
19:30 Nürnberg Ice Tigers - Krefeld Pinguine
19:30 Augsburger Panther - ERC Ingolstadt
19:30 Iserlohn Roosters - Frankfurt Lions
19:30 Hamburg Freezers - DEG Metro Stars
19:30 Eisbären Berlin - Adler Mannheim

6. Spieltag, Sonntag, 3. Oktober 2004

14:30 DEG Metro Stars - Hannover Scorpions
14:30 Krefeld Pinguine - Eisbären Berlin
18:30 Adler Mannheim - Hamburg Freezers
18:30 Kassel Huskies - Grizzly Adams Wolfsburg
18:30 ERC Ingolstadt - Nürnberg Ice Tigers
18:30 Frankfurt Lions - Augsburger Panther

Dienstag, 5. Oktober 2004, Verlegungen vom 6./24./38. Spieltag

19:30 Kölner Haie - Iserlohn Roosters
19:30 ERC Ingolstadt - Krefeld Pinguine
19:30 Hannover Scorpions - Adler Mannheim

7. Spieltag, Freitag, 8. Oktober 2004

19:30 Grizzly Adams Wolfsburg - Frankfurt Lions
19:30 Nürnberg Ice Tigers - Adler Mannheim
19:30 Augsburger Panther - Hamburg Freezers
19:30 Iserlohn Roosters - Krefeld Pinguine
19:30 Kassel Huskies - ERC Ingolstadt
19:30 DEG Metro Stars - Kölner Haie

8. Spieltag, Sonntag, 10. Oktober 2004

14:30 Krefeld Pinguine - Hannover Scorpions
14:30 Kölner Haie - Kassel Huskies
14:30 Hamburg Freezers - Nürnberg Ice Tigers
14:30 Eisbären Berlin - Augsburger Panther
18:30 Adler Mannheim - Iserlohn Roosters
18:30 ERC Ingolstadt - Grizzly Adams Wolfsburg
18:30 Frankfurt Lions - DEG Metro Stars

Dienstag, 12. Oktober 2004, Verlegungen vom 7./26. Spieltag

19:30 Hannover Scorpions - Eisbären Berlin
19:30 Krefeld Pinguine - DEG Metro Stars

9. Spieltag, Freitag 15. Oktober 2004

19:30 Hannover Scorpions - Adler Mannheim
19:30 Nürnberg Ice Tigers - Iserlohn Roosters
19:30 Augsburger Panther - Kölner Haie
19:30 Kassel Huskies - Krefeld Pinguine
19:30 Grizzly Adams Wolfsburg - DEG Metro Stars
19:30 Hamburg Freezers - Eisbären Berlin
19:30 ERC Ingolstadt - Frankfurt Lions

10. Spieltag, Sonntag, 17. Oktober 2004

14:30 DEG Metro Stars - Augsburger Panther
14:30 Krefeld Pinguine - Hamburg Freezers
14:30 Kölner Haie - ERC Ingolstadt
14:30 Eisbären Berlin - Nürnberg Ice Tigers

18:30 Adler Mannheim - Grizzly Adams Wolfsburg
18:30 Iserlohn Roosters - Hannover Scoprions
18:30 Frankfurt Lions - Kassel Huskies

11. Spieltag, Freitag, 22. Oktober 2004
19:30 Iserlohn Roosters - Hamburg Freezers
19:30 Grizzly Adams Wolfsburg - Eisbären Berlin
19:30 Augsburger Panther - Kassel Huskies
19:30 ERC Ingolstadt - DEG Metro Stars
19:30 Adler Mannheim - Krefeld Pinguine
19:30 Frankfurt Lions - Kölner Haie

12. Spieltag, Sonntag, 24. Oktober 2004
14:30 Hamburg Freezers - Hannover Scorpions
14:30 Eisbären Berlin - Iserlohn Roosters
14:30 DEG Metro Stars - Kassel Huskies
14:30 Krefeld Pinguine - ERC Ingolstadt
14:30 Kölner Haie - Adler Mannheim
18:30 Augsburger Panther - Grizzly Adams Wolfsburg
n/a Nürnberg Ice Tigers - Frankfurt Lions

Dienstag, 26. Oktober 2004, Verlegungen vom 11./14. Spieltag
19:30 Hannover Scorpions - Nürnberg Ice Tigers
19:30 Kölner Haie - Krefeld Pinguine

13. Spieltag, Freitag, 29. Oktober 2004
19:30 Hannover Scorpions -ERC Ingolstadt
19:30 Nürnberg Ice Tigers - Kölner Haie
19:30 Adler Mannheim - Frankfurt Lions
19:30 Iserlohn Roosters - Augsburger Panther
19:30 Krefeld Pinguine - Grizzly Adams Wolfsburg
19:30 Eisbären Berlin - DEG Metro Stars

14. Spieltag, Sonntag, 31. Oktober 2004
14:30 DEG Metro Stars - Iserlohn Roosters
14:30 Frankfurt Lions - Eisbären Berlin
18:30 Grizzly Adams Wolfsburg -Hannover Scorpions
18:30 Augsburger Panther - Nürnberg Ice Tigers
18:30 Kassel Huskies - Adler Mannheim
18:30 ERC Ingolstadt - Hamburg Freezers

November

15. Spieltag, Dienstag, 2. November 2004
19:30 Iserlohn Roosters - Grizzly Adams Wolfsburg
19:30 Krefeld Pinguine - Augsburger Panther
19:30 Eisbären Berlin - Kassel Huskies
19:30 Nürnberg Ice Tigers - DEG Metro Stars
19:30 Hannover Scorpions - Kölner Haie

Der Modus

In einer Doppelrunde werden die Teilnehmer der Play-Offs und Play-Downs ausgespielt. Die Play-Offs finden wie gewohnt mit den ersten acht Teams statt, der 13. und 14. spielt in den Play-Downs gegen den Abstieg. Im Viertelfinale wird der jeweilige Sieger im Modus Best-of-Seven ermittelt. Für die Play-Down-Runde gilt selbiges. Die Halbfinalpartien und das Finale der Play-Offs wird im Modus Best-of-Five gespielt. Die Termine der Play-Offs:

Viertelfinale 18., 20., 22., 24., (falls nötig: 26., 28., 30.) März 2005
Halbfinale 1., 3., 8., (falls nötig: 10., 12.) April 2005
Finale 15., 17./18., 19./20. (falls nötig: 22., 24.) April 2005

19:30 Adler Mannheim - ERC Ingolstadt
19:30 Hamburg Freezers - Frankfurt Lions

16. Spieltag, Freitag, 5. November 2004
19:30 Kassel Huskies - Hannover Scorpions
19:30 Krefeld Pinguine - Nürnberg Ice Tigers
19:30 ERC Ingolstadt - Augsburger Panther
19:30 Frankfurt Lions - Iserlohn Roosters
19:30 DEG Metro Stars - Hamburg Freezers
19:30 Adler Mannheim - Eisbären Berlin

17. Spieltag, Sonntag, 7. November 2004
14:30 Hamburg Freezers - Adler Mannheim
14:30 Hannover Scorpions - DEG Metro Stars
14:30 Eisbären Berlin - Krefeld Pinguine
18:30 Grizzly Adams Wolfsburg - Kassel Huskies
18:30 Iserlohn Roosters - Kölner Haie
18:30 Nürnberg Ice Tigers - ERC Ingolstadt
18:30 Augsburger Panther - Frankfurt Lions

18. Spieltag, Dienstag, 16. November 2004
19:30 Augsburger Panther - Hannover Scorpions
19:30 Kassel Huskies - Nürnberg Ice Tigers
19:30 DEG Metro Stars - Adler Mannheim
19:30 ERC Ingolstadt - Iserlohn Roosters
19:30 Frankfurt Lions - Krefeld Pinguine
19:30 Grizzly Adams Wolfsburg - Hamburg Freezers
19:30 Kölner Haie - Eisbären Berlin

Donnerstag, 18. November 2005, Verlegung vom 19. Spieltag
19:30 Kölner Haie - DEG Metro Stars

19. Spieltag, Freitag, 19. November 2004
19:30 Eisbären Berlin - Hannover Scorpions
19:30 Frankfurt Lions - Grizzly Adams Wolfsburg
19:30 Adler Mannheim - Nürnberg Ice Tigers
19:30 Krefeld Pinguine - Iserlohn Roosters
19:30 ERC Ingolstadt - Kassel Huskies

20. Spieltag, Sonntag, 21. November 2004
14:30 Hannover Scorpions - Krefeld Pinguine
14:30 DEG Metro Stars - Frankfurt Lions
18:30 Iserlohn Roosters - Adler Mannheim
18:30 Kassel Huskies - Kölner Haie
18:30 Nürnberg Ice Tigers - Hamburg Freezers
18:30 Grizzly Adams Wolfsburg - ERC Ingolstadt
18:30 Augsburger Panther - Eisbären Berlin

21. Spieltag, Freitag, 26. November 2004
19:30 Adler Mannheim - Hannover Scorpions
19:30 Iserlohn Roosters - Nürnberg Ice Tigers
19:30 Kölner Haie - Augsburger Panther
19:30 Krefeld Pinguine - Kassel Huskies
19:30 DEG Metro Stars - Grizzly Adams Wolfsburg
19:30 Eisbären Berlin - Hamburg Freezers
19:30 Frankfurt Lions - ERC Ingolstadt

22. Spieltag, Sonntag, 28. November 2004
14:30 Hamburg Freezers - Krefeld Pinguine
18:30 Grizzly Adams Wolfsburg - Adler Mannheim
18:30 Augsburger Panther - DEG Metro Stars
18:30 ERC Ingolstadt - Kölner Haie
18:30 Kassel Huskies - Frankfurt Lions
18:30 Nürnberg Ice Tigers - Eisbären Berlin

Dienstag, 30. November 2004, Verlegung vom 16./22. Spieltag
19:30 Kölner Haie - Grizzly Adams Wolfsburg
19:30 Hannover Scorpions - Iserlohn Roosters

Dezember

23. Spieltag, Freitag, 3. Dezember 2004
19:30 Nürnberg Ice Tigers - Hannover Scorpions
19:30 Eisbären Berlin - Grizzly Adams Wolfsburg
19:30 Kassel Huskies - Augsburger Panther

19:30 DEG Metro Stars - ERC Ingolstadt
19:30 Krefeld Pinguine - Adler Mannheim
19:30 Kölner Haie - Frankfurt Lions

Samstag, 4. Dezember 2004, Verlegung vom 24. Spieltag
20:00 Frankfurt Lions - Nürnberg Ice Tigers

24. Spieltag, Sonntag, 5. Dezember 2004
14:30 Hannover Scorpions - Hamburg Freezers
18:30 Iserlohn Roosters - Eisbären Berlin
18:30 Grizzly Adams Wolfsburg - Augsburger Panther
18:30 Kassel Huskies - DEG Metro Stars
18:30 Adler Mannheim - Kölner Haie

Dienstag, 7. Dezember 2004, Verlegung vom 26. Spieltag
19:30 Hamburg Freezers - Kölner Haie

25. Spieltag, Freitag, 10. Dezember 2004
19:30 ERC Ingolstadt - Hannover Scorpions
19:30 Frankfurt Lions - Adler Mannheim
19:30 Augsburger Panther - Iserlohn Roosters
19:30 Grizzly Adams Wolfsburg - Krefeld Pinguine
19:30 Kassel Huskies - Hamburg Freezers
19:30 DEG Metro Stars - Eisbären Berlin

Freitag, 10. Dezember 2004, Verlegung vom 34. Spieltag
19:30 Nürnberg Ice Tigers - Kölner Haie

26. Spieltag, Sonntag, 12. Dezember 2004
14:30 Eisbären Berlin - ERC Ingolstadt
18:30 Adler Mannheim - Augsburger Panther
18:30 Iserlohn Roosters - Kassel Huskies

Sonntag, 12. Dezember 2004, Verlegung vom 29. Spieltag
18:30 Grizzly Adams Wolfsburg - Nürnberg Ice Tigers

Dienstag, 14. Dezember 2004, Verlegungen vom 25./26. Spieltag
19:30 Kölner Haie - Nürnberg Ice Tigers
19:30 Hannover Scorpions - Frankfurt Lions

27. Spieltag, Freitag, 17. Dezember 2004
19:30 Adler Mannheim - Hamburg Freezers
19:30 Kassel Huskies - Grizzly Adams Wolfsburg
19:30 DEG Metro Stars - Hannover Scorpions
19:30 Krefeld Pinguine - Eisbären Berlin
19:30 Kölner Haie - Iserlohn Roosters
19:30 ERC Ingolstadt - Nürnberg Ice Tigers
19:30 Frankfurt Lions - Augsburger Panther

28. Spieltag, Sonntag, 19. Dezember 2004
14:30 Hannover Scorpions - Kassel Huskies
18:30 Grizzly Adams Wolfsburg - Kölner Haie
18:30 Nürnberg Ice Tigers - Krefeld Pinguine
14:30 Augsburger Panther - ERC Ingolstadt
18:30 Iserlohn Roosters - Frankfurt Lions
14:30 Hamburg Freezers - DEG Metro Stars
14:30 Eisbären Berlin - Adler Mannheim

29. Spieltag, Donnerstag, 23. Dezember 2004
19:30 Frankfurt Lions - Hannover Scorpions
19:30 Augsburger Panther - Adler Mannheim
19:30 Kassel Huskies - Iserlohn Roosters
19:30 DEG Metro Stars - Krefeld Pinguine
19:30 Kölner Haie - Hamburg Freezers
19:30 ERC Ingolstadt - Eisbären Berlin

Donnerstag, 23. Dezember 2004, Verlegung vom 26. Spieltag
19:30 Nürnberg Ice Tigers - Grizzly Adams Wolfsburg

30. Spieltag, Sonntag, 26. Dezember 2004
14:30 Hannover Scorpions - Grizzly Adams Wolfsburg
14:30 Krefeld Pinguine - Kölner Haie
14:30 Hamburg Freezers - ERC Ingolstadt
14:30 Eisbären Berlin - Frankfurt Lions
18:30 Nürnberg Ice Tigers - Augsburger Panther
18:30 Adler Mannheim - Kassel Huskies
18:30 Iserlohn Roosters - DEG Metro Stars

31. Spieltag, Dienstag, 28. Dezember 2004
19:30 Grizzly Adams Wolfsburg - Iserlohn Roosters
19:30 Augsburger Panther - Krefeld Pinguine
19:30 Kassel Huskies - Eisbären Berlin
19:30 DEG Metro Stars - Nürnberg Ice Tigers
19:30 Kölner Haie - Hannover Scorpions
19:30 ERC Ingolstadt - Adler Mannheim
19:30 Frankfurt Lions - Hamburg Freezers

32. Spieltag, Donnerstag, 30. Dezember 2004
19:30 Hannover Scorpions - Augsburger Panther
19:30 Nürnberg Ice Tigers - Kassel Huskies
19:30 Adler Mannheim - DEG Metro Stars
19:30 Iserlohn Roosters - ERC Ingolstadt
19:30 Krefeld Pinguine - Frankfurt Lions
19:30 Hamburg Freezers - Grizzly Adams Wolfsburg
19:30 Eisbären Berlin - Kölner Haie

Januar

33. Spieltag, Sonntag, 2. Januar 2005
18:30 Grizzly Adams Wolfsburg - Hannover Scorpions
18:30 Augsburger Panther - Nürnberg Ice Tigers
18:30 Kassel Huskies - Adler Mannheim
14:30 DEG Metro Stars - Iserlohn Roosters
14:30 Kölner Haie - Krefeld Pinguine
18:30 ERC Ingolstadt - Hamburg Freezers
18:30 Frankfurt Lions - Eisbären Berlin

34. Spieltag, Dienstag, 4. Januar 2005
19:30 Hannover Scorpions - ERC Ingolstadt
19:30 Adler Mannheim - Frankfurt Lions
19:30 Iserlohn Roosters - Augsburger Panther
19:30 Krefeld Pinguine - Grizzly Adams Wolfsburg
19:30 Hamburg Freezers - Kassel Huskies
19:30 Eisbären Berlin - DEG Metro Stars

35. Spieltag, Freitag, 7. Januar 2005
19:30 Adler Mannheim - Iserlohn Roosters
19:30 Krefeld Pinguine - Hannover Scorpions
19:30 Kölner Haie - Kassel Huskies
19:30 Hamburg Freezers - Nürnberg Ice Tigers
19:30 ERC Ingolstadt - Grizzly Adams Wolfsburg
19:30 Eisbären Berlin - Augsburger Panther
19:30 Frankfurt Lions - DEG Metro Stars

36. Spieltag, Sonntag, 9. Januar 2005
14:30 Hannover Scorpions - Eisbären Berlin
14:30 DEG Metro Stars - Kölner Haie
14:30 Augsburger Panther - Hamburg Freezers
18:30 Grizzly Adams Wolfsburg - Frankfurt Lions
18:30 Nürnberg Ice Tigers - Adler Mannheim
18:30 Iserlohn Roosters - Krefeld Pinguine
18:30 Kassel Huskies - ERC Ingolstadt

37. Spieltag, Freitag, 14. Januar 2005
19:30 Adler Mannheim - Grizzly Adams Wolfsburg
19:30 Iserlohn Roosters - Hannover Scorpions
19:30 DEG Metro Stars - Augsburger Panther
19:30 Krefeld Pinguine - Hamburg Freezers
19:30 Kölner Haie - ERC Ingolstadt
19:30 Eisbären Berlin - Nürnberg Ice Tigers

38. Spieltag, Sonntag, 16. Januar 2005
14:30 Augsburger Panther - Kölner Haie
18:30 Kassel Huskies - Krefeld Pinguine
18:30 Grizzly Adams Wolfsburg - DEG Metro Stars

Donnerstag, 30. Januar 2005, Verlegung vom 39. Spieltag
19:30 Hamburg Freezers - Hannover Scorpions

39. Spieltag, Freitag, 21. Januar 2005
19:30 Eisbären Berlin - Iserlohn Roosters
19:30 Augsburger Panther - Grizzly Adams Wolfsburg
19:30 DEG Metro Stars - Kassel Huskies
19:30 Krefeld Pinguine - ERC Ingolstadt
19:30 Nürnberg Ice Tigers - Frankfurt Lions

Freitag, 21. Januar 2005, Verlegung vom 49. Spieltag
19:30 Adler Mannheim - Kölner Haie

40. Spieltag, Sonntag, 23. Januar 2005
14:30 Frankfurt Lions - Kölner Haie
18:30 Iserlohn Roosters - Hamburg Freezers
18:30 Grizzly Adams Wolfsburg - Eisbären Berlin
18:30 Kassel Huskies - Augsburger Panther
18:30 ERC Ingolstadt - DEG Metro Stars
18:30 Adler Mannheim - Krefeld Pinguine

Dienstag, 25. Januar 2005, Verlegungen vom 19./37./42./43. Spieltag
19:30 Hamburg Freezers - Augsburger Panther
19:30 Frankfurt Lions - Kassel Huskies
19:30 Kölner Haie - Grizzly Adams Wolfsburg
19:30 Nürnberg Ice Tigers - DEG Metro Stars

41. Spieltag, Freitag, 28. Januar 2005
19:30 Hamburg Freezers - Adler Mannheim
19:30 Grizzly Adams Wolfsburg - Kassel Huskies
19:30 Hannover Scorpions - DEG Metro Stars
19:30 Eisbären Berlin - Krefeld Pinguine
19:30 Iserlohn Roosters - Kölner Haie
19:30 Nürnberg Ice Tigers - ERC Ingolstadt
19:30 Augsburger Panther - Frankfurt Lions

42. Spieltag, Sonntag, 30. Januar 2005
14:30 Krefeld Pinguine - Nürnberg Ice Tigers
14:30 DEG Metro Stars - Hamburg Freezers
18:30 Kassel Huskies - Hannover Scorpions
18:30 ERC Ingolstadt - Augsburger Panther
18:30 Frankfurt Lions - Iserlohn Roosters
18:30 Adler Mannheim - Eisbären Berlin

Februar

Dienstag, 1. Februar 2005, Verlegungen vom 23./40./49. Spieltag
19:30 Hamburg Freezers - Iserlohn Roosters
19:30 Hannover Scorpions - Nürnberg Ice Tigers
19:30 ERC Ingolstadt - Krefeld Pinguine

43. Spieltag, Freitag, 4. Februar 2005
19:30 Iserlohn Roosters - Grizzly Adams Wolfsburg
19:30 Krefeld Pinguine - Augsburger Panther
19:30 Eisbären Berlin - Kassel Huskies
19:30 Hannover Scorpions - Kölner Haie
19:30 Adler Mannheim - ERC Ingolstadt
19:30 Hamburg Freezers - Frankfurt Lions

44. Spieltag, Dienstag, 15. Februar 2005
19:30 Augsburger Panther - Hannover Scorpions
19:30 Kassel Huskies - Nürnberg Ice Tigers
19:30 DEG Metro Stars - Adler Mannheim
19:30 ERC Ingolstadt - Iserlohn Roosters
19:30 Frankfurt Lions - Krefeld Pinguine
19:30 Grizzly Adams Wolfsburg - Hamburg Freezers
19:30 Kölner Haie - Eisbären Berlin

45. Spieltag, Freitag, 18. Februar 2005
19:30 Iserlohn Roosters - Adler Mannheim
19:30 Kassel Huskies - Kölner Haie
19:30 Nürnberg Ice Tigers - Hamburg Freezers
19:30 Grizzly Adams Wolfsburg - ERC Ingolstadt
19:30 Augsburger Panther - Eisbären Berlin
19:30 DEG Metro Stars - Frankfurt Lions

Samstag, 19. Februar 2005, Verlegung vom 46. Spieltag
20:00 Frankfurt Lions Grizzly - Adams Wolfsburg

46. Spieltag, Sonntag, 20. Februar 2005
14:30 Eisbären Berlin - Hannover Scorpions
14:30 Hamburg Freezers - Augsburger Panther
14:30 Krefeld Pinguine - Iserlohn Roosters
14:30 Kölner Haie - DEG Metro Stars
18:30 Adler Mannheim - Nürnberg Ice Tigers
18:30 ERC Ingolstadt - Kassel Huskies

47. Spieltag, Freitag, 25. Februar 2005
19:30 Grizzly Adams Wolfsburg - Adler Mannheim
19:30 Hannover Scorpions - Iserlohn Roosters
19:30 Augsburger Panther - DEG Metro Stars
19:30 Hamburg Freezers - Krefeld Pinguine
19:30 ERC Ingolstadt - Kölner Haie
19:30 Kassel Huskies - Frankfurt Lions
19:30 Nürnberg Ice Tigers - Eisbären Berlin

48. Spieltag, Sonntag, 27. Februar 2005
14:30 Kölner Haie - Augsburger Panther
14:30 Krefeld Pinguine - Kassel Huskies
14:30 DEG Metro Stars - Grizzly Adams Wolfsburg
14:30 Eisbären Berlin - Hamburg Freezers
18:30 Adler Mannheim - Hannover Scorpions
18:30 Iserlohn Roosters - Nürnberg Ice Tigers
18:30 Frankfurt Lions - ERC Ingolstadt

März

Dienstag, 1. März 2005, Verlegungen vom 38./45. Spieltag
19:30 Nürnberg Ice Tigers - Iserlohn Roosters
19:30 Hamburg Freezers - Eisbären Berlin
19:30 ERC Ingolstadt - Frankfurt Lions
19:30 Hannover Scorpions - Krefeld Pinguine

49. Spieltag, Freitag, 4. März 2005
19:30 Hannover Scorpions - Hamburg Freezers
19:30 Iserlohn Roosters - Eisbären Berlin
19:30 Grizzly Adams Wolfsburg - Augsburger Panther
19:30 Kassel Huskies - DEG Metro Stars
19:30 Frankfurt Lions - Nürnberg Ice Tigers

Freitag, 4. März 2005, Verlegung vom 39. Spieltag
19:30 Kölner Haie - Adler Mannheim

50. Spieltag, Sonntag, 6. März 2005
14:30 Hamburg Freezers - Iserlohn Roosters
14:30 Eisbären Berlin - Grizzly Adams Wolfsburg
14:30 DEG Metro Stars - ERC Ingolstadt
14:30 Krefeld Pinguine - Adler Mannheim
14:30 Kölner Haie - Frankfurt Lions
18:30 Nürnberg Ice Tigers - Hannover Scorpions
18:30 Augsburger Panther - Kassel Huskies

51. Spieltag, Freitag, 11. März 2005
19:30 Nürnberg Ice Tigers - Grizzly Adams Wolfsburg
19:30 Hannover Scorpions - Frankurt Lions
19:30 Adler Mannheim - Augsburger Panther
19:30 Iserlohn Roosters - Kassel Huskies
19:30 Krefeld Pinguine - DEG Metro Stars
19:30 Hamburg Freezers - Kölner Haie
19:30 Eisbären Berlin - ERC Ingolstadt

52. Spieltag, Sonntag, 13. März 2005
14:30 ERC Ingolstadt - Hannover Scorpions
14:30 Kölner Haie - Nürnberg Ice Tigers
14:30 Frankfurt Lions - Adler Mannheim
14:30 Augsburger Panther - Iserlohn Roosters
14:30 Grizzly Adams Wolfsburg - Krefeld Pinguine
14:30 Kassel Huskies - Hamburg Freezers
14:30 DEG Metro Stars - Eisbären Berlin

Patrick Bernecker
(Autor und Chefredakteur sowie Herausgeber des Fachmagazins Eishockey WORLD)
Mein besonderer Dank geht an: Judith (für deine Liebe), Timo (für all den Spaß zusammen), Kurt&Ellen (für die Unterstützung von Geburt an), Rutzy (für gute Freundschaft), Steffen „Oswaldinho" (für beste Unterhaltung), Moni, Latisha, John-John and Shari (for keeping up the friendship over a huge distance), Olli, Max (für gute Laune), Dirk Schumacher (für sofortige Hilfe), Jödö (für Team-Spirit), Ellen K. (für viel Geduld), den „anderen" Patrick, Dag und Günter (meine Mentoren), Pierre Sick und den Copress-Verlag sowie Bruce, Stoyan, Matthias, Marc, Michael Ryberg und alle Eishockeyfans, die diesen Sport zusammen mit den Spielern, Trainern, Managern und allen Verantwortlichen am Leben halten und zum besten Sport der Erde machen.

Bruce Jessop
(Fotograf und Mitgründer des Fachmagazins Eishockey WORLD)
It's hard to believe that already ten years have passed. I would like to thank everyone for their friendship and co-operation over these past ten very wonderful years travelling the german hockey world. The german fans are by far the best hockey fans in the world and they bring a spirit and enthusiasm to the game that could be exported to even Canada my homeland. It's my fervent wish that the contact between fans and players remains. The fans and players have built the game up and the generous owners and sponsors have been there to support. My brother in law Georg Groess, Dave Abel, John Russell, Jirka Kolis, Steve Babineau - all world class photographers and associates - providing you with great photos. And finally a word of thanks to my wife Erika, my beautiful children Daniel, Hannah and Tim for their support.

Matthias Scholze
(Co-Autor und Redakteur des Fachmagazins Eishockey WORLD)
Mein besonderer Dank geht an: Meine liebevollen Eltern Rita und Thilo, meine Großmutter Johanna, meine Familie, Sven (für unseren tollen Zusammenhalt), Katja (von Dickie), Nathalie, Jeannette (für die gute Freundschaft), Dirk Schumacher (für die spontane und geduldige Hilfe), Thorsten (für die endlosen Gespräche über das Sportgeschehen), Sascha, Dennis, Christoph (für die schöne Zeit während und nach unserer Ausbildung), James (for showing me the secrets of single malt whiskey), Jörn und Jan-Patrick, Thomas, die Berlinerinnen, Uli, Kathrin, Karim, Patrick und das ganze Team von Eishockey WORLD für die tolle Kollegialität und die gute Teamwork sowie diejenigen, die den Eishockeysport so attraktiv machen und schließlich an alle, die meinen Sportfanatismus ertragen mussten und mich dennoch auf meinem bisherigen Lebensweg begleitet haben.

Marc Hindelang
(Co-Autor, PREMIERE- und DSF-Kommentator und -Moderator sowie freier Mitarbeiter des Fachmagazins Eishockey WORLD)
Mein besonderer Dank geht an: Jutta, dafür, einen Eishockeyverrückten zu lieben, Wayne Gretzky für die Inspiration, den EV Lindau für die sportliche Heimat, Bernd Reisch für den Idealismus, Ralph Fürther für das Vertrauen, Erich Kühnhackl, Harry Birk, Andi Niederberger, Jörg Mayr und Klaus Merk für interessante Innenansichten.

Umschlaggestaltung: Stiebner Verlag GmbH
Covergestaltung: Lightsoft Stoyan Cheresharov
Alle Fotos von: International Hockey Archives/Lübeck

Printed in Hungary
ISBN 3-7679-0876-X
www.copress.de